陶行知教育思想研究新视野丛书

徐莹晖 著

张策华 主编

陶行知德育思想新论

——现代性的视域

河海大學出版社
HOHAI UNIVERSITY PRESS
·南京·

图书在版编目(CIP)数据

陶行知德育思想新论：现代性的视域 / 徐莹晖著. -- 南京：河海大学出版社，2021.10
(陶行知教育思想研究新视野丛书 / 张策华主编)
ISBN 978-7-5630-7214-9

Ⅰ. ①陶… Ⅱ. ①徐… Ⅲ. ①陶行知(1891—1946)—德育—教育思想—文集 Ⅳ. ①G40—092.6

中国版本图书馆 CIP 数据核字(2021)第 205013 号

书　　名	陶行知德育思想新论——现代性的视域
书　　号	ISBN 978-7-5630-7214-9
责任编辑	杜文渊
特约校对	李　浪　杜彩平
装帧设计	秦永诚
出版发行	河海大学出版社
地　　址	南京市西康路 1 号(邮编:210098)
电　　话	(025)83737852(总编室) (025)83722833(营销部)
经　　销	江苏省新华发行集团有限公司
排　　版	南京布克文化发展有限公司
印　　刷	南京迅驰彩色印刷有限公司
开　　本	718 毫米×1000 毫米　1/16
印　　张	12.75
字　　数	217 千字
版　　次	2021 年 10 月第 1 版
印　　次	2021 年 10 月第 1 次印刷
定　　价	49.80 元

序

值此纪念陶行知先生诞辰130周年之际，欣闻南京晓庄学院陶行知研究院编著的“陶行知教育思想研究新视野丛书”即将付梓面世，我谨致以学术上的热烈祝贺！

南京晓庄学院是全国知名的“师范特色”应用型高校。学校始于1927年3月由陶行知创办并任校长的晓庄试验乡村师范学校，蔡元培、陈鹤琴、赵叔愚等一批我国近代著名教育家曾于此执教。这里是中国乡村教育运动的试验场，是陶行知“生活教育”理论的发源地。2000年3月，南京师范专科学校、南京教育学院、南京晓庄师范学校合并组建成为全日制公办本科院校；2016年8月，南京幼儿高等师范学校也并入其中。建校90多年来，学校为社会培养输送了近10万名基础教育师资和社会急需的各类专门人才，其间涌现了数百名中小学特级教师和教学名师，被誉为“中小学教师的摇篮”。

研究、实践陶行知教育思想是晓庄发展的历史根基和教育传统。作为以教师教育为办学主体的地方本科高校，学校长期坚持以“大力弘扬陶行知教育思想、传承‘培养百万乡村教师’宏愿”为己任，形成了以“教学做合一”为校训、以“教人求真，学做真人”为校风的特色教育文化，建构了以培育创新意识和实践能力为目标、以“教学做合一”为特征的“以陶育人”的“晓庄模式”。学校开发了以“拜谒一次陶墓、参观一次陶馆、阅读一本陶著、观看一部陶行知影视剧、聆听一次关于陶行知的学术讲座、抒写一篇学陶师陶心得”为主要内容的系列师德教育课程，探索形成了以“坚定理想信念、厚植爱国情怀、传承大爱精神、铸造高尚师魂”为价值追求的师德教育模式。

赓续、弘扬陶行知教育思想是新时代学校事业高质量发展的重要路径。陶行知是我国近现代教育史上一位“大先生”，毛泽东称他为“伟大的人民教育家”，宋庆龄赞其为“万世师表”。习近平总书记在关于教育的许多重要论述中，多次引用陶行知的教育名言。2021年3月6日，习近平总书记在看望全国政协十三届四次会议医药卫生界、教育界委员时指出，要继承发扬老一辈教育工作者“捧着一颗心来，不带半根草去”的精神，以赤诚之心、奉献之心、仁爱之心投身于教育事业。2021 年 4 月 19 日，习近平总书记在考察清华大学时强调："教师要成为大先生，做学生为学、为事和为人的示范，促进学生成长为全面发展的人。"陶行知教育思想历久弥新，晓庄通过凝练研究方向、汇聚研究队伍、搭建研究平台等举措，进一步总结梳理新时代学陶、研陶、师陶的新经验。

今年 10 月 18 日是陶行知诞辰 130 周年纪念日。学校组织开展了以"陶行知教育思想的传承和创新"为主题的系列研讨活动，形成了诸多学术成果。陶行知研究院以纪念陶行知诞辰 130 周年为契机，以深化陶行知教育思想研究为目的，组织编著了"陶行知教育思想研究新视野丛书"。丛书包括《陶行知乡村教育思想与新时代乡村教育改革》(张济洲著)、《陶行知美育思想研究》(杨冰、周红著)、《陶行知劳动教育思想研究——"五育融合"的视角》(董美英、宁本涛著)、《陶行知德育思想新论——现代性的视域》(徐莹晖著)、《陶行知研究与生活教育新视野》(中国陶行知研究会、南京晓庄学院《生活教育》编辑部编)。创建陶行知研究特色，打造陶行知研究高地，是我校的历史责任和时代使命。面对"努力让每个孩子都能享有公平而有质量的教育"的基础教育改革目标，晓庄始终坚持将培育基础教育优质师资为重任，如何在学陶、研陶、师陶的行动研究中，拓展与形成富有时代意蕴的教师教育新理念、新经验、新模式，是我校"十四五"乃至更长时期的重要工作。陶行知研究院组织编著的"陶行知教育思想研究新视野丛书"，既是学校新时代学陶、研陶、师陶的重要成果，也是向陶行知诞辰 130 周年纪念活动的诚挚献礼。

中国特色社会主义进入了新时代，我国教育事业迎来了崭新发展阶段。面对人民群众对教育工作的新期待，面对基础教育发展对师资培养的新需求，我们务必继承陶行知艰苦办学精神，弘扬陶行知教育报国理想，深化陶行知教育思想研究，通过坚持不懈的奋斗，努力开创学术领域新境界，持续推动学校特色发展，培养造就一批批教师教育杰出人才，这是新时代晓庄人义不容辞的责任担当，愿与教育界同仁共勉。

我衷心祝愿南京晓庄学院陶行知研究院各位学者矢志不渝、接续奋战，与国内外陶研界专家多联系、多交流，在陶行知研究领域不断取得新业绩、达成新高度。

张策华
二〇二一年十月三日于南京

目录

CONTENTS

引 论 现代性与德育现代性

学者刘小枫指出，无论欧美还是汉语知识界，一百年来关注的实质性问题之一就是现代性现象。在实践中，现代性以其特有的价值、图式和机理渗透到现代社会和现代个体生活的各个方面，形塑着现代人的生存方式和生活旨趣，也推动着现代化的进程。同时伴随着的是现代性的本体性危机以及人们对它的反思。时至今日，无论褒贬，不可否认的是，正如哈贝马斯所言，现代化与现代性仍是一项远未完成的事业。中国自近代以来的政治、经济、文化、教育等事业的发展，都只是现代化转型和现代性培育的具体内容，必须被置于现代化语境及现代性视野中加以观照。因此，对道德教育的探讨无法避免现代性的视域。所以，有必要对现代性作出一种解释。

一、现代性及其基本特征

（一）现代性的出现逻辑

“现代性”(modernity)是一个内涵繁复、聚讼不已的西方概念。在当今学术和思想界，没有哪一个语词像“现代性”一样引起如此多的关注，而其含义却又如此模糊，以至于不同的学者从不同的视角作出了不同的界定。从某种意义上，这符合现代性本身“变动不居”的特点。这一概念是在特定时期的具体的政治、经济和文化活动中产生的。要理解它，首先要辨别它和“现代”(modern)、“现代化”(modernization)的关系，它们之间有密切的关联，也有明显的相似性，在规范化的角度上，“这些概念有一种‘家族相似’的特点，可以被归为一个概念群”[①]。可以说，它们共同构成了现代性出现的逻辑：“传统”经历重大变革到“现代”的过程就是“现代化”，而现代社会具有的区别于传统社会的独特新特点被称为“现代性”。

1. “现代”的到来：一种新的时间意识

“现代”(modern)这个词是在16世纪西方文艺复兴之后被创造出来的。西方社会从中世纪之后经历了一系列重大的社会实践运动，尤其是对整个社会、思想具有里程碑意义的文艺复兴、宗教改革、科学革命、新大陆的发现、工业革命、启蒙运动、美国独立、法国大革命等，这些运动具有鲜明的变革特征。历史上许多实践都证明，社会的变革总是伴随着或更确切地说是有某种先进的思想作为先导。所以推动这些变革的除了政治、经济、社会等综合因素外，还有思想层面的发动机——源自由古希腊发展到启蒙运动时期的理性主义。“启蒙”(enlightenment)就是赋予光明，而能够担当这一职责的即是“理性”。康德发出启蒙的口号“要有勇气运用你自己的理智！”，如此才能摆脱人类加诸自身的蒙昧的“不成熟状态”，即用理性的光芒冲破黑暗，使人摆脱非理性的蒙昧，走向成熟。启蒙理性主义推动着社会变革，同时社会的变革结果又反过来强化启蒙理性主义的主导地位，从思想上确立了理性对现代世界的支配地位。

如此，社会的系列重大事件和启蒙理性主义的思想动力相互交织、彼此强化，共同促成了“现代”变革。这种“现代”不是词源学上的“当下或此刻”，而是在思想观念层面的内涵：“现代”意味着对人们当下新颖性的敏感，指一种新的时间意识或历史观。这种“新”是和传统相对的。在传统的历史观中，社会是一个相对稳固的存在，它是以往时代的延续和重复，四季轮回、王朝更替都对应着循环的时间意识，这被称为循环的历史观。而“现代”这个“当下的时代”则是前无古人、人所未见的，是完全崭新的。这样时间不再是循环往复的，而表现为一种线性展开——从过去到现在再通向未来，时间成为一个有方向的矢量概念。

这种新的时间观的意义非同小可，它意味着：(1) 过去的经验或传统习俗对生活的引导是不可靠的，一切价值都应接受理性的审判，一切价值都应被重估，这将导致对传统的否定甚至与传统的决裂；(2) 人们开始厚今薄古，认为现代的

① 刘擎：《刘擎西方现代思想讲义》，新星出版社，2021，第2页。

就是进步的，传统的就是落后的，表现出一种典型的社会进化论；(3) 更重要的是，对人自身而言，是对人的创造性和主体性的肯定，因为人类终于从循环的历史使命的束缚中解放出来，成为自由的、有目的的创造者，成为主宰自己命运的主体。

正如《共产党宣言》所说，“一切坚固的东西都烟消云散了，一切神圣的东西都被亵渎了”。所以，“现代”的到来意味着崭新的重大变革，亦可称为“古今之变”，其最鲜明的特点即告别过去，开创未来。

这种“古今之变”实质上带来两个基本观念的转变：一是人类中心主义的转变，这是人看待世界的方式发生转变，即人和自然的关系由传统的不可分割的整体经由现代科学转变为人和自然成为主客体的二元对立，人成为自然的主人；二是个人主义的转变，这是人的自我理解，即人和社会的关系由深嵌在社群中转变为具有高度自主性的独立个体，可以任意出入流动的群体，个体获得了前所未有的自由。

2. “现代化”：古今之变的过程

如此，社会的现实因素和思想观念的因素相互交织、彼此强化，构成了一种从古代向现代转变的历史过程，这一过程就被称为“现代化”(modernization)，强调一种动态的进程。一般认为西方文艺复兴之后出现明显的现代化趋势，到 18 世纪中叶达到高峰，并日渐成为不可逆转的历史进程。

3. “现代性”：“现代化”的结果

现代化带来了现代世界，形成了不同于传统社会的突出特点：经济层面上，现代工商业和城市崛起；政治层面上，民族国家形成以及现代民主与宪政得以发展；社会层面上，人口大规模流动，包括地域和阶层的流动；思想文化方面，理性主义获得主导地位，人们宣扬理性精神、科学精神和主体精神，自由、平等、进步和个人权利意识开始兴盛①。

这些是西方现代化的结果，也是现代社会的特点，这些特点被称为“现代性”(modernity)。从产生逻辑看，现代性必然包含着与传统的决裂。

① 刘擎：《刘擎西方现代思想讲义》，新星出版社，2021，第 17 页。

（二）现代性的成就与困境

从现代性出现的逻辑看，现代性是政治、经济、思想文化观念，尤其是人本身等在现代化进程中所具有的综合特点。作为一个专门的术语，历史上伟大的思想家们对它进行了深入的探讨。

16、17世纪，伴随着“古代人与现代人的争论”，现代性的概念开始被广泛使用。从康德对现代性的思考开始，到了黑格尔那里才形成了对现代性概念的深入探讨。

黑格尔发现主体性是现代性的根本原则，他认为“说到底，现代世界的原则就是主体性的自由，也就是说，精神总体性中关键的方方面面都应得到充分的发展”[①]。马克斯·韦伯则将现代性诊断为理性，现代性的实现就是社会的理性化过程，他把理性分为价值理性和工具理性，对现代资本主义社会作出了独特的诊断。吉登斯将现代性看作是现代社会或工业文明的缩略语，是包括从世界观、经济制度到政治制度的一套架构，侧重从制度层面来理解现代性，突出现代性与传统的断裂，根本区别是制度性的转变，表现为：对社会而言，确立了社会联系方式的全球化；对个人而言，确立了西方的个人主义的价值观念与行为方式。查尔斯·泰勒指出了现代性的三个主要特征：个人主义的泛滥、工具理性的嚣张和自由的扩张与误用。所以，在精神形态上，现代性本身不过是某一时代价值观或意识形态对历史的目的论的命名，根据哈贝马斯的说法，其核心就是“理性”和“主体的自由”。这样，现代性将无法再从别的时代获取标准，而只能自己为自己制定规范：人类开始了“为自然界立法”，也开始了为道德立法、为社会立法的时代[②]，人类的理性开始了高奏凯歌的历史进程。

现代性向我们展示了一幅包含着多元取向、相互冲突、相互关联矛盾的图景。它取得了伟大的成就：体现了启蒙的基本精神，相信社会历史的进步和发展，人性和道德的不断完善，人类将从压迫走向解放；人们开始张扬理性精神、科学精神和主体精神，追求现代的自由、平等、博爱等进步思想。

同时，现代性也是一把“双刃剑”，从其产生开始就伴随着本体性的困境或

---

① 丁钢主编《历史与现实之间：中国教育传统的理论探索》，广西师范大学出版社，2009，第26页。

② 于伟：《现代性与教育》，北京师范大学出版社，2006，第15页。

危机。

前文讲到"古今之变"表现为人看待世界和看待自身观念上的两大转变,即人类中心主义的转变和个人主义的转变。这虽然带来了前所未有的个人尊严、自由,但却隐含着深刻的危机,它造成了现代性的两大困境:第一,前者用韦伯的话来说就是通过理性对世界祛魅,表面上看,人获得了解放,不用再被那些固定的、终极的价值或信仰所束缚,但现代理性并没有说明祛魅之后怎么办。现代性为人提供了"理性"的新价值秩序,但却陷入"工具理性对价值理性的僭越困境",人们专注于追求效率、精准计算,导致了人的异化,人失去了根本的生活意义,这是严重的心灵秩序危机;第二,后者彰显了个体的自由,问题是人人自由平等时,谁统治谁呢?如何来确定统治和服从的合理和正当性呢?这极大可能会造成公共生活秩序的冲突。

本书把德育置于现代性的视域,其意侧重于现代性的成果,突出现代性的基本价值:自由、个性、民主、人文、科学。把德育现代性视为中国近现代德育发展的一种方向,是有待实现的目标;当然同时要警惕和揭示现代性的本体性危机及其在中国本土语境中的特殊表现,探索中国独有的传统文化资源是否有助于现代性本体性危机的解决。

二、中国社会的近代危机及其现代性方案的建构与实施

现代化已经成为不可逆转的世界发展趋势,随着西方资本主义的扩张,现代化开始在全球范围内蔓延。中国在打开国门后,被卷入世界现代化的潮流,被迫开始进入现代化的进程,被现代化所裹挟的现代性不可避免地成为以后百年间中国社会各层面包括政治、经济尤其是精神、文化等意识形态上的变化特征。更重要的是,西方的现代性并非作为一个完美的社会发展方案被传播到中国,而是包含着现代性的本体性危机。

和西方不同的是,近代中国社会的现代性产生有自身的社会因素,但缺乏内生于其中的"理性主义"的思想动力。学者许纪霖认为始于晚清的中国社会的现代性是从危机开始的。中国传统社会以儒家文化为主流的意识形态。宋代以后,儒家意识形态的基本命题可以概括为"内圣外王":"内圣"即修身,为个体提供了一套心灵和意义的秩序,是通过"修身"、道德实践而实现的;通过修身,进而

实现齐家治国平天下——“外王”。所以，儒家的这套命题奠定了传统中国基本的秩序，维持了社会的基本稳定。随着清政府在两次鸦片战争、甲午海战中的接连战败，中国国门大开，西方文化逐步渗入，中国由传统独立的社会进入半殖民地半封建社会，从结构上被迫进入西方模式的现代化；在思想文化层面上，儒家文化遭受打击，尤其是辛亥革命后，随着其寄居的“肉身”——清朝帝制的结束，儒家文化本体逐步走向崩塌。正如马克思所言，“天朝帝国万世长存的迷信受到了致命的打击，野蛮的、闭关自守的、与文明世界隔绝的状态被打破了……与外界完全隔绝曾是保存旧中国的首要条件，而当这种隔绝状态在英国的努力下被暴力所打破的时候，接踵而来的必然是解体的过程，正如小心保存在密闭棺木里的木乃伊一接触新鲜空气便必然要解体一样”[①]。

中国传统社会出现了前所未有的两大危机：一是社会政治的危机——制度所形成的社会政治秩序失序；二是价值意义的危机——信仰所奠定的价值和意义的秩序(心灵秩序)崩塌。显然，后者更为根本。这种心灵秩序的危机表现在以下三个方面。

第一，道德取向危机：儒家所提供的以“礼”为核心的规范伦理和以“仁”为核心的德性伦理遭到解构，无法再为社会提供一套人们行为的价值标准，也在实质上消解了“圣贤君子”和“天下国家”的道德理想。“中国的知识分子失去了社会发展与人格发展的罗盘针与方向感。”[②]

第二，精神取向危机：中国传统文化主张“天人合一”的宇宙观，这是一个文化自成的意义世界(universe of meaning)，人在其中得以安身立命，构建一种积极的稳固的自我认同。然而这样一种宇宙观受到了近代西方自然物理世界观的严峻挑战，使中国人重新面临一种寻找人生基本意义问题的困惑和焦虑。

第三，文化认同危机：与西方的遭遇，使中国人认识到了“天朝之外”的一个完全不同的新世界，一个以新的西方霸权为主的国际社会。中国人需要重新建构一种世界观，去进行新的自我定位。在这一认知过程中，中国原有的“世界中心”地位旁落，被边缘化，中国人产生了强烈的心理落差和文化失重感，群体的自信和自尊大受打击。

---

① 马克思：《中国革命与欧洲革命》，载中共中央马克思恩格斯列宁斯大林著作编译局编译《马克思恩格斯选集》(第2卷)，人民出版社，1972，第2-3页。

② 张灏：《幽暗意识与民主传统》，新星出版社，2006，第145页。

从这个角度而言,中国近代社会的现代性问题和西方的现代性本体性困境有着惊人的相似性,只是缘起不同;重要的是,这意味着中国近代社会的现代性发展面临着双重危机。如何解决这双重危机? 一批有识之士开始了积极的探索。

以李鸿章和曾国藩等为代表的洋务派和以康有为、梁启超为代表的维新派是中国早期现代性方案的主要提出者和推进者。他们发现仅靠西方的坚船利炮、科学技术无法救中国,提出"中体西用"、学习西方政治制度。但他们的方案并不具有鲜明的现代性特色,表现为要么还是以传统为主,要么还与传统藕断丝连。

而以五四运动为代表的启蒙运动,则提出了德先生(Democracy)与赛先生(Science)为核心的现代性方案:用 Science 来解决心灵危机,重塑心灵世界和人生意义;用 Democracy 来解决政治秩序危机,建构一个民主的社会。这样的方案是以与传统的决裂为根本特征的。五四运动时期,蔡元培提出"忠君与共和政体不合,尊孔与信教自由相违"[①],陈独秀在《驳康有为致总理书》中说"孔教与帝制,有不可离散之因缘",于是启蒙运动的精英分子高举"科学"和"民主"大旗掀起了一场提倡民主、反对专制,提倡科学、反对迷信,提倡新道德、反对旧道德,提倡新文学、反对旧文学,提倡白话文、反对文言文的新文化运动。因此,以五四为代表的启蒙运动标志着中国现代性的正式开始:斩断过去,面向未来。比如陈独秀在《本志罪案之答辩书》中以义无反顾的口气明确表示了对传统的离弃和对以理性为核心的西方现代性的向往和崇拜之情,"要拥护那德先生(民主),便不得不反对孔教、礼法、贞洁、旧伦理、旧政治;要拥护那赛先生,便不得不反对国粹和旧文学";"我们现在认定,只有这两位先生,可以救治中国政治上、道德上、学术上、思想上一切的黑暗。"[②]可以说五四运动正式开启了中国社会的现代性,它展示了自由、民主、科学等现代性的基本价值,思想得到前所未有的解放。

三、德育现代性及近代中国德育现代性的转型

(一) 德育现代性

现代性是对社会、生活全方位的渗透,对道德及其教育亦如是。德育现代

① 冯克诚:《新文化运动中的教育主张与论著选读 上》,人民武警出版社,2010,第 18 页。
② 张宝明主编《新青年》百年典藏 2 哲学思潮卷,河南文艺出版社,2019,第 315-316 页。

性，从规范的意义看，就是现代性的基本价值——民主性、人文性、公正性、科学性——在道德教育领域中的体现。

在现代性冲击下，中国近代的德育有什么样的转向？近代的知识分子们如何应对现代性的价值冲击？他们做出了什么样的探索和实践？

（二）中国近代德育现代性的曲折转型

1. 道德教育观念上的现代性转型

在近代中国的一批知识精英们从不同的角度对现代性方案的探索中，包含着重要的道德教育部分。梁启超等把中国贫弱的根本原因归结为民力、民智、民德的缺失，在中国近代思想史中首次把作为中国政治深层结构的国人道德问题提了出来，也进一步重塑了近代以来中国社会道德教育的理想：即"欲其国之安富尊荣，则新民之道不可不讲"，"新民为今日中国第一急务"①，从而从道德的角度为解决社会危机开出了一种方案。

自梁启超开启的德育现代性转型始于一种"道德革命"，是对以儒家伦理为核心的传统道德教育的全盘否定，因此是"现代与传统决裂"在道德上的鲜明体现，代表人物有梁启超、章太炎、严复、孙中山，昭示着德育现代性转型的开端，这也是中国近代德育现代性转型的主流特征。

在梁启超看来，"革命"包括和平渐进（如1688年英国的"光荣革命"）和激烈颠覆（如1789年的法国大革命）两种政治革命模式。戊戌变法失败后，梁启超流亡日本，接受其革命（revolution）的另一层意思："群治中一切万物莫不有"的"淘汰"或变革，即带有和平演进内涵的革命新义，并竭力鼓吹，希望中国能以日本明治维新为榜样，以和平方式完成政治现代化。

他从"新民说"出发，主张以新民的道德替代传统的圣贤的道德。何谓新民？他指出新民的核心特征是"公德"，"我国民所最缺者，公德其一端也"。"试观《论语》《孟子》诸书，吾国民之木铎，而道德所从出者也，其中所教，私德居十之九，而公德不及其一焉"。所谓公德，"道德之本体一而已，但其发表于外，则公私之名立焉。人人独善其身者谓之私德，人人相善其群者谓之公德"。针对传统道德教

① 樊改霞：《我国道德教育的现代性转型及其伦理风险》，《华东师范大学学报（教育科学版）》2016年第1期。

化的这一弊病，梁启超大力鼓吹公德，“以求所以固吾群、善吾群、进吾群之道”，公德者，决定着“人群之所以为群，国家之所以为国”。因此，道德教育的宗旨应该是“养成一种特色之国民，使团结，以自立竞存于列国之间，不徒为一人之才与智也”[①]。

严复也把国人的道德素质与中华民族的存亡相联系，并阐述激进的道德教育革命观。他认为：“中国民品之智之卑，既有改革，害之除于甲者，将见于乙，泯于丙者，将发于丁，为今之计，惟从教育上着手，庶几逐渐更新乎。”[②]章太炎同样一针见血指出“道德衰亡，诚亡国灭种之根基。”[③]“道德之为用，非特革命而已，事有易于革命者，而无道德亦不可就”[④]。

继梁、严、章之后，孙中山明确提出“三纲革命”“更新民德”，强调“要正本清源，自根本上做功夫，便是在改良人格来救国”。他在《同盟会宣言》中对道德革命进行了具体的规划，“今者的平民革命以建国民政府，凡为国民皆平等以有参政权，大总统由国民共举。议会以国民公举之议员构成之，制定中华民国宪法，人人共守”。孙中山道德教育的指导思想是自由、平等和博爱，并与三民主义相比较：自由——民族主义，提倡国家自由；平等——民权主义，提倡人民在政治上的地位平等，打破君权，使人人平等；博爱——民生主义，图四万万人幸福、为四万万人谋幸福。

值得注意的是，孙中山提倡国家自由，他的自由观念“非为一人求幸福，必须存牺牲自己个人之幸福，以求国家之幸福的心志”。因此他对新文化运动提出的以个性自由作为伦理价值核心的价值秩序没有兴趣。他说，“自由这个名词究竟要怎么样应用呢？如果用到个人，就成一片散沙。万不可再用到个人上去，要用到国家上去。个人不可太过自由，国家要得到完全自由。到了国家能够行动自由，中国便是强盛国家，要这样做，便要大家牺牲自由……我们的革命主义，便是集合起来的士敏土，能够把四万万人都用革命主义集合起来，成一个大团体”[⑤]。

从中国近代道德教育的转型看，其过程是极其曲折的。“革命派”占据了主

① 梁启超：《学校总论》，载《梁启超选集》（上），上海人民出版社，1984，第 207 页。

② 严璩：《侯官严先生年谱》，载于《严复集》第 5 册，中华书局，1986，第 1550 页。

③ 章太炎：《革命之道德》，《民报》1902 年第 8 期，第 15 页。

④ 章太炎：《革命之道德》，《民报》1902 年第 8 期，第 18 页。

⑤ 李新宇：《旧梦重温——民国先知的道路探寻》，广西人民出版社，2013，第 221 页。

导地位，但也有部分知识分子有不同的方案，以蔡元培、梁漱溟、张君劢、陶行知等为代表，他们积极吸纳西方的自由、民主等理念，但却并不放弃中国传统道德。比如蔡元培借鉴自由、平等、博爱的理念与传统道德相融合，对传统道德资源进行了现代性的阐释；梁漱溟、张君劢提出“传统道德复归论”，主张并力图将道德教育的问题纳入实验主义、改良主义的思想轨道；陶行知也从中西文化融合的角度，以自由、平等、博爱为核心伦理范畴，以生活为道德的出发点和归宿，通过试验进行了道德教育现代性的探索。

2. 道德教育实践中的现代性转型

道德教育观念的变革必然带来实践上的变化。中国近代的学校道德教育在内容、性质上都发生了改变。

(1) 在性质上：时任教育总长的蔡元培于 1912 年 2 月 10 日在《教育杂志》发表《对于新教育之意见》，提出学校要进行五育，即军国民教育、实利主义教育、公民道德教育、世界观教育、美感教育。对五育的关系，他于同年 4 月在《东方杂志》发表《对于教育方针之意见》，指出“民国新教育方针的‘五主义’并不是平行的，而是以公民道德为中坚，德育兼意志情感二方面，公民道德及美育皆毗于德育。教育而至于公民道德，宜若可为最终之鹄的矣”。“道德教育是贯穿五育之根本，是贯穿各教育之命脉，否则，持军国主义者，无道德为之通融，必失之骄；持实利主义者，无道德为之根本，必失之诈；持世界观主义者，无道德为之磨炼，必失之荡佚；持美观主义者，无道德为之陶冶，必失之淫慢。”奠定了道德教育的根本地位。

(2) 在内容上：西方自由、平等、民主、公德等理念的引入，突破了德育教科书三纲五伦的束缚。较早的有南洋公学编辑的《蒙学课本》，“大半译自西书，略加点窜”。后有 1903 年，蔡元培等人编写《最新初等小学修身教科书》(10 册)、《修身教科书教授法》(10 册)，不再以中国传统的儒家经典为主要内容(三纲五常为经，修齐治平为纬)，而是突出了自由、平等、博爱等道德观点；1907 年 12 月编写的《中学修身教科书》，也注重引入西方的思想观念，提出以体育、卫生为本的修身观、本无差等的权利观、非一人之国的国家观、无高下之职业观等。1912 年 10 月，范源濂主持中华书局编辑出版《新制中华教科书》，以“阐发共和及自由平等真义、提倡国粹以启发国民之爱国心”，以及“兼采欧化以灌输国民之世界知识”的编辑方针，以期达到“养成独立、自尊、自由平等、勤俭、武勇、绵密、活泼之国民的目的”。1914 年，教育部规定，在修身科方针上要把注重道德之实践、养成国民公共心及自治习惯放在首要位置。

综上，在中国近代德育追求现代性过程中，由梁启超、章太炎发起的“道德革命”经过孙中山、陈独秀、李大钊等人的推进，导致了整个中国社会伦常关系的重大变革，促进了道德教育实践领域的转变，自由、平等、公德等基本价值得以体现，这是近代德育现代性转型中的重大成就；但同时伴随的是传统的道德理想、道德教育体系全面分崩离析，“五四全盘反传统观念引介的现代性与传统处于全面的紧张关系，妨碍了传统中有益于与现代性沟通的精神资源的利用和互补，并使五四陷入激烈的思想空想，忽视了健全的制度安排，造成了传统的社会——政治和文化——道德秩序解体的现代性困境”①。

四、陶行知德育现代性的研究缘起

近百年来，中国德育思想史领域研究的核心问题或关键问题是德育现代性如何体现的问题。围绕这一问题展开的古今、中西之争贯穿德育史的发展历程，特别是成为五四运动以来德育思想史发展的主线。

纵观百年以来我国道德教育的现代性发展，经历了三次明显的演进：在近代，中国的德育现代性方案更多是指向民族主义目标的，试图寻求民族独立、民族尊严与国家富强之路。这使得我们的德育现代性方案从一开始就带有急迫性，附着明显的功利主义倾向，德育被当成一种政治性道德或工具性道德。在其之后的演变中，经历了社会主义道德改造和工商化的道德改革。考察这些演进历程，可以发现，中国社会道德教育的现代性转向并没有让科学、理性、自由、民主等普世价值在中国社会真正得以确立。如民主常常只是简单的大众投票，理性仍在传统的实用主义与功利主义的挤压之中，个体人格的尊严、权利、独立性往往被淹没在全体的巨大力量中，科学精神还常常被技术所取代。所以，从规范的意义看，我国的德育还不具有实质上的现代性内涵，或说尚未完成德育的现代性转型；从经验的意义看，中国文化与西方的现代性遭遇，但与现代性追求相伴

① 转引自樊改霞《我国道德教育的现代性转型及其伦理风险》，华东师范大学学报（教育科学版），2016 年第 1 期，第 33 页。

的往往不是教育的自主自立，不是个体意义的寻得和人的解放，而是人的异化。如果我们仍然认为这些价值范畴是普适性的，那么要思考的就是这些价值范畴究竟为何并未在本土落实？又该如何落实？这些都说明德育的现代性探索仍需继续。

陶行知作为近代知识分子中的重要一员，他学贯中西，在时代潮流的涤荡中却异常清醒：他一方面保持了极为开放的积极心态和世界情怀，在一定程度上认同五四运动的现代性价值，“现时影响中国教育的所有各种力量之中，中国的文艺复兴所施加的影响最为深刻。这个运动作为‘文学革命’开始于1917年……但是中国文艺复兴的影响比上述更为广泛。中国文艺复兴是一场运动，通过这场运动，‘一切传统的价值观念都要用新观点，新标准加以鉴定，传统常被抛弃，权威被废除，旧的各种信仰逐步遭到破坏。’这说明中国的文艺复兴运动为什么如此透彻和深远，其影响为什么遍及民族生活的整个结构”①。另一方面，在拥抱现代性的同时又对中国优秀的传统文化和教育传统给予充分的肯定，积极地给予支持和热情地弘扬。章开沅先生认为陶行知虽然具有深厚的现代文化修养和良好的科学训练，但就其一生的道德观念而言，这位充满现代意识的知识者仍应划入恪守中国传统道德规范的那一类中②。正是这种健全的思想价值取向，让他能够精准地把握中国近代社会、道德的根本问题，对近现代中国德育进行了独特的思考和探索：他直指人生、生活意义，以生活为起点和归宿，融合自由、平等、民主、博爱等现代性的基本价值理念，探索和实践人们应该过一种什么样的值得过的生活、应该怎样行动、应该成为一个什么样的有道德的人。所以，今天我们要建构中国特色社会主义的新型道德文化，促进现代公民道德建设，培育适应中国现代化进程的公民，回顾先辈的德育思想、对陶行知德育思想的现代性问题进行追问无疑是有价值的一种路径。

---

① 陶行知：《陶行知全集》（第6卷），四川教育出版社，2005，第227页。

② 章开沅、唐文权：《平凡的神圣：陶行知》，华中师范大学出版社，2013，第47页。

第一章　陶行知探索德育现代性的背景

第一节　陶行知的生平和生活历程

一、陶行知平凡而又神圣的一生

陶行知,1891 年 10 月 18 日出生于安徽歙县西乡黄潭源村,中国伟大的教育家、杰出的教育思想家。原名陶文濬,一生三易其名,1913 年因信奉王阳明的知行合一学说,改名为“知行”,后在教育事业的实践中逐渐意识到“行是知之始,知是行之成”,遂于 1934 年改名为“行知”。从陶行知的一生来看,改名不是心血来潮,而是他一生行知行的生动写照。

陶行知自幼家境欠佳,但因天资聪颖,6 岁时由邻村塾师秀才方庶咸为他免费开蒙,开始接触中国传统儒学。8 岁时随父亲到休宁县万安镇,得以到当地名师吴尔宽的经馆伴读。13 岁回到家乡黄潭源村,虽辍学但利用空暇时间自学,父亲有时也教他诗书。后又随程朗斋秀才学四书,到离家 15 公里外的曹家经馆求师问业,塾师王藻是前清贡生,道德文章在当地负有盛名。这些传统文化的启蒙、修习,奠定了陶行知深厚的传统文化功底;而在艰难求学中遇到爱才良师,也为他日后始终关注中国最底层的劳动人民、全心全意致力于教育,尤其是培养贫寒而有才华的学子产生了深刻的影响。

浸润于传统儒学的同时，因陶母在当地的教会学校——崇一学堂帮工，时年15岁的陶行知得到学校校长唐进贤(英国传教士)的赏识，得以免费入学住读。陶行知在这里修习国文、数学、理化、英文、医学常识等课程。尽管只称得上是西学启蒙，也仅持续了两年，但对陶行知而言，却是至关重要的一段求学经历。他在崇一学堂首次接触完全不同于传统儒学的异质文化，为他打开了一扇窥视外部世界的窗户，他开始把目光投向一种新的生活，并发现一种新的价值准则。

自崇一学堂毕业后，当时"依靠典当大衣得300文钱"，生活困顿，入学杭州广济医学堂三天，因学校对非入教学生区别对待愤而退学、陷入人生迷茫的陶行知，又遇到人生贵人唐进贤，在其帮助下，于1909年入金陵大学。金大是一所教会学校，具有自由民主的学术氛围，陶行知徜徉在这样的氛围中，刻苦勤勉，学习国文、法文、数学等课程，成绩优异，思想活跃，知识面广，热心公益，关心时事，积极参与社会活动。入学不久，恰逢辛亥革命爆发，他即回乡参加了余家庄起义；虽习西学，但时刻不忘中国文化，积极创办《金陵光》中文报，批判当时的"醉心欧化"，提出"借西学之长以济己之短"的"灌输学术"主张。这初步显示了他在中西文化观上的理性认识，1917年写成的《中国在转变中》则明确地表示了这种主张。

经过五年的学习，1914年陶行知以文科总分第一的成绩毕业，并获得在毕业典礼上宣读毕业论文《共和精义》的荣誉。他在《共和精义》中强调"自由、平等、民胞"的民主共和主张，提倡民本、个性的人生价值观，认为"修德养力以为之备"，并以教育作为达到民主共和、唤醒个人责任感的最有效手段，初步提出了"最简略粗放的社会改良方案"，从而初步规划了自己今后服务社会的方向。

而在个人自身的道德修持上，则寻找到了王阳明的"致良知"和"知行合一"的哲学基础。为此，他把自己的名字改为"知行"，并以事实证明这对去伪求真颇有成效，从而确立了自己的道德风范和人生信仰。

从金大毕业后，陶行知选择了赴美深造。他先在美国伊利诺伊大学攻读市政，修习政治学和公法讨论、城市行政学、国家论、教育行政学、教育研究法、教育心理学讨论等十余门课程，为其奠定了相当坚实的知识理论基础。尽管学业繁忙，他依然挤出时间积极参与社会活动。1915年夏，他如愿转入哥伦比亚大学师范学院攻读教育。这是当时世界上研究教育的最高学府，星光璀璨，杜威、孟禄、克伯屈、桑代克……都是我们今天耳熟能详的名字,他们皆在哥仑比亚大学师范学院掌教。陶行知师从杜威、孟禄、克伯屈等,修习行政、比较、哲学、历史、心理学、教育、经济学、社会学等课程。他在哥大依然是优秀的,很得导师欣赏,尤其是孟禄,在陶行知因要提前回国不能完成博士论文时,孟禄为他申请博士学位的初试,而他和这位美国导师的缘分也并未止步于此。

陶行知在哥大接受了最严格规范的高等教育,学识、思想都获得了极大的发展。更为重要的是,他在美国留学期间,从政治上见识到了美国这个当时世界上最大的民主国家的自由、民主政治风气,而在教育上,杜威所领导的美国进步主义教育运动则为他展现了一个教育革新世界和实用主义的哲学新思潮,为他早先在金陵大学时期所信奉的阳明学说做了更具体、更细化的工作,提供了新的实践观和方法论,为他坚定"经由教育而创造一民主国家"提供了实证和信心。所以,如果说金大是他人生的初步规划,那么留美求学经历则为他的人生明确了方向和立场。

1917 年,他带着"要让全中国人民都受到教育"的志向归国,从此投身于对旧教育的改造,探索中国教育的新路。

陶行知首先在南京高等师范任教,先任教育学专任教员,讲授教育学、教育行政、教育统计等课程,后任主任教员、教务主任,从此开始了 30 余年的教育生涯。这一阶段,陶行知以一位教育改革者的身姿在新教育舞台上亮相,他致力于宣传欧美教育革新,以"试验主义"这一"现代新式武器"为改革理念和方式,在南高师实行了一系列改革:试行学分制和选科制、改教授法为教学法、推行学生自治、开放女禁招收女子入学等。在社会活动方面,陶行知在 1919 年 1 月参加新教育共进社,在创刊号上发表《试验主义与新教育》,开启了他张扬新教育的序幕。

而后,陶行知代表南高师和北大、江苏教育会积极共同促成杜威来华讲学。这是中国现代文化教育史上的一件大事,也是五四时期中西文化交流的一大盛事。在杜威讲学期间,陶行知积极奔走协助宣传,随着杜威讲学,平民主义、教育即生活、学校即社会等主张在中国教育界流传甚广,实用主义教育一时成为中国教育领域的显学,而陶行知也因此机缘逐渐跻身于文教界名流之列。

继杜威两年讲学后,陶行知又积极促成孟禄来华进行教育调查,"诊得我们教育症结之所在,以订医法方案"。陶行知全程陪同孟禄进行了为期四个月的教育调查，他评价孟禄之行是“以科学的目光调查教育，以谋教育之改进，实为我国教育开一新纪元”。

1922 年，中华教育改进社成立，陶行知出任主任干事；1923 年，他在南京同朱其慧、晏阳初等人组织了南京平民教育促进会，举办平民读书处；后又共同倡议，成立了中华平民教育促进会，陶行知被推选为总会执行书记，开始在全国大规模地推行平民教育运动。他认为：“平民教育运动是一个平民读书运动……今日之平民教育就是将来普及教育的先声。”他在给朋友的信中强调了开展平民教育，以启迪民众爱国救亡思想的重要性：“中国现在危亡之祸迫在眼前，万万等不及国民小学的学生长大之后再出来为国家担当责任。我们必定要努力把年富力强的人民赶紧培植起来，使他们个个读书明理，并愿为国鞠躬尽瘁。”正因为他把普及教育看得如此重要，所以他才提出“文字教育应预令强迫”的主张。这虽然有些苛刻，但却反映了他在平民中普及教育的急迫心情。为了推动平民教育运动，他的足迹遍布大江南北长城内外；在短短的 9 个月内，平民教育运动已推行到全国 20 个省区。

在促进平民教育的过程中，陶行知进一步关注到农民和乡村教育问题。因为中国是以农立国，农村人口占全国总人口的百分之八九十。因此，要改造社会，必须改造乡村，而欲改造乡村，则必须对乡村教育进行改造。否则，中国农民难以出头，国家也断无振兴之日。他甚至把乡村学校看作“今日中国改造乡村生活之唯一可能的中心”。为此，他提出了要筹集 100 万元基金，动员一百万个同志，创办一百万所学校，改造一百万个乡村的宏伟计划，从而“为中国一百万个乡村创造一个新生命，叫中国一个个的乡村都有充分的新生命，合起来造成中华民国的伟大的新生命”。1926 年，陶行知开始将平民教育的重点转向乡村。

陶行知的乡村教育是从兴办乡村师范学校开始的。因为发展乡村教育，必须有一支合格的乡村教师队伍，而当时中国的师范学校“多半设在城里，对于农村儿童的需要苦于不能适应”。所以陶行知决心筹办一所在办学宗旨、培养目标、办学方法、课程设置、学校组织、修业年限等方面都与城市师范学校根本不同的试验乡村师范学校。1927 年 3 月 15 日，南京试验乡村师范学校在晓庄的劳山脚下举行了隆重的开学典礼，中国第一所试验乡村师范学校诞生了。尽管这所学校只存在了三年零一个月，但它在中国现代教育史上却有着非同寻常的意义。

陶行知要求未来的乡村教师必须有农夫的身手、科学的头脑、改造社会的精神、健康的体魄和艺术的兴趣；他要求乡村学校应当成为改造乡村生活的中心，乡村教师应当成为改造乡村生活的灵魂。因此在晓庄，“改造社会环境教学做”就成为一门重要的课程。作为陶行知生活教育理论的发祥地和试验基地，该校强调教育与生产劳动相结合，教育与社会生活相结合的原则，强调师生要与农民交朋友，拜农民为师。为做到“教学做合一”，为使晓庄成为社会改造的中心，该校建立了八所中心小学、五所中心幼稚园、一所中学和多所民众学校，均由师范生轮流担任教师和管理者。在这所试验乡村师范学校存在的三年时间中，师生在周围乡村创办了乡村小学、乡村幼稚园、劳山中学、民众学校，创办了乡村医院、中心茶园、信用合作社、农业科学馆，成立了联村自卫团、联村救火会、晓庄武术会、乡村艺术馆，开办了中心木匠店、石印工厂、晓庄商店……试验乡村师范学校真正成了农民心中的灵魂，成了南京燕子矶地区乡村社会的中心。为了推动乡村教育，陶行知在 1928 年派人到浙江创办了第二所乡村师范学校——湘湖乡村师范学校。1929 年，又派学生到江苏淮安创办了新安小学，举世闻名的新安旅行团就是该校推行“生活教育”理论的一次创造性实践。据陶行知自己所言，晓庄最大的成果是创立了生活教育理论的雏形。

“九一八”事变后，民族危机空前严重；“一·二八”事变使战火迅速烧到上海。陶行知为教育团结广大人民共赴国难，积极提倡和推行普及教育运动。为什么这个时候要推行普及教育运动呢？陶行知是这样认为的：在中华民族的生死关头，要想使整个民族起死回生，须以最敏捷的手段，培养国民普遍的军事能力、生产能力、科学能力、识字能力、运用民权的能力、节制生育能力。他认为，只有实施这六大培养目标，才能把国民造就成“健全分子”，才能使“教育时代落伍的人一起赶上时代的前线来”，以适应抗日救国的需要。为实现这一目的，他创造性地创办了一种新型的学校——工学团。它的含义和功能是“工以养生，学以明生，团以保生”，它集学习、做工、团结互助于一体，又以“小先生制”解决了普及教育的师资问题。在当时，这确实是一种普及教育的极好形式，因此继他在宝山建立了第一个山海工学团之后，上海又很快建立了晨更工学团、棉花工学团、浦东女工读书班、吴淞铁路工人学校、报童工学团等，后来这个运动又很快发展到全国各地，各种职业、各种形式的工学团纷纷建立，普及教育运动在全国全面推开。

1935 年华北事变后，日军加快了侵华步伐。1936 年 7 月到 1938 年 8 月，陶行知受全国各界救国联合会的委托，以国民外交使节的身份出国访问，宣传抗日，同时出席世界新教育会议和世界和平大会。在这两年中，他行程 10 万多公里，足迹遍布欧、美、亚、非四大洲 26 个国家和地区，开展了广泛的访问、演讲、募捐等国民外交活动，促进华侨团结，介绍中国大众教育运动，动员各国人民支持中国人民的抗日战争。

1938 年 8 月，陶行知环行世界回国后，又迅即投入了抗战教育。他看到成千上万的人才幼苗在战争中枯萎，就想办一所专门招收难童和孤儿的学校。1939 年秋，重庆育才学校诞生了，一批具有特殊才能的难童得以入学接受专门的教育。在中华人民共和国成立之前，育才学校向延安乃至全国的抗日根据地输送了一批又一批抗战和建设人才。为了普及大众教育，陶行知早在 20 世纪 30 年代就产生了开展社会大学的设想。1946 年 1 月，在中共中央南方局和周恩来、董必武、吴玉章等同志的支持、关怀下，社会大学终于在重庆创办。社会大学创办之后，就成了当时重庆民主革命斗争的一个营垒，成了对社会青年进行马克思主义教育的一个基地。社会大学除了对学生进行比较系统的革命理论教育和专业知识教育之外，还组织他们参与现实的社会实践和专业实习，在短期内为中国的革命和建设培养了一批急需人才。

1946 年春，陶行知回到上海后，即以极大的革命热情投入了反对内战、争取和平民主的斗争。在短短三个月的时间内，他就向各界群众发表演讲 100 多次，向人民大众揭露国民党反动政府假和平、真内战的实质。而当李公朴、闻一多在昆明被暗杀时，陶行知的名字也已被列入暗杀名单，但他无所畏惧，已做好了“我等着第三枪”的准备。他在最后一封亲笔信《为新中国之新教育继续奋斗——致育才学校全体师生》中写道：“公朴去了，昨今两天有两方面的朋友向我报告不好的消息。如果消息确实，我会很快地结束我的生命。深信我的生命的结束，不会是育才和生活教育社之结束。我提议为民主死了一个，就要加紧感召一万人来顶补，这样死了一百个就是一百万人，死了一千个就有一千万人……”真可谓为了民主，视死如归。

在恶劣严峻的形势下，陶行知积劳成疾，1946 年 7 月 25 日在上海病逝，终年 55 岁。毛泽东称他是“伟大的人民教育家”，周恩来称他是“无保留追随党的党外布尔什维克”，宋庆龄则将他称为“万世师表”。

二、陶行知的个性特征

陶行知是近现代典型的爱国知识分子，兼具了那个时代知识分子的共性和自己的个性特点。他 15 岁即入西学堂接受西学，身上有鲜明的西方思想印记；但同时他又具有中国传统士大夫的根深蒂固的特征，“为天地立心，为生民立命，为往圣继绝学，为万世开太平”。其安身立命的根基始终在这种家国天下的文化根里。在传统文化的“君子”人格浸润和美国实用主义大师杜威的双重影响下，陶行知信奉自由主义，崇尚民主、多元，反对二元对立，因此他身上总是散发着温和宽厚的气质。

（一）智仁勇兼修的个人修养历程

从陶行知生平可以看到，陶行知的个人道德修持是多方面因素综合作用的结果。

陶行知的故土徽州历来名人辈出，是宋代以后的理学重镇。陶行知自幼受到儒学熏陶以及理学注重道德修持的影响：格物、致知、正心、诚意、修身、仁义礼智、慎独明德等，他一生注重道德自律：信奉“义则居先，利则居后；敬其所长，恕其所短”的义利观，坚持“慧眼观人长处，正心慎我独时”，“涵养一种海阔天空的境界”，确立一种“恋而不恋，不恋而恋”的人生观；欣赏周敦颐，称颂敦颐最先言的出淤泥而不染的莲荷品格，以此勉励师生在污浊的社会环境中要保持高尚的人品；称颂“智仁勇”天下之大德，勉励学生“仁者不忧，智者不惑，勇者不惧”。因此，陶行知的一生尽管追求现代化，但从其基本的道德观念看，他终生恪守传统的道德规范，尤其是他在金陵大学期间就研究阳明学说，确立了求真去伪的道德追求，为自己的心灵找到安根之处。此后，他终其一生求真、做真人。

如果说儒学传统是一种文化上的浸润，那么家庭则是一种生活上无孔不入的影响因素。陶行知的母亲是一位中国优秀传统女性，她勤劳朴实、持家有道，陶行知曾作诗称颂母亲“这把刀，剃过三代头”。正是这种勤俭持家的家风，以及徽州人“徽骆驼”“绩溪牛”这种浸润到骨子里的精神，涵养了他吃苦耐劳的品性；而自幼困顿的生活则锻造了他坚韧的处世品格，正所谓艰难困苦，玉汝于成。由此，我们就不难理解陶行知日后能从跻身上流社会的“人上人”安之若素地重新沦入贫困，正如有学者指出的，从晓庄开始，陶行知的物质生活每况愈下，但精神生活不断丰富、人格日益高尚。

因此他有执着、坚毅的品质：一生秉持教育救国之道，从中华教育改进社、平民教育，到创办晓庄、工学团再到育才学校，如果以世俗的成功学来看，这些事业无不以失败告终，但陶行知始终矢志不移，屡战屡败却愈战愈勇，无愧于斗士的称号。

而西学的吸纳尤其是杜威式的民主主义的影响，使陶行知儒家的温良又加持了新的内涵，民主就是能敞开胸怀接纳异见，愿意彼此分享，陶行知因此培养了自身一种雅量和风度的气质。这才造就了陶行知谦逊平易宽和的品性。他为人谦逊，不以救世主自居，不以公知自居，主张践行教学相长，对社会三教九流都予以尊重，不端架子；他待人真诚，对学生如亲子弟，对朋友道义之交不可屈折；他包容他人有风度，对学生而言是一平易的长者，践行师生平等，对学生宽容，因此才有这样的警示——“你的教鞭下有瓦特，你的冷眼里有牛顿，你的讥笑里有爱迪生”，而对其学生质疑和批判生活教育也是采取包容的态度，视为学术探讨。

尽管陶行知温良、有雅量，但不妨碍他具有鲜明的个性。

他不留恋西装革履的上流社会生活，坦然舒畅地换上布衣草鞋，毅然放弃“人上人”的生活，做“泥腿子校长”，从此与昔日富裕惬意的生活作别，与服务少爷小姐的教育作别。他不畏权贵，心中有正义，婉拒三青团干事之职，在所办育才学校受到打压时，不向权贵低头，不惧政治迫害，先后拒绝把育才学校改为公立、拒绝国民政府派人来校担任训育主任。他有独立的人格，坚信人具有理性，应该依据理性作出正确的判断，有独立的思考，而非人云亦云。

无怪乎黄炎培评价陶行知：“非但因其学识丰富，品格高尚，能力过人，且因陶先生大名知行。知行合一，实为吾人做事格言。陶先生固未料‘知行’二字，为吾人共奉之良箴也。”[①]而他的学生在他逝世后则表达“陶行知是我们伟大的导师，我们要以赤子之心来追悼他，要将他未竟志向继续担当起来。陶先生的人格不仅是中国的，而且是世界的，他不仅是这个时代的人物，而且是万世的”。[②]

（二）学贯中西的学问历程

陶行知自幼修习传统儒学，少年时起接受西学，在世界享负盛名的高等学府

① 陶行知：《陶行知全集》（第1卷），四川教育出版社，2005，第588页。
② 陶行知：《陶行知全集》（第12卷），四川教育出版社，2005，第800页。

学习现代教育学,具有良好的现代文化修养和科学素养,可谓学贯中西,一生著述颇丰,后人对其著作进行收集整理,编纂了《陶行知全集》12 卷,收录了陶行知迄今为止的全部文稿,包括文章、诗歌、教材、书信、演讲、小说、谈话、章程、提案、文电、广告、备忘录等共 2530 篇 600 余万字。以下按照陶行知的思想、学问之发展阶段择其中要者作一简单介绍,从其著述可以看出陶行知一生的学问历程及其变化(见下表)。

写作年代	文章/著作名称	所处之地	主要观点
1913	《伪君子篇》 《为考试事敬告全国学子》 《〈金陵光〉增刊中文报之缘起》	金陵大学	去伪存真,初步确立自己的道德风范,"借西学之长以济己之短"
1914	《共和精义》	金陵大学	初步阐释现代性特征"自由、平等、民胞"
1917	《中国在转变中》	美国哥伦比亚大学师范学院	中西文化观和对中国发展做出判断
	《中国的道德和宗教教育》		用实证的方法总结中国的道德与宗教教育现状,并用心理学、社会学、实用主义解释道德教育
1917 下半年—1926	《试验主义之教育方法》(1917)	南高师	叙述实验—探索的方法在西方近代教育史上的重要价值,提出中国应用这一科学的方法来格物致知
	《新教育》(1919)	南高师	阐释新教育即要应时代所需,强调变革,旨在养成自主、自立、自动之国民,为此要有新方法、新学校、新教员、新学生、新课程、新教材和新考试
	《学生自治问题之研究》(1919)	南高师	阐述学生自治是建立民主共和国家的需要
	《平民教育之重要与办法》(1925)	中华教育改进社	阐述平民教育对个人、国家与世界和平的重要性,并介绍了平民教育的两种方法:平民学校和平民读书处
	《南京中等学校训育研究会》(1926)	中华教育改进社	揭示学校德育的弊端在于德育和智育的分离、知识与品行的分离,提出德育应实践知识与品行合一
1927—1930	《中国教育改造》	晓庄师范时期	创立本土化的生活教育理论雏形

续　表

写作年代	文章/著作名称	所处之地	主要观点
1931—1936	《中华民族之出路与中国教育之出路》	工学团时期	为中国社会和教育的现代化谋划出路
	《古庙敲钟录》《普及教育》《小先生》	工学团时期	提出工学团的生活教育新形式:工以养生、学以明生、团以保生
1939—1946	《创造的儿童教育》《每天四问》	育才时期	倡导创造教育,提出处处是创造之地,天天是创造之时,人人是创造之人
1946	《小学教师与民主运动》《民主教育》	社会大学时期	倡导并发起民有、民治、民享的教育

由上表可见,陶行知学贯中西,学成归国后,起初信奉美国实用主义大师杜威的教育理论,把试验主义奉为改革中国教育的利器,用他自己的话说,用了八年的时间,碰得头破血流,才悟出以教学做合一而生发的本土化的生活教育理论,提出“生活即教育,社会即学校,教学做合一”。这既表现了他“吾爱吾师,吾尤爱真理”的学问风格,更显示了其求真的学问精神,对于今天的研究者仍有着重要的榜样意义。他在晓庄师范初步形成了生活教育理论的雏形,之后随着社会形势和需要的变化不断发展其理论,逐渐向人民性的立场倾斜,提出新的大学之道“在明民德,在新民,在止于大众之幸福”,赋予生活教育理论民主化、科学化、大众化的时代特征。

(三)“人生为一大事来,做一大事去”的教育历程

陶行知以“余今生之惟一目的在于经由教育而非军事革命创造一民主国家”的人生志向为指导,从 1917 年留美归国即开始从事教育事业的改造,历经 30 年。五四前后投身于中国的新教育运动,师法美国进步主义教育运动,推进中国教育的科学化和民主化。20 世纪 20 年代乡村教育思潮兴起之际,携中华教育改进社的一批志同道合者如赵叔愚、邵仲香等创办乡村教育同志会,推动乡村教育运动,并于 1927 年 3 月 15 日,在南京晓庄创办试验乡村师范学校,在创办学校的过程中,对杜威的学说进行了吸收和扬弃,提出了“生活即教育,社会即学校,教学做合一”,初创生活教育理论,以此指导乡村教育运动,从而举起中国生活教育运动的大旗,并运用生活教育理论指导生活实践。此后,以陶行知为领袖

形成一个教育团体，史称“生活教育派”，始终以民族社会需要、大众的生活需要为旨归，在全国各地开展了历时 20 年、影响广泛的生活教育运动，直至 1946 年 7 月 25 日陶行知病逝而结束。

1930 年 4 月 12 日，晓庄被封，但这并不代表生活教育运动的停滞。以晓庄为蓝本，晓庄师生对晓庄经验和精神进行了传播和推广。旨在普及乡村教育的生活教育运动在 20 世纪 30 年代有了新的发展。“九一八”事变后，如何普及大众以挽救国难成为社会主题，生活教育运动开始倡导普及教育运动。陶行知自日本回国后，先是带领原晓庄师生方与严、戴伯韬、戴自俺、孙铭勋、董纯才、刘季平等开展“科学下嫁”运动，进行科学知识的普及；而后于 1932 年 10 月 1 日在上海宝山成立山海工学团，普及“工以养生、学以明生、团以保生”的教育，开展生产活动、识字教育、农民娱乐活动、医药卫生活动等，并成立普及教育助成会为推行组织，创办《生活教育》杂志为宣传媒介；特别有意义的是，在此过程中正式提出“小先生制”，在陶行知身先士卒的宣传、实践以及生活教育派大先生的指导下，小先生运动在数量和规模上颇有成效，仅仅一年时间，小先生运动就遍布全国 25 个省市，仅上海一地就有小先生一万余人。小先生在识字教育等方面发挥了他们的普及教育作用，部分地解决了普及教育的师资问题。

“一二・九”运动后，国难日益深重，而随即而至的抗战的全面爆发，则把国难推到极致，“救亡”以压倒一切的方式成为绝对的社会主题。对于生活教育运动者而言，刚刚才有所起色、正如火如荼的普及教育运动也暂停了教育启蒙的步伐，转而推行国难教育运动和战时教育运动。

陶行知在上海于 1936 年 2 月 23 日成立国难教育社推行国难教育。抗战全面爆发后，陶行知又领导成立生活教育社和各地分社，倡导战时教育运动，内容丰富，形式各异。他带领生活教育社成员在广西桂林开展岩洞教育、编辑战时教育书刊、恢复新安小学、成立晓庄研究所研究战时教育等；最为出色的则是陶行知于 1939 年 7 月 20 日在重庆创办育才学校教养难童，为抗战救国培养力量。

在艰难的抗战时期，生活教育运动不仅没有停滞，反而以生活教育社的一校一所为点，加上分社的面，点面结合，巍然屹立在低沉的抗战教育气氛中。陶行知在创办育才学校时期，更是实践了民主的创造教育思想，进行了新的人才培养实验，并持续了 7 年之久。育才学校中后期，其创造教育思想有了进一步的发展，即走向民主的创造。

抗战胜利后，陶行知继续投入民主的时代洪流中，他带领生活教育派创办社会大学，生活教育运动从战时教育运动发展到最后一个阶段，也是巅峰阶段，即民主教育运动。

1946 年 7 月 25 日，正全力为中国的民主运动而奔走呼号的陶行知，突发脑溢血，溘然长逝。他的突然离世使生活教育运动遭到重创，也意味着他所领导的自觉的生活教育运动落下帷幕。

在 20 余年中，陶行知领导六大生活教育运动，不断发展生活教育理论，更重要的是，在实践中促进了中国现代教育的科学化、民主化和普及化。

纵观陶行知的一生，他堪称理想主义者和务实者的完美结合，他既是热情奔放的理想主义者，又是脚踏实地的实际工作者。理想鼓舞他敢于向传统的教育理论挑战，并努力用自己的理论力量捣碎它，也敢于对其时西方的先进理论尤其是其师杜威的理论质疑，创造性地提出本土化的生活教育理论；务实精神则保证他在杂乱无序、充满不确定因素的社会变迁中，兢兢业业、坚持初心、锲而不舍地从事中国的教育改造。他的一生用“爱满天下”四个字来概括实在是实至名归。他的所为和精神让他在朋友中获得了“圣人”的称誉。要知道在中国长达数千年的文明历史进程中，“圣人”是非同一般的尊号，是百世难遇的非凡人物，所以人们对“圣人”的考量是严格而苛刻的，不会轻许于人，众所周知的是孔子，被尊奉为“万世师表孔圣人”。然而在两千年后，陶行知因其教育盛举，甚至在不同政治立场的人那里，都得到“圣人”称誉，足以说明陶行知令人感佩的一生。在他去世后，著名的历史学家翦伯赞深情回忆在育才艰难时期两度讲学的难忘岁月，说在这座古老的寺庙，“人的奇迹代替了神的奇迹”，如果他有权更改寺名，愿把“古圣寺”改为“陶圣寺”。郭沫若所写悼词为“两千年前孔夫子，两千年后陶夫子”。

第二节　陶行知探索德育现代性的背景和思想渊源

一种思想的形成不是空穴来风，它总是为了解决某种社会问题而产生的思考；它也不是空中楼阁，而一定有坚实的思想和社会文化土壤。所以我们考察陶行知德育思想的形成，首先要明确的是陶行知的德育思想一定是扎根在中国本土的社会文化土壤中，又因为要考察其现代性，所以又要放到世界的现代化视野中,看陶行知的德育思想带有怎样的现代性特征,陶行知探索和追求德育的现代性又是为了解决中国现代化过程中的何种问题。

一、社会背景

近代以来,中华民族可谓是内忧外患,国家贫弱不堪,民不聊生,国将不国。随着晚清政府在两次鸦片战争、中日甲午海战(1840—1895)中接连战败,中华民族的生存危机日益加深。通过两次鸦片战争,在西方坚船利炮的冲击下,中国封闭的大门被迫打开,曾经被认为坚如磐石的根基此时却开始震荡和摇撼,中国“面临数千年来未有之强敌”和“未有之变局”:在社会性质上,由独立的传统社会沦为半殖民地半封建社会,中华民族开始了反侵略、以求民族独立的漫长斗争;在社会形态的变迁上,两次鸦片战争实质是传统农业文明和现代工商业文明的较量,无论国人愿意与否,这场较量终以封闭的农业文明被西方列强强行纳入资本主义世界体系而告终。中国开始被迫从传统封闭的农业社会向现代开放的工商业社会进行艰难的转型;在思想观念层面,沿袭数千年的闭环式的中国传统文化体系开始崩塌,以儒家文化为主流的基本道德与社会价值取向受到西方自由、民主、现代民族国家等思潮的冲击而产生了存在危机。总之,近代中国被迫开始了现代性嬗变。

在攸关民族存亡之际,近代一批爱国的知识分子开始了救亡图存的实践探索。他们对近代中国落后的认识超越了器物、技术甚至制度,而把眼光落在国民性上,拟通过思想启蒙以改造国民性。如何改造?如何培养和造就新的国民?这是摆在近代士人群体面前的迫切问题。面对纷至沓来的欧美思潮,鉴于自我认同和民族重建的双重任务考量,他们在各种思潮中不断探索、择取有效的救国之道,为之设计了不同的方案,这些方案是在东西方文化碰撞、民族危机深重、现代性曙光初现的社会历史背景下的探索,所以带有一定程度的现代性色彩。陶行知作为其时的代表性人物之一,其思想亦如是。陶行知怀着救国救民的宏愿,立志从事教育以救国。他融合自由、平等、博爱等现代性理念,创立生活教育学说,以培育健全的国民。

二、理论渊源

陶行知的德育思想不是无根之木,他扎根在坚实的传统文化土壤中,又吸收借鉴了西方现代文化思想,尤其是杜威的实用主义哲学和道德教育思想,从而形成其自身独特的德育思想。

(一)对中国传统教化的继承与超越

从陶行知的生平可以看出,他早年所受的传统教化对其影响颇深,从其成年后所具有的道德风范和在事业中表现出的人格品质都可看出传统教化的印记。一方面,陶行知德育思想的形成是对传统教化的传承;另一方面,作为一个具有强烈现代意识的知识分子,秉承着"适宜"的原则,对传统教化思想又进行了超越。

中国传统教化又称德教,以儒家教义为主导。陶行知曾说"儒家教义就其本质而言,乃是一个纯粹的道德伦理体系"①。它主张"天人合一"的宇宙观,从人类历史文化变迁的宏大事业中寻找人的理想归宿。"儒家考察了古代社会的发展进程之后决定,人的生存首先是整体的生存,社会就是人的整体生存的唯一形式,而人类的终极命运与社会的合理结构之间存在着某种必然的联系。"②儒家主张以"仁爱"为价值取向;在社会治理上包含一套"内圣外王"的体系(宋明理学之后),通过修身的道德实践,达到齐家、治国、平天下,为传统社会奠定了稳定的社会秩序,同时为个人提供了一套在社会中得以安身立命的价值观和宇宙观(心灵秩序)。所以,它包含一定的生存方式与精神理想的预设,主张通过教育,能够使受教育者将理论化为德性,把外在的"他律"转化为内在的"自律",深刻地影响人的精神世界。具体内容如下。

1. "社群意识"的价值

从"天人合一"的思维方式出发,儒家教化有着深厚的"社群意识",即人不能也不应该离开社会而生存、生活,如孔子说"德不孤,必有邻"。个人只有在社会

---

① 陶行知:《陶行知全集》(第12卷),四川教育出版社,2005,第17页。

② 丁钢:《历史与现实之间:中国教育传统的理论探索》,广西师范大学出版社,2009,第58-59页。

中才有存在的意义，应明了个人在家庭、国家、天下、天人关系中的地位和义务。儒家对个人与社会的关系作了独特的解释。

陶行知继承了这一“社群意识”，同时重视个体在社会中的个性发展和独特价值，以避免个体只知依附于社会，被淹没在集体宏大的叙事中而丧失其个体的独立性。他立足民主共和的理念，提出“个人为社会而生，社会为个人而立”①。一方面，“共和主义重视个人之价值。众人意志结合，以成社会邦国。共和主义曰个人者，社会邦国之主人翁也。主人翁可不自重乎？阳明子人皆可以为圣贤之义，实隐符近世共和对于个人之希望。夫人皆可以为圣贤，则人安可不勉为圣贤乎？天生烝民，有智愚强弱之不同；其见诸事也，复有成败利钝之不同：共和主义亦不能否认之。然分金，金也；两金，金也；即至亿金、万金，亦金也。轻重不同，其为金则一。人虽贵贱贫富不同，其柔能强、愚能明之价值则一。共和主义则重视个人此种可能之主义也。”另一方面，对于社会而言，“共和主义视人民为社会之主权。群之良窳，惟民是视。民苟愚劣，社会绝对不能兴盛。社会欲求兴盛，必负改良个人之责。故在共和主义之下，社会之大任即为济弱扶倾，而教其愚不肖，社会一而已矣。强忽弱，则强者亦弱；强扶弱，则强者愈强。因社会集众人而成，多一分病子，即病一分。其健者苟不思所以治之，则蔓延之祸，可立而待，强者亦不能高枕卧矣！”②突出了个体之发展对社会的重要性。由此可见，陶行知在民主基础上形成了个人和社会关系的统一，对传统德教中的“社群意识”进行了开创性地传承。

2. 人生大志向的道德理想和强烈的社会责任意识

“天人合一”的宇宙观的基本意蕴是要求人们应该尽可能地从广阔的角度来思考人的存在意义，如张载在《正蒙 · 大心篇》所言“大其心，则能体天下之物……世人之心，止于闻见之狭。圣人尽性，不以见闻梏其心，其视天下无一物非我，孟子谓尽心则知性知天以此”。可见，传统的教化具有明显的精神超越意识，突破世俗现实功利的狭隘，追求一种道德精神的广度，立的是一种人生的大志向：“古之欲明明德于天下者，先治其国；欲治其国者，先齐其家；欲齐其家者，先修其身；欲修其身者，先正其心；欲正其心者，先诚其意；欲诚其意者，先致其

① 陶行知：《陶行知教育文集》，四川教育出版社，2007，第 14 页。

② 陶行知：《陶行知教育文集》，四川教育出版社，2007，第 14 页。

知，致知在格物。物格而后知至，知至而后意诚，意诚而后心正，心正而后身修，身修而后家齐，家齐而后国治，国治而后天下平。”①甚或是“为天地立心，为生民立命，为往圣继绝学，为万世开太平”。又或是“先天下之忧而忧，后天下之乐而乐”。这些人生大志向无不昭示着个人把自己的命运和天下、整个人类的命运相关联，其中自然蕴含另一种重要的价值取向：一种强烈的社会责任担当意识。这构成了中国古代士大夫崇高的精神追求，并世代相传。

这对处于中国近代内忧外患中的知识分子的影响是巨大的。和同时代的很多爱国知识分子一样，陶行知认为人的社会责任担当和使命意识不需要启蒙，而是不证自明的一种精神传承，是作为一个人的天生的道德责任，是刻在骨子里的一种印记，而近代救亡图存的迫切使他们的忧患意识愈加强烈。陶行知早在《共和精义》中就引用“顾炎武的‘天下兴亡匹夫有责’”，勉励学生并自勉，一生践行“人生为一大事来，做一大事去”，这一“大事”在不同的阶段有不同的表述，其共同点是要始终把个人的发展和整个国家民族的命运前途紧密联系在一起。他在给妹妹陶文渼的信中说要“创造一个四通八达的社会”，因此“我们生在此时，有一定的使命。这使命就是运用我们全副精神，来挽回国家厄运，并创造一个可以安居乐业的社会交与后代。这是我们对于千万年来祖宗先烈的责任，也是我们对于亿万年后子子孙孙的责任”②。在推行平民教育时，阐述个人对自己、社会乃至世界的使命：(1) 关于“个人”，使“完成其人之所以为人”；(2) 关于“国家”，使中华四万万同胞，都成为“民国的国民”，九万里河山，确成为“国民的民国”；(3) 关于“世界”，可以使国际战争减少，促进永久和平③。如此，他不仅关注“家国”，更“兼济”天下、世界，在叙述晓庄的使命时，从晓庄、中国乃至整个世界三个层次提出“谋农民的解放”。

3. 仁者爱人的价值取向

儒家主张“仁爱”，从最初的血缘亲情的“孝悌之仁”逐渐扩展到具有普遍意义的人对对象的同情感。基于此，孔子提出著名的道德修养原则“推己及人之道”，表述这一原则的教育格言是“己欲立而立人，己欲达而达人”，“己所不欲，勿施于人”。

---

① 李一冉编著：《大学》，中国广播电视出版社，2008 年，第 16 页。

② 陶行知：《陶行知全集》(第 8 卷)，四川教育出版社，2005，第 33 页。

③ 陶行知：《陶行知教育文集》，四川教育出版社，2007，第 130 页。

传承于“仁爱”的价值理念贯穿陶行知思想的始终，甚至可以说是其德育思想的核心。在《共和精义》中他提出“自由、平等、民胞”是民主共和的三大信条，其中在阐述“民胞”时，引用了张载的“民吾同胞，物吾与也”，要求“国人以兄弟相视”，而后“博爱心生”。此后，更是终生遵循爱、践行爱，办晓庄、办育才，发起六大生活教育运动，皆是因为“爱”而生，因此“爱满天下”乃是实至名归。

4. 高尚的人格境界

“天人合一”的思维方式和以“仁”为本的价值取向必然决定了传统教化是追求一种高尚的人格境界。这种人格境界一方面表现为突破有形的功利满足，追求“艰难困苦，玉汝于成”，能将仁爱精神进一步升华为自强不息、厚德载物、真实无妄的精神。更重要的是，当高尚的人格在不断地淬炼中逐渐趋于成熟时，人能够从中获得一种超越现实所有羁绊的自由快感，如“孔颜乐处”的内在精神意蕴。这种“以道铸身、以身殉道所蕴含的自我实现、自由快感，无疑是任何自由主义者都无法否认的事实”[①]。如此才能深刻地理解何为“明知不可为而为之”的一腔孤勇。

纵观陶行知的思想与实践，这种高尚的人格精神无处不在。他勉励学生要有“富贵不能淫，贫贱不能移，威武不能屈”的精神。前述生平中有很多阐述，此处不再赘述。

5. 规范伦理和德性伦理的批判性继承

传统教化的基本道德价值分为两面：以“礼”为基础的规范伦理和以“仁”为基础的德性伦理。前者的核心是儒家的三纲之说，到宋明理学，朱熹提出“存天理，灭人欲”，它是基本的人行为的道德规范，是外在于人的，即一种道德他律；后者的核心是儒家的人格理想（圣贤君子）和社会理想（天下国家），它是道德主体一种自觉地内化于心的道德品质，即一种道德自律，体现为一系列美德或德性品质。

如前所述，这两者在近代受到由西学所引起的震荡的影响，尤其在五四反传统的声浪中逐步动摇，甚至崩塌。陶行知身处其中，对其进行了合理扬弃，他对以“礼”为基础的规范伦理进行了批判，并赋予了其现代的含义；对以“仁”为基础的德性伦理进行了传承，高扬智仁勇等优秀的德性品质。

① 丁钢：《历史与现实之间：中国教育传统的理论探索》，广西师范大学出版社，2009，第63页。

陶行知批判传统文化中的“天理”与“人欲”的二元对立，他说：

中国从前的旧文化，是上了脚镣手铐的。分析起来，就是天理与人欲，以天理压迫人欲，做的事无论怎样，总要以天理为第一要件。他是以天理为一件事，人欲为一件事。人欲是不对的，是没有地位的。[①]

因此，他说“这里，我们还得与戴东原先生的主张打一打通。他说理不是欲外之理，不是高高的挂在天空的；欲并不是很坏的东西，而是要有条有理的”。[②]在此基础上，他创立生活教育对“天理”和“人欲”进行了创造性的现代转换。他提出：

我们这里主张生活即教育，就是要用教育的力量，来达民之情，遂民之意，把天理与人欲打成一片。[③]

传统文化中，和“天理”“人欲”密切关联的就是“礼教”。陶行知指出“现在有许多人唱‘礼教吃人’的论调，的确，礼教吃的人，骨可以堆成一个泰山，血可以合成一个鄱阳湖”[④]。但他又指出批判的基础是要对“礼”有正确认识，“礼是什么？朱子注解说礼是天理之节文。天理又是什么？”大部分人并不理解，他自嘲：

我是虚度了四十几岁，却没有把这个问题弄清楚，更不敢向大家宣传。因为我自己不懂的东西，拿来随嘴乱说，我不是变了一个喇叭吗？当时孔子提倡这种学问的时候，就拿不出证据来。他曾经说过：“夏礼，吾能言之，杞不足征也。殷礼，吾能言之，宋不足征也。文献不足故也。足，则吾能征之矣。”[⑤]

① 王尚义：《陶行知教育思想权注》，中央编译出版社，2017，第352页.
② 陶行知：《陶行知教育文集》，四川教育出版社，2007，第227页。
③ 同上。
④ 同上。
⑤ 陶行知：《陶行知全集》（第3卷），四川教育出版社，2005，第123页。

他认为要对“礼”进行辨识：

以前有人说，礼是养生的，那是与生活即教育相通的。这种礼，我们不惟不打倒，并且表示欢迎。假若是害生之礼，那就是要把人加上脚镣手铐，那是与我们有冲突的，我们非打倒不可。因为生活即教育，是要解放人类的。①

对于这种“害生之礼”，近代以来人们批判其不足，却又没有建构真正的、合宜于现代的“礼”，如此，只会“换汤不换药”，并且会造成更恶劣的后果。他又从其对孩子的天性束缚角度进行了批判反思：

……若说我们现在所提倡的不是古礼而是今礼，那么，今礼是哪几条？您若打破砂锅问(纹)到底，便知道“礼”这个字在现在是几乎等于代数学上的“x”——是一个未知数。礼既是一个 x，小孩子便无所适从。弄到后来，非礼勿视会变成一个光棍的“勿视”，非礼勿动会变成一个光棍的“勿动”。勿视与勿动只是大人的乱命。小孩不视便是瞎孩子。小孩不动便是死孩子。非礼勿视，非礼勿言，非礼勿听，非礼勿动，是民族自杀的口号。②

陶行知对传统规范伦理进行了批判性反思，但对德性伦理中的优秀美德大加赞赏。他以其自身在教育实践中表现出来的德性品质表现了对传统教化中的美德之传承。他说“反传统教育也不是反对固有的优点。我们对于中国固有之美德是竭诚的拥护”③。比如他赞赏“智仁勇三者是中国重要的精神遗产，过去它被认为‘天下之达德’，今天依然不失为个人完满发展之重要的指标”④。勉励学生要养成“富贵不能淫，贫贱不能移，威武不能屈”的浩然正气；提出“千教万教教人求真、千学万学学做真人”的道德目标等。

① 陶行知：《陶行知教育文集》，四川教育出版社，2007，第 227 页。
② 陶行知：《陶行知全集》(第 2 卷)，四川教育出版社，2005，第 123 页。
③ 陶行知：《陶行知教育文集》，四川教育出版社，2007，第 438 页。
④ 陶行知：《陶行知教育文集》，四川教育出版社，2007，第 481 页。

6. 知行合一的道德实践影响

“道德”一词从本义上说，“道”是万事万物的道理，包括天道和人道，“德”即是对“道”的认可、信服、践行。所以，道德是一种实践活动，不仅要知“道”，更要修“德”，才能成为一个真正有道德的人。所以传统教化注重道德修身实践，信奉知行合一，这一点在陶行知身上可谓表现得淋漓尽致。

陶行知曾自述“在二十三年前，我开始研究王学，信仰知行合一的道理，故取名‘知行’”。可见阳明先生的知行合一学说对其影响颇深。王阳明提出“知行合一”的认识论原则，“知”即“良知”，“行”包括“外在行动”和“意动”两个层面，认为“知是行之始，行是知之成”，“以‘知’的真否来检验‘行’之笃否，以‘行’之笃否来检验‘知’的真否”[①]，并且特别强调对道德的切实躬行。陶行知早年对此非常信奉，后受到杜威实用主义哲学的影响，在教育改造实践中逐渐意识到“行动”的重要性，遂提出“行是知之始，知是行之成”，改名“行知”；因为推崇“行动”，在“行知”基础上又提出“行知行”理论。

（二）对西方实用主义思想的吸收和本土转化

现代性是一个西方概念，陶行知的德育思想是中国近代现代性发展的组成部分，它必然受到欧美现代教育思想尤其是以杜威为代表的实用主义思想的影响。

实用主义是 19 世纪末 20 世纪初美国出现的一种新的哲学形态，它是一种以个人的具体行为经验为现实世界基础的意义或价值哲学，体现了哲学的一种“经验主义的态度”，早期代表人物是皮尔士、詹姆士。我国学者万俊人先生总结了它的特征如下：(1) 求实主义哲学观，认为除了研究有益于人生目的之实现的思想、观念、欲望、心理和情感之外，哲学并无任何别的意义。(2) 真理（意义）多元论和相对论，主张“有用即真理”；由此实用主义鼓励冒险探索，力图展示不定的未来可能性前景，反对因循守旧、故步自封。(3) 个人主义价值观，反对一切“整体性”和权威主义，偏爱个体、具体、特殊、创造、尊严、独立思考和自主行动，把每一个人都视为生活的主角。(4) 行动主义实践观，强调过程、手段、条件、不断的实验和实践，不偏爱静止的目的、终结、结论和理论，主张“行动就是一切”。

---

① 毕诚：《儒学的转折：阳明学派教育思想研究》，教育科学出版社，1992，第 245 页。

(5) 民主主义的政治观,将实用主义哲学推广到社会政治、文化、教育、科学、宗教等各个领域,宣称以平等、民主、公平为其社会责任[①]。

杜威是实用主义的集大成者。在詹姆士等理论的基础上,杜威强调"经验"是一种活动过程,是有机体和环境的适应过程、交互作用,兼指过程与结果的双重含义,超越了传统经验主义把经验仅看作一种认识的局限,将认识与活动统整于"经验"之内,所以认识、情感都是"作为过程的经验"的一部分。这种"交互作用"的经验论是对传统二元论的颠覆。在真理论上,杜威提出工具主义的理论,认为思想、观念、理论都是人的行为工具,它们的真理性标准在于能否指引人们的行动取得成功。

这种实用主义构成了杜威道德教育思想的直接来源,形成了实用主义的道德观。这种道德观从经验改造的角度来理解美德:(1) 基本内涵是行为的善恶是用"实用"来评价的,能满足人的愿望、需要和兴趣的就是有道德价值的,对社会有用的就是道德的。(2) 对个体而言,道德的意义在于其是人应付环境的行为选择的工具,即作为一种考察和筹划的方法帮助人从复杂的道德情境中作出应该采取何种行动的决定。(3) 道德即生长。因为道德情境不同,个人所获经验不同,因此决定了不同的环境中会产生不同的道德,道德原则和善都是在构成中的,是此时此地此人的道德原则和善,是个人对具体行动的主观评价;从经验的改组或改造看,道德是生长的,"变革时代必须对社会中流行的道德规则进行反思和批判,建立一种新的反省道德"[②]。

在此基础上杜威提出,民主时代人们应该"根据良知良能,用省察功夫找出原理,去辨善恶、定是非",确立自然的真道德,即一方面保重身体、确立自己的才干增长、发展自己的天赋,另一方面在社会生活中各尽本职、助人自助、团体合作,做促进社会发展的积极力量。这种民主时代的道德观就兼顾了个性发展和社会需要,实现了个人与社会在民主基础上的统一。

此外,杜威还在经验论的基础上提出"知识和行为""知识传授与道德发展"是辩证统一的。在杜威的伦理体系中,知识是一个道德概念,意味着人们对知识的认可是有条件的,即"对社会有益"。因此,"道德性"是知识的一个内在维度,

① 万俊人:《现代西方伦理学史(上卷)》,北京大学出版社,1990,第 257-258 页。
② 刘长海:《杜威德育思想与中国德育变革》,博士学位论文,华中师范大学,2006,第 33 页。

“知识”和“道德发展”是统一的。

杜威在实用主义道德观的基础上构建了他的道德教育思想体系，其核心是通过道德的教育培养道德的人，问题的关键则在于如何使学校教育成为“道德的教育”。

在道德教育目标上，杜威主张教育的最终目的是培养民主社会的合格成员，即一个人不仅要做好人，还要做一个有用的好人，“能生活得像一个社会成员，在和别人的共同生活中，他对社会的贡献和他所得到的好处能保持平衡”①。

在德育的内容上，杜威提倡要培养道德观念而非传授关于道德的观念，即在“范围更广的、间接的和生动活泼的道德教育领域，通过学校生活的一切机构、手段和材料”②促进儿童的品性发展。

在德育的手段或途径上，杜威主张间接德育手段，从做中学(learning by doing)，强调道德教育是学生在经验中自我建构的过程。因此道德教育应寓于学校生活和学科教学中，通过全学科和全部教育活动进行道德教育，不必开设专门的德育课程，即直接德育。因此，杜威注重深入挖掘个体的生活经验，包括家庭、社区、学校中的生活经验，并研究其对个体的思想观念、行为怎样发生、发生怎样的影响。

陶行知基本传承了杜威的德育思路③。他推崇民主社会观，认为民主是一种生活方式；提出民主共和的三大信条是自由、平等、民胞，这三者都意味着一种社会责任和使命；在《中国的道德和宗教教育》中，他用现代教育的方法论论述了道德观和德育观，提出道德的进化论、道德与知识的融合、知行合一以及德育的实用主义基础，和杜威的经验德育论几乎一致。在本土化的实践上，陶行知关注儿童、注重儿童创造力的解放和发掘；借鉴杜威“在经验基础上学习”的教学方式，提出“教学做合一”的方法论；借鉴杜威学校民主管理的主张，提倡学生自治，并在系列的办学中践行；借鉴杜威“学校应成为真正的社会生活”的教育组织形

① 杜威：《民主主义与教育》，王承绪译，人民教育出版社，2001，第378页。

② 杜威：《道德教育原理》，王承绪等译，浙江教育出版社，2003，第9页。

③ 需要说明的是，尽管陶行知的教育改革思路基本和杜威一致，但是其教育改革、德育现代性转型的根本动力是来自作为中国精英分子传承自中国传统文化中的“家国天下”的责任意识，并非受到杜威建立在“学校与社会”关系上的学校使命观的影响。因为这对于陶行知来说是不证自明的。这并非发生在陶行知身上的个体现象，而是其时代大部分先进思想者的共识。因此，可以说，陶行知等的教育改革是精英分子的社会责任意识和杜威教学理论相结合的结果。

式,力图把晓庄、育才等办成学生的生活共同体。这部分内容将在后续章节中作专门探讨,在此不展开详细阐述。

陶行知可以说是在本质上实践了实用主义者“变动、创新、冒险”的特征,他不因循、不守旧,在立足本土实情的基础上,对其师杜威的理论进行了创造性转换:从“经验”到“生活”,从“教育即生活”到“生活即教育”,从“学校即社会”到“社会即学校“,从“从做中学”到“教学做合一”,用他自己的话来说,就是“翻了半个筋斗”,结成中国的生活教育理论,并成为其德育思想的基本理论基础。

三、学校德育的现实因素

任何思想的出现都是对现实问题的关注和揭示,并对问题的解决试图作出一种设想。陶行知的德育思想不外如是。如前所述,从晚清帝制的结束到五四前后,面对西方现代性的冲击,以及自由、平等、主体性等现代性价值观念在各领域的渗透,人们对此呼声渐高,但社会现实、教育或德育现实都在昭示着这些价值观并未在实践中起效。因此,社会道德风尚亟需矫正,学校德育亟需变革。为此,当时社会的道德和学校德育之问题成为陶行知德育思想现代性探索的现实基础。

辛亥革命后,民国虽立,但不久袁世凯复辟帝制、军阀专制,所以虽有民国之名而无民国之实。政界、实业界极端腐败,教育界也一片混沌黑暗,社会风气败坏,道德沦丧。蔡元培痛心道:“方今风俗日偷,道德沦丧,北京社会,尤为恶劣。败德毁行之事,触目皆是,非根基深固,鲜不为流俗所染。”[①]陶行知其时虽仍在金大读书,但对社会道德风气之恶劣深有感触。他痛批“世衰道微,人欲横流”而出的“伪君了”,他们“假君子之德以行诈”,“直酿成伪家声、伪国风、伪世俗,灾及万世而不可穷”,“统古今而论,伪君子惟今世为最盛”[②]。为此他呼吁要效仿中国古代圣贤孟子和王阳明,“善养浩然之气”,“善致良知”,立真去伪。

---

① 高平叔主编《蔡元培全集》第3卷,中华书局,1984,第9页。

② 陶行知:《陶行知全集》(第1卷),四川教育出版社,2005,第162-163页。

而对教育界,他敬告全国学子考试不可剽窃、舞弊,并痛陈舞弊的"五恶德":欺亲师、自欺、违校章、辱国、害子孙。为此,他疾呼:"诸君,诸君!今日不能止同学之欺行,安望他日除国家之稗政,革社会之恶俗乎?"[①]

整体的社会道德风气和教育界的道德混乱必然导致学校德育的无效和低迷。

(一) 德育内容仍以传统教化为主

陶行知1917年撰文《中国的道德和宗教教育》,对当时中国(公立、私立)学校的道德教育作了统计。在公立学校的课程中,道德教育贯穿初级小学直到中学。道德课程分为两种:"第一种,个人操行。第二种,传统文化。"[②]根据1916年1月8日的部颁训令规定的道德教育的目标与方法,个人操行教育的内容有孝道、手足之情、忠诚、信誉、爱情、正义感、礼貌、勤奋与整洁。"这些对社会与国家的责任是随时间不断增加的。""这个训令很注重上述内容的实践环节。学生们被指望培养成为具有进步意识与爱国精神的人。"在传统文化教育方面,在初小由孟子的学说构成,在中学会学习更高深的传统文化。

从时间来看,中国学校的道德教育实践(合并个人操行和传统文化教育),初小头两年是每周两课时,第三到第七年是每周五课时,在中学是每周一个课时或多一点。

由此可见,中小学校中的德育在内容上仍以传统伦理教化德育为主,尤其注重个人品性或私德的教育,缺乏现代性的价值元素。

部颁训令所示的课程着力于"圣贤之学说与爱国主义精神的培养"。训令试图区分"圣人学说"与"个人操行","这极有可能是两种倾向共存的结果,即保存传统美德的倾向与现代强调实践的倾向"。

(二) 严厉主义、保育主义、干涉主义的德育观

学校德育历来主张严厉,往往把道德教育的成败归结为宽严的问题,认为对学生严格,就有利于对学生的管束,从而有利于学生道德品质的培养,反之则造

① 陶行知:《陶行知教育文集》,四川教育出版社,2007,第10页。
② 陶行知:《陶行知全集》(第12卷),四川教育出版社,2005,第17页。

成学生德行不佳。这显然把学生放在了德育的被动地位，学生是被动参与者，是被塑造者，学生道德的好坏全由老师造成，教师对学生管束严格，则学生道德佳好，教师对学生宽松，则学生道德败坏。这种宽严说忽视了学生在道德建构中的地位和作用。因此，陶行知呼吁要“打破宽严的观念”，“要在宽严之外去谋解决”①。

对学生严苛实际是对儿童的不了解和不尊重，所以陶行知主张一种保育主义和干涉主义。陶行知说：“儿童有许多痛苦是由于父母师长的不了解，不了解则有力无处用，有苦无处说。我们必须重申为小孩，不失其赤子之心，不能为儿童谋福利。”现代德育虽然主张“儿童是未来的主人翁”，但反映的却是一种传统的态度，“表面上好像是一种渴望，其实是一种变相的抹煞，抹煞了儿童的资格。”“小孩懂得什么？这就抹煞了中国数千年的童权，于是儿童不许说，不许问，问什么！问得讨厌！不许行，不许动！坐在那里，又不许离开一步！倘若动一动，摸一摸，不是挨骂，就是挨耳光，挨手心！在家庭受家人的压迫，在学校受师长的威胁，在社会受成人的冷眼。因此儿童不敢说，不敢动，于是一连串的夸奖和荣衔降到儿童头上来了，这孩子真规矩，真斯文，真像个‘小大人’。谁知道他有话不能说，有意见不能发表，有手不敢动，有脚不敢行，要玩不敢玩，要想小贡献无法小贡献，小小儿童已变成了‘小老翁’！教育如此，此路不通！你若再蔑视童权，就是残害民族幼苗，损害国家大气的元凶。倘若重视儿童教育，应该是‘提高地位重童权，追求真理活源泉！’”②

（三）德育与智育分离、德育与生活分离

学校教育的发展，产生了分科教学，“为教授的便利起见，把种种事物分析开来，便有了关于身体、关于修养、关于知识的种种科目”③。分科教学，有利于教师的教和学生的学，但也产生了学科间的割裂，就德育和智育而言，出现了德育和智育分离的状况，“训育上还有一个最不幸的事体，这事就是教育与训育分家，把教育看作知识范围以内的事，训育看作品行范围以内的事，以为学习知识与修养品行是受不同的原理支配的，甚至于一校之中管教务与训育者不相接洽，或背

① 陶行知：《陶行知教育文集》，四川教育出版社，2007，第 147 页。
② 陶行知：《陶行知全集》（第 3 卷），四川教育出版社，2005，第 455 页。
③ 陶行知：《陶行知教育文集》，四川教育出版社，2007，第 147 页。

道而驰"[1]。陶行知在《南京中等学校训育研究会》中的这段话指出了教育(智育)与训育(德育)分离、管教务者(文化课教师)和训育者(德育教师)对立的状况。这种智育和德育分离、对立的思维,影响了德育的成效,误以为重智必然轻德,反之亦然,"培养青少年学生的品行与发展他们的认知能力就一定是水火不相容的。好像智育就成了压制德育的罪魁祸首,似乎抓德育就不能不放弃和忽略学校、教师以及学生对成绩的追求"[2]。

"教知识的不管品行,管品行的不学无术"[3]。因此,陶行知先生疾呼"要打破知识和品行分家的二元论","在知识品行合一上研究些办法出来"[4]。

这些学校德育的实践与现代性遭遇,凸显了与现代性的自由、平等、博爱等理念格格不入的问题,因此亟需变革。

第三节　陶行知德育现代性探索的基本历程

从上述陶行知的生平及其德育思想现代性形成的背景、思想渊源看,我们可以演绎出陶行知德育思想探索的基本历程。他在理论上对自由、平等、博爱等现代性基本价值予以认可,这是萌芽时期;留美归国后把民主、科学、自由等价值观和方法论应用到中国新教育的改革实践中,这是形成期;从晓庄实践开始,对这些价值观进行了本土化的改造和实践,创立生活教育理论,并指导德育实践,这是深入发展和臻于成熟期。

一、萌芽期:理论上的认可(1914—1917)

陶行知自幼修习中国传统文化,具有深厚的旧学渊源。中国传统教化中注重民族精神的培育,如"天行健,君子以自强不息;地势坤,君子以厚德载物"所包

① 同上。

② 谢维和:《陶行知先生留下的"作业"——立德树人的逻辑与实践研究之一》,《人民教育》2017年第7期。

③ 陶行知:《陶行知教育文集》,四川教育出版社,2007,第148页。

④ 同上。

含的进取精神和包容精神，“居安思危”的忧患精神，“天下为公”的奉献精神以及“仁者爱人”的仁爱精神，构成了中国历代精英分子的精神向度，对青少年陶行知形成一种社会责任和担当意识具有深刻的影响。尤其是身处民族忧患的时代，陶行知从小就立有大的志向，据说在崇一学堂的宿舍墙壁上至今仍留有少年陶行知所刻的“我是一个中国人，要为中国做出一些贡献”。如何实现自己的志向？在崇一学堂的两年西学启蒙显然为他打开了新世界的大门。

1909—1914 年在金陵大学求学，种下了他思想现代性的萌芽。他在金大全面修习西学，形成了完全不同于传统儒学的思维方式和知识才干；同时不辍研究“阳明学说”，形成了他去伪求真的道德风范和信仰。因此，他 1914 年毕业时撰成论文《共和精义》。这是研究陶行知思想现代性的重要文献。陶行知在此篇毕业论文中，初步表达了他民主共和的政治理想，阐述自由、平等、民胞三大价值原则；同时阐述了民主共和的很重要的一对关系，即个人与社会，并立足民主，把个人与社会统一起来，提出“个人为社会而生，社会为个人而立”；并分析共和的“四大险象”：国民程度不足、伪领袖、党祸、多数之横暴。戒除这些险象的方法或“避之之道唯何？”他给出了初步的方案：通过教育。即“人民贫，非教育莫与富之；人民愚，非教育莫与智之；党见，非教育不除；精忠，非教育不出”[①]。为此，他提出“故今日当局者第一要务，即视众庶程度，实有不足。但其为可教，施以相当之教育，而养成其为国家主人翁之资格焉”[②]。他对民主共和的阐述和教育造国之道的初步确立，是他学习西方思想后几乎完全西方化的表达，“自由、平等、博爱”是法国大革命的口号，是西方启蒙运动的大旗，显然陶行知对民主共和三大信条的论述是受西方启蒙思想的启发。可以说，这是陶行知对西方启蒙运动的基本价值理论上的初步认可。

金大毕业后陶行知留学美国，亲眼见证了美国这个当时世界上最大、最成功的民主国家；尤其在哥伦比亚大学这个进步主义教育运动的大本营，得以受到杜威、克伯屈、斯特雷耶等进步主义健将的耳提面命，目睹进步教育运动所施行的种种教育实验，从而在理论上更进一步确认了现代性的价值和教育救国之道，在给哥伦比亚大学师范学院院长的信中，陶行知阐述自己“余今生唯一之志愿在于

① 陶行知：《陶行知全集》（第 1 卷），四川教育出版社，2005，第 189 页。

② 同上。

经由教育而非军事革命创造一民主国家”的终身志愿。这是陶行知德育思想形成的萌芽期。

二、形成期:中国新教育运动中学习西方的实践探索(1917—1925)

1917年陶行知学成归国,带着一身的才干学识投入中国新教育的实践探索中。在一年多时间中,他致力于宣传欧美的教育革新,尤其推崇杜威的实用主义(他通常称为试验主义),倡导试验主义方法论,归国后向国人贡献的第一篇学术论文即《试验主义之教育方法》。他在其中历叙“实验—探索”的方法在西方近代教育史上的赫赫功劳,并说明了科学的试验方法:设统系,立方法,举凡欲格之物,尽纳之于轨范之中……多方以试之,屡试以验之。他把这种试验主义首先应用于其任教的南京高等师范学校,在主持教务工作后,反对狭隘的课堂教学,主张扩大知识面,实行了一系列改革:实行学分制和选科制,提倡各系科参观实习,组织南京学术演讲会,提倡男女同校,改教授法为教学法。后参加《新教育》月刊编辑,在创刊号上发表《试验主义与新教育》,试图沟通以试验主义教育为代表的美国教育革新运动和中国新教育。他认为共和民主的教育在欧战之后逐渐壮大,中国教育应从德日的传统教育转向这一民主教育潮流;同时他提出要迎接这一新教育思潮,必须要挣脱“沿袭陈法”“仪型他国”的旧教育的束缚。因此,他认为试验主义是中国教育破旧立新的最佳工具。站在他对试验主义这一新方法的皈信皈依立场上,陶行知认为,中国“教育之不振”,即因缺乏试验主义这一科学方法,中国欲谋“教育之刷新,非实行试验方法不为功”。自此,试验主义成为贯穿其一生教育实践的方法论。

他的试验主义主张随着其后杜威在中国的两年多讲学和孟禄的中国教育调查之行更为巩固,杜威和孟禄的中国之行奠定了中国教育发展的民主方向和科学的路径。在五四高举“德先生”和“赛先生”大旗的特定环境中,陶行知为中国教育的民主化和科学化作出了一系列有益的尝试。

陶行知还致力于推行教育的科学化。赛先生成为五四新人物为中国建立新的心灵秩序(价值秩序)的现代性方案。陶行知主张要在教育领域贯彻科学精神,提倡以“科学的方法”和“科学的工具”来开展实证性的科学研究。在实践上,在南高师开设心理学、教育统计、遗传学等课程以推行科学教育，作为新学制起草委员之一参与新学制改革等。

而在推进教育民主化进程中，他延续并发展了《共和精义》中的民主共和主张，在1918年的《新教育》演讲中，强调新教育是建设共和长城的根本，共和国领袖和国民都能由共和教育所培养；一年后进一步强调共和民主精神是新教育的根本所在，并对其此前新教育造就共和国领袖和共和国民的双重任务作了修正，尤其提出“现在所需要的，是一种新的国民教育，拿来引导他们，造就他们，使他们晓得怎样才能做成一个共和的国民，适合于现在的世界”。在实践上，他在南高师开创“选科制”以利于学生自由发展，成立学生自治会训练学生自己管理自己和参与社会公共事务管理，致力于女子教育，提倡教育权利平等。这些实践尤其是男女同校的探索，其艰辛是今人难以想象的。这些思想和措施都推进了教育的民主化，是对萌芽期理论认可的落实和进一步深化。

三、深入发展期：始于晓庄的本土化探索（1926—1946）

中国的教育改革者们包括陶行知积极致力于中国新教育运动的有益探索，将近七年，却逐渐式微，到1925年，作为新教育改革运动兴起标志之一的《新教育》杂志宣布停刊，作为道尔顿制最热心的鼓动者，舒新城本人也将人生中心转向了系统的中国近代教育史研究，而作为新教育的主要鼓动者和组织者的中华教育改进社也由盛而衰，陶行知、赵叔愚等人毅然南下，一起贯彻改进社第四次年会提倡的乡村教育计划，发起乡村教育运动。这标志着陶行知教育改革本土化实践的开端，其德育思想现代性进入深入发展期。

用陶行知自己的话来说：

> 我从民国六年起便陪着这个思潮①到中国来，八年的经验告诉我说“此路不通”。在山穷水尽的时候才悟到“教学做合一”的道理……“教育即生活”的理论，至此乃翻了半个筋斗……但到了“教学做合一”的理论形成的时

① （注：杜威先生的教育理论）

候，整个的教育便根本的变了一个方向，这新方向是“生活即教育”。①

建立在这个基础上，陶行知“为中华民族中最多数而最不幸之农人”创办晓庄师范，他实践生活即教育、社会即学校、教学做合一的理念，培养具有健康的体魄、农夫的身手、科学的头脑、艺术的兴趣和改造社会的精神的，受农人和儿童爱戴的乡村教师，以此教“乡下阿斗做中华民国的主人”。他在晓庄实行生活教育课程，创办“乡村教育先锋团”实行学校自治管理，为农民创办中心茶园以移风易俗，创办民众学校、中心小学以增长农人现代知识，发起并鼓励农人参加联村自卫团，以培养现代民权意识。晓庄的创办不仅在理论上形成了生活教育，而且在实践上是对陶行知思想现代性的本土化探索，开启了他终生的教育普及、教育民主化实践。

晓庄被封后，陶行知以生活教育理论为指导，相继倡导“科学下嫁”运动以促进科学的普及化、发起山海工学团以普及教育、创办育才学校以推行难童教育和创造教育。在这些办学实践中，无不贯彻和渗透着民主、自由、平等的价值，并且随着教育改造的深入发展，陶行知逐渐树立人民性立场，“大学之道，在明民德，在新民，在止于大众之幸福”。这既彰显了其德育思想现代性的提升，又展现了其具有独特性的一面。

从陶行知对德育现代性的理论和实践探索历程看，其根本性目标就是培养健全人格的国民，对新国民的培养贯穿陶行知德育思想的整个过程。陶行知所要培养的新国民的核心特征即具有自由和独立的现代化人格。

① 陶行知：《陶行知全集》(第2卷)，四川教育出版社，2005，第7页。

第二章　现代性视域下陶行知在德育理论上的探索

中国教育、德育和现代性相遇，传统受到冲击，只有进行相应变革才能融入世界中。陶行知首先在德育理论上进行了积极的探索。他从民主社会观、生活观、经验道德观以及现代教育观构建德育的理论基础，确立自由、平等、博爱为德育思想的核心范畴，确立全新的德育目标，并围绕这一目标对德育的内容、实施方式进行了现代性变革。

第一节　陶行知德育思想概述

纵观陶行知的著作，专门论述道德及道德教育的学术论文并不多见，主要是发表于1917年的《中国的道德和宗教教育》、1928年发表的《道德问题》、1932年发表的《是非》等，其他基本散见于著作中，并且我们可以基本判断，陶行知是一个行动的理论家，他更多的是在实践中践行道德基本原则、培养道德的人。所以我们探究他的德育思想是一件并不容易的事情。尽管如此，我们仍然可以从少量的论文和他的实践中去总结他的德育思想。前面我们已经了解了他的德育思想的中西方思想来源，在此基础上，他首先思考并构建了德育思想的理论基础，包括民主社会观、经验和生活观、道德观和教育观。因此，要探究其德育思想，了解其理论基础是必要且重要的。

一、陶行知德育思想的理论基础

（一）民主社会观

陶行知被称为“民主之魂”，他是一名坚定的民主主义思想家和实干家。他的著作、实践活动无不带有民主的烙印，尤其在领导最后一个生活教育运动时，直接以“民主教育运动”命名之，用他自己的话说：“我自己潜心于中国的民主教育，从实践第一天开始，已经经过了三十个春秋。”①

晚清以来，中国社会的内忧外患迫使很多有识之士艰苦探索救国之道。在此过程中，创立一个民主、科学的新国家、新社会、新民族成为一般人尤其是精英阶层的共识；辛亥革命成功推翻专制帝制、建立中华民国，也从实践上开始了探索。陶行知在金大读书期间，正值辛亥革命爆发，在这样的时代洪流中，他于此时萌发“建立共和制以追求民主”的观念。到毕业时，他在毕业论文《共和精义》中集中阐述了共民主共和的思想，表达了对真正民主共和国家的向往。后来他留学美国，亲眼见证当时民主自由的美国社会。他学成归国后便开始了一系列的民主探索、实践，以求通过民主教育实现民主政治和民主社会。所以，理解陶行知的民主社会观，是理解其德育思想的必要前提。陶行知的民主社会观有以下内容。

1. 民主首先是一种政治制度和社会管理体制

在辛亥革命取得胜利后，陶行知把 1911 年 10 月 10 日看作“中国百姓最宝贵的一天……从一姓的中国变为百姓的中国……你也有份，我也有份，他也有份，万万同胞都有份……”②他认为民主是共和国家的基本特征，民主的政府本质上就是美国总统林肯所谓的“民有、民享、民治”，社会事务的统治权和社会资源的所有权归共和国的全体公民所有。这种民主政治的实现方式就是“用相互协商与自愿同意的方法取代多数人服从由上面强加的少数人的方法”③。

2. 民主是一种新的生活方式

和他的老师杜威一样，陶行知对民主有更深层次的认识，他说“民主的时代

---

① 陶行知：《陶行知全集》（第 4 卷），四川教育出版社，2005，第 687 页。

② 陶行知：《陶行知全集》（第 1 卷），四川教育出版社，2005，第 198 页。

③ J. 杜威：《新旧个人主义》，孙有中等译，上海社会科学院出版社，1997，第 4 页。

已经来到。民主是一种新的生活方式。我们对于民主的生活还不习惯。但春天已来,我们必须脱去棉衣,穿上春装。我们必须在民主的新生活中学习民主"[①]。这种生活方式是这样的:"自己要说话,也让别人说话,最好是大家商量。自己要做事,也让别人做事,最好是大家合作。自己要吃饭,也让别人吃饭,最好是大家有饭吃。自己要安全,也让别人安全,最好是大家平安。自己要长进,也让别人长进,最好是大家共同长进。民主未得到之前,联合起来以争取民主为己任;人民基本自由得到之后,依据民主原则共同创造,创造新自己,创造新家庭,新学校,新中国,新世界。"[②]

我们可以推断,陶行知揭示了民主在社会和个人层面的不同含义和最为关键的意义,即利于人类生活关系的和谐,促进社会福祉和个人福祉的实现;民主是社会形成和谐的共同体和个人积极参与共同体的方式,在民主的共同体中,人们有表达自己见解的权利,通过平等的对话相互沟通交流,相互协作,友爱互助;民主信仰人具有积极的能力——理性和自治的能力,能够治理自己和参与社会公共事务治理。由此可见,自由、平等和发展是民主的核心价值原则,民主赋予了个人自由,而自由意味着公民主动的责任精神,又因为"个人为社会而生,社会为个人而立",个人的自由和责任将推动社会"进化于无穷主义",民主生活不断改进,因此我们可以说,民主的生活总是进步的、向好的方向发展的。

陶行知的民主社会观展现了一种全新的生活方式,即共同体生活方式及个人和社会在共同体中的有机统一。这种民主社会观贯穿陶行知的道德观和教育观,规定了其民主主义方向。

(二)从"经验"到"生活"

"经验"是杜威哲学体系的核心范畴,也是其教育学和伦理学的核心范畴。纵观陶行知的思想发展历程,他最初可谓是杜威的信徒,对杜威的民主主义、试验主义("实用主义")等信奉不疑,用他自己的话说,"我从民国六年起便陪着这个思潮到中国来",尽管此后把杜威的"教育即生活"翻了半个筋斗成为"生活即

① 陶行知:《陶行知教育文集》,四川教育出版社,2007,第549页。
② 陶行知:《陶行知教育文集》,四川教育出版社,2007,第554页。

教育”,但其思想底色包括教育实践都明显地带有杜威思想的印记。因此,可以说“经验”是陶行知教育思想的一个核心范畴,随着其思想的发展演变,陶行知把“经验”转化为“生活”,构建了自己的生活教育体系。

陶行知“经验”的使用体现在其对“教育”的理解中。他认为:

> 教育是继续经验的改造(Continuous reconstruction of experience)。我们个人受了周围的影响,常常有变化,或是变好,或是变坏。教育的作用,是使人天天改造,天天进步,天天往好的路上走;就是要用新的学理、新的方法,来改造学生的经验。①

尽管陶行知并没有对“经验”作出明确的阐释,但从他对教育的理解中,可以看到他所提的“经验”就是人和外界环境(包括自然和社会环境)的交互作用,包含了杜威阐述的“经验”的实质:过程与结果的统一;指出“经验”的连续性,旧有经验经过筛选成为获得新经验的基础,而“经验”不断改造的目的,即指向学生的生长;为了实现经验的改造,学校要提供“新的学理”“新的方法”“新的材料”。

这样的“经验”理解经历“八年的经验”,陶行知觉悟到“此路不通”,“不通”的主要原因是陶行知立足于中国的社会经济、政治和教育的实情,认识到如果完全传承杜威的做法,实行“教育即生活”“学校即社会”,这对于教育尚属奢侈的中国、对于占据中国大多数的入不了学校的普通人而言,是不公正的,这样“要让每一个中国人都能受到教育”的愿景将遥遥无期。于是“在山穷水尽的时候才悟到‘教学做合一’的道理”,他把杜威的“经验”创造性地转化为“生活”,意在从方法上扩大“经验”的范畴。

1. “生活”的含义和要素

什么是“生活”? 陶行知把“生活”界定为“有生命的东西,在一个环境里生生不已的就是生活。譬如一粒种子一样,它能在不见不闻的地方而发芽开花。从动的方面看起来,好像晓庄剧社在舞台演戏一样”②。由此可见,陶行知的“生活”的实质即人与环境之间相互作用而产生的自我更新。在内涵上,陶行知“生活”

① 陶行知:《陶行知全集》(第1卷),四川教育出版社,2005,第226页。
② 陶行知:《陶行知教育文集》,四川教育出版社,2007,第225页。

的概念和杜威的"经验"概念是一脉相承的，甚至杜威也经常把经验和生活相通用，意味着人的自我生成和自我生长。

这个概念包含了生活的三个要素：有生命的东西(注：有机体)、环境、生生不已(注：通过交互作用而生长)。"有生命的东西"不仅指人，应该包括所有生物。"环境"不仅是指对立于有机体的对象，而是外在事物与有机体的活动建立某种联系时建构的"环境"，所以，一方面"有机体"和"环境"并非传统的主客体二元对立，"有机体"是在"环境"中的，是一种"共在"关系，接近于中国传统文化中的"天人合一"；另一方面有机体有积极的活动能力，不仅可以适应环境，更可以主动地采取行动，改变外在环境。"生生不已"就是强调"有生命的东西"和"环境"的相互影响：有机体受到环境的压力而做出积极的行为；这种行为反过来带来环境的变化，这种变化又促使有机体采取进一步行动。如此"生生不已"，永不停息，没有终点。

2. "生活"的外延和范围

"生活"包括哪些内容？陶行知认为"生活主义包含万状，凡人生一切所需皆属之。其范围之广，实与教育等。有关于职业之生活……有关于休闲之生活……有关于社交之生活……有关于天然界之生活"[①]，在对"生活"在整体上勾画了纵横交织的四个方面后，他对"生活"又作了详细描述：

> 实际生活，说得明白些便是日常生活。积日为年，积年为终身，实际生活便是人生的一切。分析开来，战胜实际的困难，解决实际的问题，生实际的利，格实际的物，爱实际的人，求实际的衣、食、住、行，回溯实际的既往，改造实际的现在，探测实际的未来：这些事总结起来，虽不敢概括全部人生，但人生除了这些事还有什么？在做这些事上去学、去教，虽不敢说有十分收成，但是教成的与学得的必是真本领。实行这种教育的社会，虽不敢必其进步一日千里，但是脚踏实地的帮助人类天演历程向上向前运行而无一步落空，那是可以断言的。[②]

① 陶行知：《陶行知全集》(第1卷)，四川教育出版社，2005，第10页。

② 陶行知：《陶行知教育文集》，四川教育出版社，2007，第215页。

3.“生活”的改造和意义

陶行知认为“实际生活便是人生的一切”，通过生活行动和改造实现合理的人生。如何改造或行动？陶行知认为既需要认知的因素，“去学、去教”，更需要实际的行动，“解决实际的问题……求实际的衣、食、住、行”。

生活的实际行动实际就是社会和个体存在、发展的过程，因此对社会和个人有重要的意义：对个人来说，“在做这些事上去学、去教，虽不敢说有十分收成，但是教成的与学得的必是真本领”；对社会而言，“实行这种教育的社会，虽不敢必其进步一日千里，但是脚踏实地的帮助人类天演历程向上向前运行而无一步落空，那是可以断言的。”从另一个角度而言，这就表明了生活改造的效用原则。

（三）道德观

秉持着民主的理念和关注行动、实利、效用的原则，陶行知提出了自己的道德观。这种道德观直接决定了陶行知的德育思想。

1. 道德是一种最适当的社会行为规范

所谓“道德”，“道”即是万事万物的道理，包括天道和人道，前者对应自然界的规律，后者指人类社会伦理；“德”即遵循、实践“道”之所得。所以道德是一种人们行为的规范和判断标准，陶行知说“道德两字，只有是与不是的问题，不能有新与旧的问题。道德是人在社会上最适当的行为”，判断的标准是“适当”。在这里，陶行知不仅指出道德是人类社会的一种行为规范，更重要的是他从实用主义的观点出发，提出“适当”的标准。所以，评价一个人的行为是否是道德的，不仅要从固定的德目去判断，而且要看他在行动中表现出来的动机是否适当。那么这种“适当”是什么？有何意涵？

2. 道德行为的判断标准：个人与社会的福祉

陶行知从个人与社会的关系来判断一个人的行为道德与否。个人与社会的关系表现了人的本质中“为人”和“为己”两种趋向，他认为不能简单地认为“为人”就是好的，“为己”就是恶的，“为己的行为，未必全是不道德行为；反之，为人的行为，也未必是道德行为”。因为个人与社会的关系是相辅相成的，所以“为己之极，反是为人；为人之极，亦可为己”。基于此，他说人的行为“如何可称为道德，即在权衡这为人为己两方面，定夺最适宜之一点的所在”。这“最适宜之一点”，即“在个人有充分的发展，但不致损坏在社会全体之安全；社会有支配的势力,而又不致侵害个人生存的目的"[①]。这就是"道德的原则"。

同时,他又指出道德的判断是复杂的,原因是社会、个人具有流动性,尤其是现代社会的发展,这种流动性达到了前所未有的地步,因此如何在复杂、流动性强的社会里去判断哪里是"最适宜"的点是极困难的。

3. 道德源于经验而非传统德目的传授

中国传统道德注重人伦,道德就是人际交往中的德性,因此道德就是借助典籍书目传承美德和遵守固有的德目规范。陶行知对此提出质疑,他认为"道德与宗教是一些来源于经验的概念,而非基于书本",并且要"借助于经验而得以保存"。显然,此处"经验"不是传统的单纯的固定知识形式,而是前述传承自杜威的"经验"概念,"有机体和环境之间的交互作用",既包含结果,也包含个体和环境之间的交互作用的过程。

所以可以看到陶行知的道德观带有鲜明的实用主义色彩,即道德建基于具体情形中的个体经验,"道德本来是习惯的制度,自然发生,不是有人可以勉强的"。这个观点和他此前在《中国的道德和宗教教育》中的表述一致,品性的形成遵循这样一种心理学规律:他引用桑代克关于人的本质"是其本性和环境力量持续不断交替的结果",提出"情境与反应之形成联系的联结学习"就是个体品性形成的心理学规律,所以品性是以类似方式逐步形成的习惯性的联系,更突显出道德是个体经验的形成、改善过程。

4. 道德是在具体经验情境中解决实际问题的能动的发展

陶行知批判中国人的传统生活观念"期望社会如同一个遵循纪律的机关",他说"这种观念是静止的"[②],人们的道德发展就是遵守传统遗传下来的美德形成道德理想,但是"道德理想不能确保良好的行为"[③]。他举例,"对于教会学校宗教教育上的基督宗教和儒家伦理学,我们很少或者不能找到冲突的一个原因,就是学校对这两者都是形式上进行讲授而没有实际的参与,于是对行为没有多少影响"[④]。

他认为道德源于经验,而经验的特征是主动性、连续性、改善性,关注行动,

① 陶行知:《陶行知教育文集》,四川教育出版社,2007,第199页。

② 陶行知:《陶行知教育文集》,四川教育出版社,2007,第25页。

③ 陶行知:《陶行知教育文集》,四川教育出版社,2007,第21页。

④ 同上。

于是道德又可以视为在具体的经验情境中解决实际问题的过程和结果，因此“如果我们想知道如何在社会上表现良好的话，我们就必须参与到社会当中去，去找寻道德的意义，去获得判断力，以便在一个全新的环境下通过已有的经验知道应当怎样做”[①]。这说明道德是注重实效的，关注人的能动性、主动的参与意识和能力。

5. 道德是生长——个体、群体经验由糟到好的持续改善过程

陶行知主张道德的适宜性或适当性，一个重要的含义是指经验的增长、改造或改组以适应急速流动的社会和个人的变化，即个体的生长和社会的进化。就个体而言，“我们努力塑造的小孩子的品格一直处于发展中。他在社会中成长，他的经验处在‘不断的重构’状态中，他的兴趣和态度都时刻变化”[②]。这样的品格发展会经历四个阶段：行为受到自身的疼痛或喜悦影响即本能行为阶段—受外在的环境(奖惩)影响而改变行为阶段—行为主要取决于自身对社会褒贬的预期(比如“我想做个好孩子”)阶段—道德发展的最高阶段，即理性调控行动，人们以自认为正确的方式行事。陶行知把这个“最高阶段”隐喻为成为“好牧人”(耶稣基督的称号)，可以理解为“没有人可以剥夺我的生命，我是自愿献出生命。我有权奉献它，也有权重新取回它”[③]。这是一种高尚的道德力量，陶行知认为这应该成为道德“发展的最终目标”。因为个人与社会的统一性，致使个体经验的生长必然带来社会的进化。

6. 道德规则在不同时代是不断发展、进化的

“道德是经验”可以推断出道德必然是动态的、发展的，没有放之四海而皆准的道德准则，只有适于不同时代、不同社会的道德规则。

> 从古到今，社会不断的变化，道德也不断的迁移，没有一时，没有一地，道德性质不在那里更变。今日称为最适宜的行为，明日也未必适宜；昨日称为最适宜的，今日又未必适宜。换句话说，可以维持此一时代之社会，未必能维持彼一时代之社会。[④]

---

① 陶行知：《陶行知教育文集》，四川教育出版社，2007，第21页。

② 同上。

③ 同上，第22页。

④ 同上，第199页。

这种变动不仅表现在纵向的时代变迁，也表现在横向地域的不同。“欧美有欧美的道德，代表欧美社会最适宜的行为，宋元明清有宋元明清的道德，代表宋元明清社会最适宜的行为。在欧美或宋元明清的社会内，我们不能指出他道德的不是。”因此，在不同的时代、不同的社会，道德性质是不同的，“道德固是造成社会的要素，但时刻显露其裂痕，补救方法，就在时时有适宜的道德，来代替不适宜的地位。如此，社会可以常有进化，个人方面不受压迫”[1]。所以，在社会变革时代，必须对社会中流行的道德规则进行反思和批判，建立一种新的反省道德。陶行知进一步指出，在中国进入现代化的进程中，就要有现代的社会观、适于现代社会的道德观：

认清中国不是一个固定的农业国，乃是一个向工业文明前进的农业国。我们要在农业上安根，在工业上出头。向工业文明前进的农业国的一切是变动的。我们要有动的道德，动的思想，动的法律，动的教育，动的人生观。有人说，知识要新，道德要旧，这是应该扫除的一种迷信。旧道德只能配合旧知识。新知识也得要求新道德。[2]

（四）教育观：从传统教育到生活教育

陶行知选择了通过教育来创造一民主国家，他毕生从事教育的研究和实践，对教育有独特的理解；他创立生活教育理论，是对传统教育观的颠覆和革新。

陶行知的教育观是建立在对传统教育的批判基础上的。他认为中国传统教育的痼疾就是教育与生活的分离。传统的老八股教育和新式的洋八股教育共同造成了“中国的教育太重书本，和生活没有联系”[3]。这样的教育“为拉青年出社会，与实际生活分离，而非引青年入社会，以解决其本身及社会一切问题；为提高青年生活之欲望，走入奢靡无能无用之绝境，而非导青年走入生产与建设之

① 陶行知：《陶行知教育文集》，四川教育出版社，2007，第199页。
② 陶行知：《陶行知全集》（第3卷），四川教育出版社，2005，第478页。
③ 陶行知：《陶行知教育文集》，四川教育出版社，2007，第551页。

途”[①]。所以,“中国教育的歧路在于抱着书本、抱着黄金、抱着标语而忘掉人生。如今已深陷于学历主义、拜金主义和形式主义混为一体的无底深渊,从而制造了一大堆泡沫教育体”[②]。把读书当成教育,把赶考当成教育,造就的是读死书、死读书的书呆子,只教“人吃人”,这样的教育于社会何益?于民族何益?所以,陶行知得出这样的结论:造成中国国难、生死存亡的就是那“山穷水尽的传统教育”。针对这一弊病,陶行知提出必须要把教育和生活、社会和大众相联系,提倡生活教育。

什么是生活教育?简而言之,“生活教育是以生活为中心之教育”[③]。从定义上说,“生活教育是生活所原有、生活所自营、生活所必需的教育。教育的根本意义是生活之变化。生活无时不变,即生活无时候不含有教育的意义”[④]。进一步说,“生活教育是给生活以教育,用生活来教育,为生活向前向上的需要而教育”[⑤]。生活教育有三原则:生活即教育、社会即学校、教学做合一。

“生活即教育”,这是整个理论的基本内核。其含义是“是生活就是教育,不是生活就不是教育;是好生活就是好教育,是坏生活就是坏教育”[⑥],“过什么生活便是受什么教育:过好的生活,便是受好的教育;过坏的生活,便是受坏的教育……我们要想受什么教育,便须过什么生活”[⑦]。它直接指向生活与教育的关系问题:生活决定教育,并揭示了什么是真正的教育,表现为:教育产生于人类的实际生活需要,包括物质、精神和文化的;生活的目的就是教育的目的,要通过教育促进生活的不断生长、不断发展;生活决定了教育的范畴,“‘生活即教育’是叫教育从书本的到人生的,从狭隘的到广阔的,从字面的到手脑相长的,从耳目的到身心全顾的”[⑧];生活决定了教育的目标和方向,要引导人过好生活。

既然“生活即教育”,那么“到处是生活,即到处是教育;整个的社会是生活的场所,亦即教育之场所。因此,我们又可以说:‘社会即学校’”[⑨]。这一命题指向

① 陶行知:《陶行知教育文集》,四川教育出版社,2007,第 267 页。
② 陶行知:《陶行知全集》(第 3 卷),四川教育出版社,2005,第 85 页。
③ 陶行知:《陶行知教育文集》,四川教育出版社,2007,第 279 页。
④ 陶行知:《陶行知教育文集》,四川教育出版社,2007,第 333 页。
⑤ 陶行知:《陶行知教育文集》,四川教育出版社,2007,第 469 页。
⑥ 陶行知:《陶行知全集》(第 2 卷),四川教育出版社,2005,第 237 页。
⑦ 陶行知:《生活教育》,《生活教育》1934 年第 1 期。
⑧ 同上。
⑨ 同上。

学校和社会的关系。它拆除了学校和社会间的藩篱和阻隔，主张学校向社会开放，学校可以自由地、有选择地吸纳社会中有益的成分，这样"教育的材料，教育的方法，教育的工具，教育的环境，都可以大大的增加"①。同时让学校和自然生活、社会生活联成一气，从而向受教育者展现了一个真实的、完整的、连续的生活世界，为学生的成长和发展提供了有益的条件。

"教学做合一"是生活教育理论的切入点。它既是对生活和教育关系的进一步阐述，又是生活教育理论的方法论。教学做合一是生活现象和教育现象的说明，"在生活里，对事说是做，对己之长进说是学，对人之影响说是教。教学做是一种生活之三方面，而不是三个方面各不相谋的过程"②。同时，教学做合一是生活法和教育法，"教的方法根据学的方法；学的方法根据做的方法。事怎样做便怎样学，怎样学便怎样教。教与学都以做为中心。在做上教的是先生，在做上学的是学生"③。"做"即是行动，但不是盲目的行动，而是以实际生活为中心，在劳力上劳心。它以行动为先导，通过行动产生真知识，创造新价值，再以这真知识去指导行动，如此螺旋上升。

二、陶行知道德教育的基本思路

（一）陶行知德育思路的复杂性

民主社会观、新的道德观、教育观以及前述中国传统教化共同决定了陶行知的道德教育思路。陶行知并没有专门论及道德教育的著述，这也给后人了解他的德育思路或思想造成了一定的困难；但另一方面也可以说明，后人在对他德育思想的探究上有很大的空间和不同的维度。不可否认的是，中西思想文化的激荡决定了他德育思路的复杂性。这表现为：

第一，呈现了"杜威式"的道德教育基本思路，即通过"道德的教育"培养"道德的人"，德育是渗透在整个学校教育中的，问题的关键在于如何使学校教育成为"道德的教育"。他在早期著述《中国的道德和宗教教育》中，十分鲜明地表明

---

① 陶行知：《陶行知全集》（第2卷），四川教育出版社，2005，第7页。
② 陶行知：《陶行知全集》（第2卷），四川教育出版社，2005，第527页。
③ 陶行知：《陶行知全集》（第2卷），四川教育出版社，2005，第529页。

了这种思路，在其后办学实践中都运用了学校的道德教育责任这一观念。

第二，陶行知又把杜威的“学校即社会”翻了半个筋斗，成为“社会即学校”，从而把教育的社会责任拓展到整个社会和整个生活，道德的教育不再局限在正规的学校里，而是延伸到了整个社会，所谓“社会即学校”，从而可见陶行知的德育是大德育模式，不仅是学校的道德教育，而且是整个社会的德育，问题的关键则变成了如何使整个社会生活成为道德的；不仅要唤起学生的社会责任，也要唤起大众的社会责任。这无疑受到当时救亡图存的国情影响。

第三，从中国教育史的发展看，中国在引入西方教育体制时，较早确立了德育、智育、体育分立的格局，造成了国人在思考教育问题、德育问题时的思维定式，比如蔡元培的五育方针。陶行知在阐述学生自治时提出“德育注重自治，智育注重自学，体育注重自强”。因此，陶行知的道德教育在某些时候又指专门的德育，即教育的一个组成部分。

从陶行知的思想发展历程看，前两种思路包含了他的德育思路的演进。尽管大德育的思路贯穿其后的教育改造实践，但不可否认的是它建立在最初“杜威式”的德育思路上，更重要的是陶行知自己早年撰写了《中国的道德和宗教教育》，系统地阐述了这样一种思路，因此，有必要对其进行阐释，以窥陶行知早期的德育思路。

（二）陶行知“杜威式”的道德教育思路

基于“道德是来源于一些经验的概念”的实用主义道德观，陶行知对德育的目的、德育的方式、德育与教学、知识与道德等进行了全新的阐释，从而试图阐述“学校教育如何是道德的教育”。

陶行知从古希腊的“美德是否可教”出发，认为在现代教育中，这个问题应该演变为“如何传授美德”。他根据现代教育学的理论对道德教育的基础进行了阐述。他认为道德教育有三种基础：一是心理学；二是社会学；三是实用主义。从不同的基础我们可以看到陶行知对德育的目的、方式等所持的观点。

1. 德育的义务是培育学生的情感、认知、能力等各种品性

陶行知以心理学为基础界定学生的品性就是以类似心理学上情景与反应之间形成联系的联结学习方式逐步形成的习惯性的联系。因此，道德教育的问题就在于形成教育者所希望的联系。这种联系是介于某种形势与某种本能或对应

的一系列本能之间的。任何一种本能的价值就在于它在特定形势下的作用。"在道德领域,取决于它自身在社会环境下如何起作用"[①]。此处,陶行知从心理学的角度用了"本能"一词,我们要理解的是他说的"本能"并非生理学意义上的本能冲动,而是人所具有的各种潜能,包括情感、认知、能力等,非常丰富。他以对社会和个体本身的有益程度来判断这些本能的善恶,他说:"随着社会环境在文明程度上的提高,人类的有些本能比如性冲动,如果不加克制会与社会环境不协调,所以需要限制;有些本能如愤怒,大多时候对社会和个人都有害,需要加以消解;当然还有各种有益的本能,如社交、合作,则需要加强和充实。"[②]这些不同的潜能需要通过教育来加以改造或发展。陶行知据此提出了学校德育的目标和任务,"学校对于学生品格的形成肩负的义务就是改变、重塑、劝导、加强、丰富与发展他们的各种本能,以便他们能以一种和谐和上进的方式适应社会环境"[③]。

而后,他进一步提出了学校履行这种道德义务的三条原则:一是准备律。陶行知传承杜威的兴趣原则,认为首先要知道儿童行动前是否有准备,这个准备就是儿童的兴趣,"孩子的态度是愿意行动并有机会那样去做时,他就会满意。相反,他没有做好准备而被强制行动,或者已做好准备却不允许他行动,这两种行动都会让他不满或恼怒"。所以,教育方法的一个基本原则就是激起被教育者的兴趣。教育者要认识到任何外部对孩子内心的强制都会引起孩子对抗性的反应。所以道德教育不是书本道德知识的灌输,而是首先要激发儿童的兴趣。为何要首先激发儿童的兴趣?陶行知在这里是从学习和行动的动机而言,事实上,从其后的办学实践中还透露出一种意义,即兴趣意味着一种行动的真正动力,正如杜威所言,兴趣可以和责任联合,兴趣是使个人承担社会责任所不可缺少的东西,是使人真正从事利他活动的动力。我们在陶行知的教育事业中看到他出于对贫苦农人和儿童、对受难的中华民族的热爱而办学、在办学中艰难困苦却矢志不移,这些都是例证,如果没有兴趣,那么这些都是无以为继的。从这个意义上说,兴趣更接近于一种信念,是一种精神力量。

在遵循兴趣原则基础上,陶行知在方法上又提出了学习律和效果律。

第二,要遵循学习律,包括应用律和失用律。陶行知从行为主义心理学的角

---

① 《陶行知教育文集》,四川教育出版社,2007,第 20 页。

② 同上。

③ 同上。

度，提出基于 S-R 联结原则来养成好的习惯，多应用，即多行动就形成固定的好的习惯。

第三是效果律。陶行知应用行为主义心理学的增强原则，以好的行为即对社会和其他人有利的“伴随或紧跟满意的体验”来巩固这种联系，使好的行为持续出现；反之，把烦恼的体验与不受人欢迎的行为联系起来。陶行知认为“这是道德教育最重要的准则”，“是道德培养最有效的途径”。但是陶行知明确指出，后两种必须以兴趣原则为前提，“人们可能发明多种竞赛和惩罚来作用于孩子的心境和‘过程中的兴趣’”，这都是“学校实践中最应谴责的事情”。可见，陶行知清晰地看到一种有效改变行为的技术只是一种手段，必须要以儿童本身的兴趣为基础，激发其内在动机，而非外在的奖赏，尤其反对惩罚。

2. 德育应通过学校来培养儿童积极参与社会生活的意识和能力

陶行知从社会学的角度阐明个体和社会的统一性，社会是个体的存在方式，所以“个性只能靠对社会生活的积极参与而形成……如果我们想知道如何在社会上表现良好的话，我们就必须参与到社会当中去，去找寻道德的意义，去获得判断力，以便在一个全新的环境下通过已有的经验指导应当怎样做”。“参与”就是行动。因此，学校道德教育的任务就是要给孩子们提供一种社会情境，让他们可以参与社会生活的重要阶段，此为“学校即社会”，“学校，整个学校就是一个小社会。在这里，道德和精神上的理想都会起作用”[①]。

这种德育方式批判了传统教育中只知静听的德育教学方式，道德知识的教学可以让学生具有一种道德理想，但“却不能确保良好的行为”。他由此断定，“对于……儒家伦理学，我们很少或者不能找到冲突的一个原因，就是学校对这两者都是形式上进行讲授而没有实际的参与，于是对行为没有多少影响”[②]。因此，德育的方法应突出参与和实施道德行动。

学生通过在行动中解决问题才能获得道德发展。这种品德的发展是有阶段顺序的(前文已有阐述)，熟悉道德认知发展心理的人知道这实为科尔伯格的道德发展阶段论。为此，学校德育要认识到儿童的道德发展阶段，并用适当的素材和方式促使儿童达到道德的最高阶段——理性调控行动，以自认为正确的方式行事。

① 陶行知:《陶行知全集》(第 12 卷)，四川教育出版社，2005，第 25 页。
② 陶行知:《陶行知教育文集》，四川教育出版社，2007，第 21 页。

3. 德育要有实用或实效

陶行知在实用主义的基础上强调了学校课程与教学的实用或实效要求。表现为：

(1) 知行统一。陶行知提出"知识是概念与行为的指导，行为是知识的人格化。脱离行为的知识是空泛的知识，没有知识的行为是盲目的行为，这两者是一体的"①。从陶行知对"知识"概念的界定看，他鉴别了真知识和伪知识，真知识是经过实际经验获得并能自由运用的知识，即这样的知识可在社会经验中获得，个体可借此参与到社会生活中去，有益于个体的道德成长和社会福祉的实现，因此知识联结了具体的行为情境和行为目的。从这个意义上看，陶行知的"知识"实质上是一个道德概念，它的实用性或有效性在于能够参与社会生活，并能有益于社会。

(2) 知识与道德的贯通。因为知识本身就是一个道德概念，因此知识是具有道德性的，但这并不意味着只有专门的道德知识才传授道德，所有的学科知识都具有道德价值和意义。这给学校德育提供了一种新思路："所有的课程、教师与管理方法必须着眼于性格的最终形成……所有的科目与教育方法，因其具有累积影响，必须对健康个性的形成做出贡献。"②也就是说，学校德育不应只局限于以专门的德育课程来进行，更重要的是实施一种德育渗透，这是一种间接德育的模式，关键是"采用合适的材料和恰当的方法"。

1926 年，陶行知在《南京中等学校训育研究会》的演讲中重申了这一实用主义基础。他指出南京中等学校德育上知行分离，"训育上还有一个最不幸的事体，这事就是教育与训育分家，把教育看作知识范围以内的事，训育看作品行范围以内的事，以为学习知识与修养品行是受不同的原理支配的，甚至于一校之中管教务与训育者不相接洽，或背道而驰。殊不知学习知识与修养品行是受同一学习心理定律之支配的。我们如果强为分家，必致自相矛盾，必致教知识的不管品行，管品行的不学无术。所以，我们希望担任训育的人，要打破知识、品行分家的二元论，而在知识品行合一上研究些办法出来"③。陶行知进而指出，"品行养成之要素是在一举一动前所下的判断，任训育者的最大责任是引导学生参与现

① 陶行知：《陶行知教育文集》，四川教育出版社，2007，第 22 页。

② 同上。

③ 陶行知：《陶行知教育文集》，四川教育出版社，2007，第 147-148 页。

代人生切要的生活，于一举一动前能下最明白的判断"[①]。如何能下明智的判断？虽然陶行知没有明说，但在其他的论著和实践中，我们能够演绎出这需要个体道德认知的充分发展，或者用现代性的术语说，需要充分地运用个人的理性，这又说明陶行知的德育观中还有很重要的一个内涵——经验与课程的统一，即主张在经验中学习，抑或后来的生活教育，不是不注重书本，而是以经验或生活的需要为依据来用书。

综上，陶行知"杜威式"的德育思路是"采用的方法应当以心理规律为指导，采用的材料应当着眼于社会需求，两者的融合过程应当是注重实效的"。

但我们要看到的是，正是从他的道德进化观出发，道德只有"是与不是"，而没有"新与旧"，因此只要是有利于个体做出最适宜的行为、有利于社会发展的，无论是现代的还是传统社会的道德都是好的，应该发扬的。因此我们又可以清晰地看到陶行知的德育思想和实践中对中国传统教化的维护和应用。从这一点来看，陶行知又不是彻底的杜威主义者，他还保留了对道德的保守的看法，比如把道德分为公德与私德，这显然不是在个体经验与外在环境交互作用中建构出来的，而是承袭自传统的德目划分。当然，这也可以看作是一个爱国知识分子对本土文化的依恋和认可。正如前文所述，面对西方现代性的渗透，中国大多数知识分子是既接受又抗拒的，如陶行知从理论到实践都认为中国的现代性方案不能照抄照搬西方。因此，陶行知的德育思路才显得如此复杂。尽管他对杜威式的德育思路进行了本土化的转换，为其德育建立了独特的生活教育理论基础。但从现代性的视域看，无论是传承的杜威思想还是本土化的转化，都是把现代性的基本价值融合到了德育中，其理论底色仍然是以现代性基本价值为主的。

第二节　陶行知德育思想现代性的核心价值

在现代性的视域下来理解陶行知的德育思想，使我们看到了陶行知独特的道德教育思路，这一思路中蕴含了三种非常重要的价值：自由、平等和博爱。这三个概念是法国大革命时期资产阶级意识形态的核心，它们不仅是批判封建思

① 陶行知：《陶行知教育文集》，四川教育出版社，2007，第148页。

想和制度的有力武器，更是一面引领西方社会前进的现代性旗帜。据此，我们可以把这三者视为陶行知探索德育现代性的核心范畴，因此，理解这三个核心范畴的内涵和意义是把握陶行知德育思想现代性的关键。因为这些范畴正是陶行知德育思想现代性的主要体现，而陶行知德育思想现代性的发展也可以看作是这些范畴的变化，表现为范畴内涵和表现形式的变化。它们不仅体现了陶行知迫切的现代性渴望——救亡启蒙，也表明现代性精神已深入其德育思想的变革中。在这三个概念中，博爱是最核心的范畴，在博爱的基础上，自由和平等才有可能，自由和平等是为了博爱。

一、自由

（一）自由的概述

“自由”是一个古老的名词。在思想史上，可能有过上百种定义，英国思想家以赛亚·伯林一生最著名的成就，即澄清了“自由”这个词的含义。他认为有两种核心的自由概念贯穿了整个人类历史。他称这两种自由是：“消极自由”(negative freedom)和“积极自由”(positive freedom)(见下表)。

	消极自由	积极自由
特征	负面的、否定的	正面的、肯定的
含义	“我不想要什么就可以不要什么”	“我想做什么就可以做”
英文含义	free from	free to
实质	摆脱障碍的自由	实现目标的自由

以此种自由观之，中国近现代知识分子的自由观是特殊的，因为他们面临的是国破家亡，急切的救亡启蒙让他们的自由观更具有一种消极自由的含义，用伯林的话说，最接近自由的原初含义，即“自由的根本意义是摆脱枷锁、摆脱囚禁、摆脱他人奴役的自由”[①]。从这个角度看，对于灾难深重、深受外族侵略的近代中国而言，自由意味着摆脱侵略、实现民族和国家的独立；对于个人而言，就是

① 刘擎：《刘擎西方现代思想讲义》，新星出版社，2021，第 177 页。

摆脱枷锁、摆脱他人奴役，达到成熟，更多指向精神的自由，所以自由是一种重要的启蒙，如康德所言“勇敢地运用自己的理性，摆脱加诸自身的不成熟状态”。从发生论讲，“中国的自由主义思潮，严格而言发端于‘五四’时期。在这以前，梁启超在《新民丛报》鼓吹的‘新民说’、严复对密尔等人的学说的介绍等，可以视作自由主义的先声，但并未掀起一个时代的狂澜。到‘五四’时期，随着一批经历了英美和欧陆自由主义洗礼的留学生回国和西方思潮的大规模东渐，自由主义遂在中国成为显学，铸造了‘五四’及后‘五四’两代知识分子的精神灵魂”①。

（二）陶行知的自由观

深受民主社会观和五四的影响，陶行知成为一位自由主义者②，自由是其思想应有之义，自由的含义也有演变。早年在《共和精义》中，他就提出自由是“共和的三大信条”之一，他认为：

> 法律之内有自由，道德之内有自由。逾越法律，侵犯道德，此自由之贼，而罗兰夫人所以有“自由，自由，古今几多罪恶假汝之名以行”之言也。自由有正负，曰：不自由毋宁死；曰：不有代议士，不出租税；曰：非依法律，不得侵及人民之生命财产，此负面之自由也。此种自由，人民久已不惜蹈汤赴火以争之，其成绩已大有可观。然人民脱离强暴之羁绊，未必即能自由也。盖天下之至不可超脱者，有自奴焉！故真自由贵自克。天下之至不可侵越者，有他人焉！故真自由贵自制。天下之至不可忽略者，有公福焉！故真自由贵个人鞠躬尽瘁，以谋社会之进化。③

可见，陶行知的自由观首先阐明了自由的来源，一为法律保障，二为道德自律。其次，他提出了自由之“正负”，相当于柏林所言之积极与消极自由，即不受

① 许纪霖：《上半个世纪的自由主义》，《读书》2000年第1期。

② 关于陶行知自由主义者的身份，可以从陶行知一生的思想和实践去演绎。从自由主义知识分子的基本条件来看，有相当程度的自由＋宽松的氛围＋相当独立的人格精神＋生存凭借（独立的职业），陶行知完全符合这些条件。储朝晖先生认为陶行知是相对稳重的自由主义者，即他是一个自由主义者，同时他不缺少中国文化传统；他有犀利的批判之剑，又有博爱存心。本书是赞同这个观点的。

③ 陶行知：《陶行知教育文集》，四川教育出版社，2007，第13页。

外部干涉、阻碍和自制自克、用理性来掌控、实现自己的目标；他高度重视外在的自由、解放，更加重视人内在的自由、自我解放。

再次，他看到自由的真正价值和意义，即对于个人而言，自由意味着责任或公民主动的责任精神，否则自由可能失控，所以自由必须和责任相连。这实质上是民主共和社会的重要特征，它向社会的每一个成员都提出一个问题：你愿意做一个自由人，站稳自己的双脚，接受作为一个社会的有效成员所应有的责任和义务吗？[①] 另一方面，公民需要对自己与社会、与他人的关系有清醒的认识，即自己不受奴役，也不做奴役他人之人，如此才能形成共同体，共谋共同福祉。

最后，难能可贵的是，陶行知还清醒地看到了积极自由有可能会带来的恶果，虽然并未展开说明，但可以演绎出这就是伯林所说的积极自由的扭曲和滥用，即以积极自由为名行奴役他人之实，比如当一个人幼稚、蒙昧、需要一定强制才能免受伤害时，就应该说是为了他自己的利益而对他实施了强制，而不应该被曲解为"顺应了他真正的意愿"。

经过五四的洗礼，陶行知的自由观升华为对思想独立、个性自主和人格精神的高度崇尚。比如，他在《学做一个人》中把"独立的思想、健康的身体、独立的职业"并称为一个完整而健康的人所必备的要件；在《学生的精神》中把"坚强不摇的人格和不屈不挠的精神"称为学生当具的精神。

20世纪20年代后期他又对这种自由观进行了补充阐释：

> 出头处要自由……自由是以自己的意志指挥自己的行动。个人自由是以个人自己的意志指挥个人自己的行动。团体自由是以团体自己的意志指挥团体自己的行动。自由这个名词含有自主、自决、自动、自得种种意义，扩而大之，是要各得其所。自由人是奉头脑做总司令；他的反面是奴隶。他自己不愿做奴隶，也不要人做他的奴隶。放荡不是自由，因为放荡的人是做了私欲嗜好的奴隶而不能自拔……青年不可以假借自由之美名去过放荡的生活；教师、家长也不可假借放荡之罪名去剥削青年小孩生长所必需之自由……"失掉自由，不能成人"。[②]

---

① 刘长海：《杜威德育思想与中国德育变革》，博士学位论文，华中师范大学，2006，第37页。

② 陶行知：《陶行知教育文集》，四川教育出版社，2007，第298页。

显然这不属于中国固有的传统，而是来自自由主义。

陶行知首先对自由进行了个人和团体的划分，突出共同体的意义。其次，他突出了自由的自主、自决、自动、自得的内涵，强调道德主体的独立性和自主性。再次，指出消极自由的滥用、自由的失控，即从消极的角度强调自由必须和责任相关联。他在多种场合强调不同的公民要从不同的角度养成共同的责任和使命，即为民族的独立自由解放而担负应有的责任；同时，警告成人不可假自由之名行剥夺儿童自由之实，以实例说明了积极自由会存在的扭曲和滥用。

此后，陶行知把这种普世的自由观与中国近代社会实际结合，对国人进行自由启蒙，不断呼吁并为争取自由而斗争，如康德(Immanuel Kant)的启蒙宣言："人从他咎由自取的受监护状态走出。受监护状态就是没有他人的指导就不能使用自己的理智的状态。"

1931年春，陶行知从日本回到中国，在上海《申报》担任顾问，主编《自由谈》。

有人问我："你为什么要向《自由谈》投稿?"我说："我就是爱它那自由两字。"我见了《自由谈》，便联想到儿童的自由，妇女的自由，被压迫民众的自由，世界弱小民族的自由。我在这里要开自由之炮，破奴隶之城，缴奴主之械，解奴隶之镣，不使民间再有奴隶，人人都成为自由人。有人说，奴隶也是有自由的。何以呢?他没有做奴隶之前一定有出处的自由：还是做自由人奋斗而死，还是做亡国奴乞怜而活，在这中间，他岂没有自由的选择?所以除非是他自己死心塌地情愿做奴隶。谁也没有力量叫他做奴隶。我们所要连根扫除的便是这种奴隶性。这种奴隶性不扫除干净，则自由的世界永远不能实现。[①]

他以诗隐喻："谁有自由笔?一起来扫地！扫到哪一天?地上无奴隶！"

陶行知也经常以诗歌言争自由之志。如1932年4月，他为自由世界之创建者献诗："做人只做自由人，敲钟只敲自由钟；众生共走自由路，海阔天空路路通。"

① 陶行知：《陶行知全集》(第7卷)，四川教育出版社，2005，第95页。

又如作诗《把自由还给我们》:

把自由还给我们

一

不自由,毋宁死。
把自由还给我们!
我们要捣碎一切枷镣锁铐。
我们要撕去加在我们头上的裹头布。
我们要有做人的自由:
做自己的主人,
做中国的主人,
做世界的主人。

二

不自由,毋宁死。
把自由要回来!
我们要捣碎一切枷镣锁铐。
我们要撕去加在我们头上的裹头布。
我们要有创造的自由:
创造新的自己,
创造新的国家,
创造新的世界。

陶行知一生坚持争取自由的斗争,逝世前仍写诗道:"主人要说话,公仆摔石头;纵被石打死,死也争自由。"表明了他终生追求自由的坚定态度。

二、平等

(一)平等概述

平等(equality)意味着"同样,没有差别",从词源学上说,它源于"equal"词根,意为同样的、相等的,本是一个事实状态的描述,即你可以认为它好,也可以认为不好,不包含价值判断。如中国传统社会就是以"差序格局"来维系的,其中君臣、父子，这种差序明显是一种不平等，但在那样的社会背景下，这种不平等是正义的、好的，甚至到今天，中国很多人还是认可这种传统的家庭伦理秩序，认为父子之间的不平等是合理的。当然，也有一些朴素的平等观，比如“王子犯法与庶民同罪”“王侯将相宁有种乎”等，这些平等观要么是统治阶层为了拉拢民心所用，要么是被用作争取某种权利的发起口号，颇有“人生而平等”的价值内涵；在教育领域，孔子也提出了“有教无类”，孟子提出“人皆可以为尧舜”，都是把人视为平等的存在。

但是随着西方进入工业社会时期，尤其是法国大革命高扬的“自由、平等、博爱”大旗，开始改变“平等”存在的意义——“平等”被写进了法律，“人人平等”成为社会公正的标准，不平等成为被诛伐的对象。如此，平等具有了价值判断的含义，它表征着人与人之间的关系，是人们相互之间的一种态度；它不仅是指人与人在物质上的“平等”，比如中国历代农民起义所提的“不患寡而患不均”“均贫富”等主张，更重要的是人们社会地位的平等和人格尊严的平等，于是平等成为人们追求的终极目标之一。如此，儿童就要受到成人的尊重，平民要受到统治者的尊重，民族、肤色、性别、年龄所带来的差别在平等面前都被消除，真正体现“人生而平等”，并且受法律保护。“同一性成为公正的最起码标准”①，因此，普遍性的道德被提倡，所有人都应该遵守同样的规则，享有同样的权利，“法律面前人人平等”。

（二）陶行知的平等观

陶行知的平等观随其自由观而来。他在《共和精义》中初步阐释了其平等观的主要内涵：

> 天之生人，智愚、贤不肖不齐，实为无可韪之事实。平等主义亦不截长补短，以强其齐。在政治上、生计上、教育上，立平等之机会，俾各人得以自然发展其能力而为群用，平等主义所主张者此耳。况人虽万有不齐，然亦有其同焉！试问谁不欲衣食住之满意乎？谁不欲父母夫妻子女之安适乎？谁不欲发展其机能乎？谁在患难不欲人之拯救乎？谁逢恐悸而不欲人之解脱

① 孙彩平：《教育的伦理精神》，山西教育出版社，2004，第175页。

之乎？平等主义欲人一举一止，当思他人思安之心，固不减于我也。自由平等不过达目的之手续，非可以目的视之也。人民争自由平等，冀得各尽其能以为社会耳！为自由平等而争自由平等，则大谬也。自由平等所在即责任所在，天下无无责任之自由平等也。人欲求自由平等之乐，而不肯受责任之苦，多见其愈求愈远耳。

…………

共和主义于此则削其阶级，铲其强暴，无贫富贵贱，俱予以自由发展智仁勇之机会，俾得各尽其能，为全群谋福利进化；机会愈平衡，能力愈发展，斯进化愈沛然莫之能御。拿破仑尝以“登庸众才”自诩，此英主之言，实惟共和能实行之也。[①]

由此可见：第一，陶行知的平等观首先不是绝对的平均主义，而是在承认各人天赋之不平等基础上得以有在政治、经济、教育等全方位的机会均等；第二，他的平等观和自由观如出一辙，即和责任相关联，各人都能够有机会各尽其用，是为达到共同福祉之手段；第三，平等需要得到制度的保障，因此民主共和国家能够消除阶级差别、消灭贫富贵贱差异，这表明陶行知早年对民主共和的理想。

这种平等观在中国实现起来是异常困难的。以教育为例，陶行知做了一个统计：“中国有四万万之众，照现在统计表计算，只有五百四十万个学生。换言之，只有一百分之一点五是学生；一百人之中，能受教育的只有一个半人。这一百分之九十八点五的不能受教育者……”他又根据受教育的人群划分，指出中国受教育不平等的地方有三个：“(1) 女子教育；(2) 乡村教育；(3) 老人教育。”他分析：

第一桩，女子教育在中国最不注重。中国全国，有一千三百余县没有女子高等小学，又有五百余县没有一个女学生。若照百分法计算起来，男学生占学生中百分之九十五，女子却只占百分之五；以家庭论，一百个家庭，只有五个是男女同受教育——好家庭了。所以为家庭幸福计，男女都应受同等的教育。

① 陶行知：《陶行知教育文集》，四川教育出版社，2007，第14页。

> ……………
>
> 第二桩，不平均是城乡学校的相差，城里学校林立，乡下一个学校都没有。以赋税论，乡下人出钱，比城里人多些；他们的代价，至少也应当和城里平均，才是公允的办法。故乡村教育，应为教育者所注意。
>
> 第三桩，是小孩子可以受教育，而老年人则无受教育之机会。一班教育者，也只顾及小孩子的教育，对于老年人很少加以注意，这也是件不平均的事。中国现在内外交困，社会多故，如若候着那班小孩子去改造，非待二三十年后不能奏效。所以欲免除目前的危险，必须兼顾着老幼的教育。
>
> 许多女子、乡村人、老年人，都打着我们教育者的门，如求雨一般的哀求我们放他们进来。这也是我们的机会到了！①

所以，就教育而言，"教育机会均等，即是教育为公，文化为公。我们要求贫富的机会均等，男女的机会均等，老幼的机会均等，各民族各阶层的机会均等"②。

要实现这种平等观，陶行知从学理上进行了一种设计，即从他的经验论或生活观出发。因为经验或生活诉诸实验、行动，决不看轻劳动的价值。陶行知以知识为例，他认为"农人要用书，工人要用书，商人要用书，兵士要用书，医生要用书，画家要用书，教师要用书，唱歌的要用书，做戏的要用书，三百六十行，行行要用书。行行都成了用书的人，真知识才愈益普及，愈易发现了。书是三百六十行之公物，不是读书人所能据为私有的。等到三百六十行都是用书人，读书的专利便完全打破，读书人除非改行，便不能混饭吃了"③。从而就打破了"深沟坚垒的纵阶级"和"层层叠叠的横阶级"，能"创造一个四通八达的社会"。

在实践上，陶行知一生致力于教育平等的实践，发起平民教育、乡村教育、普及教育运动等，发明即知即传的小先生制，以实现他"要让全中国人都受到教育"的宏愿。

---

① 陶行知：《陶行知教育文集》，四川教育出版社，2007，第 67 页。

② 陶行知：《陶行知教育文集》，四川教育出版社，2007，第 521 页。

③ 陶行知：《陶行知教育文集》，四川教育出版社，2007，第 352 页。

三、民胞

1. 何谓民胞?

“民胞”一词源于张载的“民吾同胞,物吾与也。”意为人民都是我的兄弟姊妹,万物与我都是天地所生,意指仁者爱人类,同时也爱自然万物。中国传统文化中,主流的儒家文化中对人的关爱体现为以“仁”为核心的伦理思想。孔子提倡“仁者爱人”,《论语》中讲到 109 次“仁”,“仁爱”的核心是“爱人”。佛家把仁爱之心扩充到整个天地间的所有生灵,比如佛家讲慈悲为怀、不杀生,包括蝼蚁、飞蛾之命,超越了儒家偏重对人的关爱。道家讲究无为之治,表现为对天道的尊重以及由此衍生出的顺乎天性的观念,不加干涉而追求人的本真。表面看来,“无为”似乎是一种对人的中性观念,是“关爱”的对立,实质上是以对人性的完善尊重来关爱“人”,以不干涉的做法来善待他人,有点类似消极自由的方式。由此可见,传统教化中的“民胞”的实质即是爱,它倾向于直接对生命表示关爱,侧重于如何完善礼教来实现“仁者爱人”,具有泛爱、抽象的特点。

2. 陶行知的民胞主义观

陶行知受到中国传统教化的影响,秉承了民胞“爱”的实质,并且在教育事业的改造中把民胞的泛爱、抽象之爱演绎为具体的人类之爱、民族之爱和人民之爱。

早在《共和精义》中,陶行知把“民胞”和自由、平等视为共和的三大信条。陶行知认为民主共和的三大信条是有层次的,即民胞是核心,自由和平等则是护卫的两翼。他提出:

> “胡越相处,尔猜我虞,行动能自由而机会能平等乎?故平等自由虽美名,必畛域铲除,博爱心生,国人以兄弟相视,始能得其实际。故自由平等,虽为共和三大信条之二,然共和之大本则在民胞焉!民胞之义昌,而后有共同目的、共同责任、共同义务;而后贵贱可除,平等可现;而后苛暴可蠲,自由可出。苟无民胞主义以植共和之基,则希望共和,犹之水中捞月耳!”

因此,共和之大本在民胞,以爱为社会组织之大本。而这种“民胞”只有在民

主共和的社会中才能形成，反过来能促进民主共和之发展。他说，在共和社会，

“人民相处日久，互爱心生。他人痛痒，视同切肤。民胞主义，渐以昌明。宗教家、伦理家复从而提倡之，躬行之，以为民表。耶教“天父以下皆兄弟”，孔教“四海之内皆兄弟”之义，不独深印人心，凡奉其教义者，抑且不惜披发缨冠，以趋人之急难也。故民胞主义愈膨胀，则专制荼毒愈衰微，共和主义益不能不应时而遍布于全球矣。”

而后，陶行知把这种民胞躬身实践于中国的教育改造事业中，并且逐渐演绎为一种人类的精神、一种对人类的具体的爱。最能体现这种精神的莫过于他在《晓庄三岁敬告同志书》中所言：

“晓庄是从爱里产生出来的。没有爱便没有晓庄。因为他爱人类，所以他爱人类中最多数而最不幸之中华民族；因为他爱中华民族，所以他爱中华民族中最多数而最不幸之农人。他爱农人只是从农人出发，从最多数最不幸的出发，他的目光，没有一刻不注意到中华民族和人类的全体。”①

可以说，对中国传统教化中“仁爱”的秉承、对现代民主共和的信奉以及前述自幼对贫苦生活、贫困社会的深切体验，综合形成了陶行知“爱满天下”的胸怀。此后，他一生遵循爱、实践爱：为贫苦农民和儿童办晓庄，为挽救国难发动普及教育、国难教育、战时教育运动，为抗战建国培养人才而办育才学校，这些实践无不彰显着他爱满天下的情怀。

综上，陶行知的自由、平等、民胞始终围绕着为救亡启蒙、实现民主共和培养合格公民担负道德责任和使命。为此，对道德教育的目标、内容、方式和途径都做了新的阐释和探索。

① 陶行知：《陶行知教育文集》，四川教育出版社 2007 年版，第 232-233 页。

第三节　德育的全新目标：培养民主共和国的合格公民

培养什么样的人是教育的根本指向，而培养具有什么品性（德性）的人则是德育的根本目标。立足于中国传统文化、融合现代世界的需求，可以看到陶行知提出的德育不仅要培养受教育者具有符合传统教化的美好的德性，更要符合整个世界的现代民主趋势，培养民主共和国的合格公民：他是有用的好人，具有追求真人的理想人格，是健全之人（whole man），是有自主性的道德主体。

一、追求真人的理想人格

从传统教化的角度而言，道德的根本是修身，修身的最高发展是追求真人的理想人格，成为真人。真人是陶行知的理想人格，所谓"千教万教教人求真，千学万学学做真人"。那么陶行知何以把真人作为理想人格？他理解的真人有哪些内涵？他主张如何追求这种理想性人格呢？

（一）去伪求真的社会需求和个人道德修持之必要

早在大学时代，青年陶行知眼见民国初建，却仍是世风不古、人心浇薄。他为这乱世、道德沦丧找到其中根由，即伪君子盛行。1913 年，他撰成《伪君子篇》，深刻剖析了伪君子的含义、由来、伪状、恶行以及危害。他认为伪君子就是孔子所言的"乡愿"式"好人"，"人之行诈，不仅假愿，凡君子之德皆可假。然必假君子之德以行诈，始谓之伪。故总名之曰：伪君子，从广义也"。伪君子之形成皆因追逐真君子之名利。

他又痛陈伪君子于国于民之危害。他说：

> 天下非真小人之为患，伪君子之为患耳。真小人，人得而知之，人得而避之，并得而去之。伪君子服尧之服，诵尧之言，而处心积虑，设阱伏机，则桀纣也。桀纣，汤武得而诛之也。桀纣而尧，则虽善实恶，虽恶而难以罪之

也；虽是实非，虽非而难以攻之也；真中藏假，虽假而难以察之也。博尧之名，而无尧之艰；享桀纣之利，而无桀纣之祸。无人非，无物议，伪君子以此自鸣，世人以此相隐慕。一家行之而家声伪，一国行之而国风伪，行之既久而世俗伪。嗟夫！真小人之为患，深之不过数世，浅则殃及其身而已；伪君子则直酿成伪家声、伪国风、伪世俗，灾及万世而不可穷。

…………

综天下而论，伪君子惟吾国为最多；统古今而论，伪君子惟今世为最盛。吾国之贫，贫于此也；吾国之弱，弱于此也；吾国多外患，患于此也；吾国多内乱，乱于此也。[①]

可见，伪君子是祸国殃民之首因。于是，陶行知疾呼："真人不出，如苍生何？"并借张甑山言"为人须为真人，毋为假人！"以自勉、勉励他人。

（二）做真人和求真知的内涵

何谓真人？应有两层含义，一是做真人，二是求真知。

陶行知自幼受到传统儒家教义的影响，在他那里真人不是道家"不食人间烟火"的"真人"，而是传承于儒家的"君子"型人格，具有"天行健，君子以自强不息；地势坤，君子以厚德载物"的社会责任感；具有"智仁勇合一"的天下之达德；必有"四端之心"——"心不在焉，视而不见，听而不闻，食而不知其味"，即心、行合一，表里如一，"富贵不能淫、贫贱不能移、威武不能屈"。因此，真人是一种人格象征、精神表征。

这样的真人人格在实践中表现为追求真理。何谓真理？其基础建立在真知识上。陶行知依照真、伪君子的对峙，对真知识和伪知识进行了分析。在1928年写成的《"伪知识"阶级》中，他提出"思想与行为结合而产生的知识是真知识，真知识的根是安在经验里的。从经验里发芽抽条开花结果的是真知灼见"。那么，"伪知识"就是"不是从经验里发生出来的知识"。他用"冰是冷的""火是热的"为例，说明小孩用手摸冰或火，感知到冷或热，那么就是真知识；单用耳听成人说冷热或从书本上看到并背诵冷热而自己从来没有经验，则获得的就

① 陶行知：《陶行知全集》（第1卷），四川教育出版社，2005，第162页。

是伪知识。无论是古代还是现代,都存在依靠伪知识而获得名利的伪知识阶级,他们"只是为'惜字炉'继续不断的制造燃料","对于知识的全体是毫无贡献的"。

发展到现代,虽然伪知识阶级已经穷途末路,但却找到"读书"的护卫盾牌。为此,陶行知提出书里有真、假知识,只有把书中的知识用到做事上,才能鉴别真伪,所以他提出应该是"用书"而非"读书"。通过"用书"能解决生活中的实际问题,书中的知识才是真知识。陶行知断言:"二十世纪以后的世界,属于努力探获真知识的民族……我们个人的与民族的生存都要以真知识为基础。"

(三)去伪求真、知行合一的方法

基于做真人和求真知的必要性,陶行知提出首先应"起个取真去伪的念头"。他反省自己,"吾十八以前,只知恶人之为伪,不知恶己之有时亦为伪,且每以得行其伪为得计"。经过在金大时期的学习和反思,"吾圆颅不啻为真我与伪我之战场,真我驱伪我不遗余力"。并以孟子和王阳明二贤之求真成功自勉,"将来真我之必胜,而伪我之必可败"[①]。

其次,他在王阳明那里找到"知行合一"的好方法,因而得以立定宗旨。他引用王阳明所言:"自信而是,断然必行,虽遁世不见,是而无闷;自信而非,断然必不行,虽行一不义、杀一不辜而得天下,不为。"由此,他"窃愿持此以为方针。历不破除名利之见,决无不为伪之理"。在具体实践上,主张"凡事手到心到,在劳力上劳心","行出一真是一真,谢绝一伪是一伪。譬如淘金,期在沙尽金现,顾可因其难而忽之哉?"[②]

此后,他毕生就如他所立求真之志向,无论是对自己还是家人、学生皆如是。兹举一例以说明。

追求真理做真人[③]

1940年冬,其二子陶晓光22岁,随无线电专家倪尚达到成都一个无线电修造厂工作、学习。刚进厂时需要有一张资格证明书,但因其没有正

---

① 陶行知:《陶行知全集》(第1卷),四川教育出版社,2005,第163页。
② 陶行知:《陶行知全集》(第1卷),四川教育出版社,2005,第163页。
③ 陶行知:《陶行知全集》(第9卷),四川教育出版社,2005,第124页。

规学历，于是晓光写信给育才学校副校长马侣贤，向他要一张晓庄师范的毕业证明书。证明寄来了，没等晓光交给厂里，父亲的急电到了。陶行知在信中严厉阻止晓光用此证明，并要他立即将证明寄回。接着又发来了一封快信，信上说："我们必须坚持'宁为真白丁，不做假秀才'之主张……万一工作、学习被取消，你还是回重庆来……总之，'追求真理做真人'，不可有丝毫的妥协。你若记住这七个字，终生受用无穷。望你必须努力朝这方面修养，方是真学问。"信中还附来一张如实反映晓光学历资格的证明信。

1943年陶行知又为广东百侯中学复校十周年谱写校歌："千教万教，教人求真。千学万学，学做真人。"

在对陶行知真人理想人格的理解中，值得注意的是陶行知求真不仅是为实现个人的道德修身，更重要的是这样的真人必须是对社会有用和有益的，正如他在给马侣贤的信中所言："我们追求真理，爱护真理，抱着真理为小孩、为国家、为人类服务，社会必有了解之一日。"①

二、培养有用的好人

按照陶行知的道德教育思路，德育应该是注重实效的，所以它要培养的是有用的好人。"有用的好人"，我们可分开来解释："有用"是实效，与无用相对；"好人"不仅具有固有的美德，更应该是对社会有益之人。

（一）有用之人

"有用"即"实效"，表现在知识、能力上。陶行知也经常用"活"来说明。1921年发表《活的教育》，提出"活的教育就要随时随地地拿些活的东西去教活的学生，养成活的人材"。如何来更好地说明"活的学生"、有用的人，陶行知往往用比较的方式来分析。两者在知识、能力上有根本的区别。

① 陶行知：《陶行知全集》（第9卷），四川教育出版社，2005，第136页。

	有用的好人	乡愿式好人
知识	合于实际生活之需要 安在经验之根上的真知识 符合现代社会的知识和科学方法 能够生利之知识	“与实际生活无关，而纯为书本上之装饰知识。”① 故步自封、保守传统的知识 只会分利、消耗之知识
能力	解决问题、合作、交往共享、手脑结合等各种对社会有益的活能力	文字考试、获取功名之能力
结果	可以创造，可以发明，可以建设国家，可以把东三省拿回来！要东三省拿回来，没有这么容易，必须要用手去拿回来！	成为“书呆子”：致全力于读书，熟读“《本草纲目》、《孝经》、《齐民要术》、教育统计、水灾报告、‘九一八’和‘一·二八’的历史”等，除此以外，不做别的工作。这种书呆子“爸爸病了他不管，妈妈没有米下锅了他不管，穷孩子不能上学他不管，邻居失火他不管，田里大旱他不管，逃荒的人吃树皮草根他不管，黄河决口他不管，甚至于日本夺了东四省，打到了上海都不管。”所以，这种人不仅自己的性命送掉，更可惜的是“未死之前，整个生活之残废麻醉，失却人生、社会的正确意义”。②

（二）有益于社会之人

因为“个人为社会而生，社会为个人而立”，因此有用的人不是只为个人发展，而是在实现社会责任和使命中实现自己的个人福祉，有用的人一定是有益于社会的好人。

对社会有益就是对社会有担当，有关怀，能实践。因此陶行知首先主张社会各人应是对社会责任的积极承担者。他勉励学生要“为一大事来，做一大事去”，为国家、民族的独立自由解放做一个有用的人；呼吁教育者“应时时体验其本身对于民族社会前途所负之重责，重视教育，重视责任。此种责任之自觉，要为教育家之基本道德、基本条件”③。激励普通大众能“明大德”，关心国家民族的命运和前途，能够自觉、自立，同时应该把这种责任意识和有用的能力运用到实际

① 陶行知：《陶行知教育文集》，四川教育出版社，2007，第267页。
② 陶行知：《陶行知全集》（第3卷），四川教育出版社，2005，第291-292页。
③ 陶行知：《陶行知教育文集》，四川教育出版社，2007，第268页。

的生活改造中去，否则只是空喊口号，就沦为“乡愿式好人”了。

陶行知进一步把有益于社会扩展到整个人类社会，这是陶行知国际人道主义的生动体现。他在倡导乡村教育运动、创办晓庄学校时期，提出的目标是“我们第一步要谋中国三万万四千万农民之解放，第二步要助东亚各国农民之解放，第三步要助全世界农民之解放。这个学校不但要做中国教育革命之出发点，并且要做世界教育革命之中心”。无怪乎，美国前副总统华莱士说“我觉得陶博士并不仅仅属于中国，而是属于世界的。他希望每一个地方的老百姓最后都能得到自由和民主。他相信他有一个职务就是帮助人们了解这种奋斗是世界性的，并不仅限于中国。陶博士的确是全世界各国民族一个公民——他对于人类关怀是不分种族国界的”①。

如果说“有用的”侧重于人的知识、能力，那么“好人”则显然包含一种深厚的道德情感，即陶行知的博爱精神和情怀，这是体现现代性的重要的德育目标。

三、养成健全之人

由前述所知，陶行知惯用辩证的方式来对问题作分析。健全的人就是一个整全的人(whole man)。陶行知提出“整个的人”是相对于“不完整的”“命分式”的人。“不完整的人”是建立在“劳力”“劳心”二元对立基础上的。他在《古庙敲钟录》里对孔子的“君子谋道不谋食。耕也，馁在其中矣；学也，禄在其中矣。君子忧道不忧贫”的教育目的进行了批判，他说“同是一部《论语》，从前那样读法觉得圣人的书没有一句错，现在换个法子读，便觉得句句有重新估价之必要”，“孔子是地主的代表”，“私塾是地主的麻醉机关”，“照孔子的理想看来，一国之中不能尽是君子。如果尽是君子，便没人谋食，没人耕田，君子都要饿死了。在这样的社会中，必须有一部分人专门耕田，耕田的人要把自己饿的瘦瘦的，使君子可以养的胖胖的坐在那儿管他们。这种瘦己令人肥的人被骂为小人。既然孔子骂农人为小人，农人也骂孔子‘四体不勤，五谷不分’，这说明当时的农民对孔子没

① 华莱士：《纪念陶行知博士》，载陶行知先生纪念委员会编印的《陶行知先生纪念集》，1947，第6页。

有好感”。因此,陶行知认为这种教育目的造成了“劳心者治人,劳力者治于人。治人者食于人,治于人者食人”的二元对立,产生劳力者不劳心,劳心者不会劳力的不完整的人。

陶行知提出五种人:一是残废的人——他的身体有了缺欠,他当然不能算是整个的人;二是依靠他人的人——他的生活不是独立的,只能算是他人生活的一部分;三是为他人当作工具的人——这种人为他人所支配,没有自己独立的人格;四是被他人买卖的人——被人贩子贩卖的人,接受贿赂、卖身的议员,就是代表者;五是一身兼管数事的人——一个人兼做十几个差事,精神难以兼顾。这五种人,不是整个的人,而是不完全的命分式的人,或者是亏生之人,或者是迫生之人即不生之人[①]。可见,在陶行知看来,不完整的人就是身心不全、手脑不兼顾的人。

鉴于此,陶行知认为一个完整的或整个的人,一要有健康的身体,二要有独立的思想,有判断是非的能力,三要有独立的职业,能够生利。所以是身心兼顾的,手脑并用的,“一个人有手、有足、有口、有鼻……我们现在要开办小学的第二目的,就是要使儿童们的手、足、口、鼻……得其所用”[②]。每个人要能“滴自己的汗,吃自己的饭。自己的事,自己干。靠人,靠天,靠祖上,都不算是好汉”。既有健全的身体,又有健全的人格:科学的精神、美术的精神和大丈夫的精神。

他又从整个人生的高度来谈“完整的人”的重要性,他说:

> 我们人生有高尚的,有低微的;有暂时的,有永久的;有完全的,有片面的。我们要使暂时的生活,能够叫他永久;片面的生活,要使他能完全;低微的要使他高尚。怎样叫做完全?我们在国家是公民,在社会上有朋友亲戚,在家庭里有父母兄弟姊妹,在学校里有同学,有师长。我们一生,对于自己,对于各方面都要顾到。如果一方面不能顾到,这还是片面的。怎么叫做高尚的?我觉得人们的身体和精神是两样的,各有各的生活。身体上的生活固然要紧,精神上的生活也是要紧的。设使两者要去其一,那就是我们最不幸的一件。我们总要使得我们的身体、精神,都是很健全的、愉快的。[③]

① 陶行知:《陶行知全集》(第2卷),四川教育出版社,2005,第236页。
② 陶行知:《陶行知全集》(第2卷),四川教育出版社,2005,第314页。
③ 陶行知:《陶行知教育文集》,四川教育出版社,2007,第76页。

所以,教育应是"从学校到社会,从书本到生活,从教到做,从被动到自动,从士大夫到大众,从轻视儿童到信仰儿童,从平面三角到立体几何"①,如此,才能实现德育的目的:"我们应当随国民经济能力之改进,将他们所应受之教育继长增高到能养成健全的人格时,才能安心。"②

四、培养具有自主性的道德主体

敢于求真去伪必然能成为一个有用的好人,追求整全性,这表现在道德领域,必然是一个具有道德自主性的人。追求并实现道德自主、解放是现代性的内涵之一,因此也是陶行知德育目标的应然之意。

在陶行知那里,一个人具有道德自主性有多重含义:

首先,道德自主性意味着人的主体性,能自己动手做事,用自己的力量去谋自我生存和发展,就是通过德育培养自主、自立、自强的新国民。他在《新教育》中说:"新教育的目的,就是要养成这种能力,再概括说起来,就是要养成'自主'、'自立'、'自动'的共和国民。自主的就是要做天然界之主,又要做群界之主。"因此,陶行知讲的自主延续了他的健全人格主张,既包括物质上的"自衣自食,不求靠别人",更指向思想、精神上的独立、自由和理性,他能有自己独立的道德判断能力、批判精神,知道如何更好地生活和行动,身处社会剧烈的变革时代,面对社会的道德问题,能够理性冷静,反身自求,通过提高自身的品格修养来抵制、批判社会的腐朽思想,并且最终依靠个人和群体的力量来改造旧社会,建立新社会。

其次,道德自主性意味着道德主体能善用自己的理性管理自己和主动参与社会公共事务治理。陶行知说"做群界的主人"就是"讲求共和主义,使人人都能自由守着自己的本分去做各种事业"③。因为"学校是小的社会,社会是大的学校",所以作为学生,其道德自主性就意味着以学校为试验场,练习个体自治和团体自治,作为大众,就应在社会这个大学校中养成自觉关注社会公共事务的意识和能力。

再次,道德自主性意味着道德主体须有一种创新变革精神。无论是"教育即

① 陶行知:《陶行知教育文集》,四川教育出版社,2007,第 343-344 页。
② 陶行知:《陶行知全集》(第 1 卷),四川教育出版社,2005,第 575 页。
③ 陶行知:《陶行知教育文集》,四川教育出版社,2007,第 49 页。

经验的继续改造”还是“生活和生活摩擦就起了变化”，都表明时代的显著特征即变动性和不确定性。所以，陶行知认为现代的社会就有动的道德，就要成为现代的人，才能过现代的生活，这意味着对过去的变革和对未来的创造。他在《新教育》中用了“自新”“日新”“常新”来进行表述，实际上就是提出人应该追求创新，发挥人的创造力。在陶行知看来，人的创造力是一种潜能，人人皆有。因为人具有道德自主性，那么人就能自由运用自己的这种潜能，所以“处处是创造之地，天天是创造之时，人人是创造之人”①。身处社会剧烈变革的时代，道德主体就应勇敢地站在推动社会变革的进步立场来推动社会的各种变革。

最后，道德自主性意味着主体是“人中人”，而非“人上人”或“人下人”。如前所述，自主就是个体能充分运用自己的理性追求自由和解放，达到自立、自动、自治，它打破了治人者和被治者的二元对立。所以从道德意义上说，他和他人是平等的关系，他是做自己的主人，不受他人奴役，也不奴役他人，他是在人道上生活，而非在“奴道”或“畜道”②。所以他是人中人，而非人上人或人下人。

第四节　德育内容的现代性变革

陶行知确立了做真人、健全的人、有自主性的人、有用的好人这些德育的全新目标，为了实现这些目标，他又探索了德育思想所包含的丰富内容。本节拟借鉴黄向阳老师在《德育原理》中对德育内容的分析维度为框架，从道德类型、品德结构、道德层次三个方面来考察陶行知德育思想的基本内容。

一、类型上：传统美德和现代德性

陶行知在德育思想中突出了西方自由、民主、平等的现代性特征，但如前所述，他的德育观深受中国传统伦理教化的影响。因此，在类型上，其道德教育内容不仅包括传统私德的基本道德规范和美德，随着近代以来的社会变革，德育内容也有了

① 陶行知：《陶行知教育文集》，四川教育出版社，2007，第508页。
② 陶行知：《陶行知全集》（第3卷），四川教育出版社，2005，第56页。

较大变化，表现为增加了公德内容，私德教育则重视个人的尊严和价值。因此，陶行知的德育内容也包括具有现代性特征的生命教育、独立精神、民主精神等。

（一）作为基本道德规范的公德与私德

陶行知非常重视道德规范和德性，表现为他对道德重要性的阐释。他在《每天四问》中提出，“我们每天要问的，是‘自己的道德有没有进步？有，进步了多少？’为什么要这样问？因为道德是做人的根本。根本一坏，纵然使你有一些学问和本领，也无甚用处。否则，没有道德的人，学问和本领愈大，就能为非作恶愈大，所以我在不久以前，就提出‘人格防’来，要我们大家‘建筑人格长城’。建筑人格长城的基础，就是道德”①。他基于中国传统教化中的固有美德和现代社会公共生活对公德的要求提出了每个人应践行道德上的“公德”和“私德”。

1. 公德。我国传统教化中由家庭伦理直接衍生出国民公德规范，即修身齐家治国平天下的内圣外王之道；而在西方，则是在市民社会基础上，日益丰富复杂的社会公共生活对公德的需求渐增，德育增加了公德内容，包括公民公德和社会公德意识，如文明礼貌、讲究公共卫生、爱护公共财物、救死扶伤、维护民族尊严、维护国家安全。显然陶行知的公德是建立在后者基础之上的。为何要讲公德？怎样讲公德？他说：

> 先说“公德”。一个集体能不能稳固，是否可以兴盛起来？就要看每一个集体的组成分子，能不能顾到公德，卫护公德，来衡量它。如果一个集体的组成分子，人人以公德为前提，注意着每一个行动，则这一个集体，必然是日益稳固，日益兴盛起来。否则，多数人只顾个人私利，不顾集体利益，则这个集体的基础必然动摇，并且一定是要衰败下去！要不然，就只有把这些不顾公德的分子清除出这个集体；这个集体才有转向新生机的希望。所以我们在每一个行动上，都要问一问是否妨碍了公德？是否有助于公德？妨碍公德的，没有做的即打定决心不做，已经开始做的，立刻停止不做。若是有助于公德的，大家齐心全力来助他成功。②

① 陶行知：《陶行知教育文集》，四川教育出版社，2007，第 505 页。
② 陶行知：《陶行知教育文集》，四川教育出版社，2007，第 506 页。

遵守公德是对现代社会合格公民的基本要求。中国传统教化中并没有公共的概念,因此大众基本缺乏对公共事务的关注。陶行知要通过教育来培养共和国民,就是要让学生、大众获得参与社会公共生活的准入证。

2. 私德。公德和私德不可分,是道德在社会和个体身上的两面,可以说公德是一种社会现象,私德是一种个体现象。私德是私人生活中的道德规范,指个人品德、修养、作风、习惯以及个人私生活中处理爱情、婚姻、家庭问题及邻里关系的道德规范[①]。在长期的道德生活实践中,私德形成了一些传统的固有美德,如正义、善良、勇敢、诚信、敬老爱幼、相互体谅、相互尊重、相互关心等。私德之于个人的发展和社会的发展有着重要的意义。陶行知认为:

> 私德不讲究的人,每每就是成为妨害公德的人,所以一个人私德更是要紧,私德更是公德的根本,私德最重要的是"廉洁"。一切坏心术坏行为,都由不廉洁而起。……我们每一个人都可以……把自己的私德建立起来,建筑起"人格长城"来。由私德的健全,而扩大公德的效用,来为集体谋利益,则我们的学校必然的到了四周年,是有一种高贵的品德成绩表现出来。[②]

尽管陶行知只提到了私德最重要的"廉洁",我们演绎一下即可知,"廉洁"是为了"奉公","廉洁"从积极的意义讲,就是公正无私、为谋公利,从消极的意义讲,就是节制欲望、不谋私利。陶行知早年提出"尊重公有财产"时就把"划分公私界限"作为主要办法之一,他说"'苟非吾之所有,虽一毫而莫取',做公民的不可无此精神。莫取之义有三:一不愿取,二不可取,三不敢取。使人不敢取是刑法之事,使人不可取是会计严谨之事,公民教育之事乃在使人自得一种不愿取之精神。要晓得一个人爱国不爱国,只须看他对于公有财产之态度,只须看他对于公有财产有没有不愿取之精神"[③]。这确实是私德中极其重要的一种。陶行知以身作则,在育才任校长时公私分明,育才一直流传着"两个口袋"的故事。

① 黄向阳:《德育原理》,华东师范大学出版社,2000,第99页。

② 陶行知:《陶行知教育文集》,四川教育出版社,2007,第506页。

③ 陶行知:《陶行知全集》(第2卷),四川教育出版社,2005,第250页。

陶行知办育才外出募捐，并宣布一条纪律：募捐来的钱涓滴归公，在任何情况下，任何人不得借故挪用分文。他自己是这样说的也是这样做的。他的上衣缝有两只口袋，一只袋公款，一只袋私款。有一次他到远处去募捐，走访了好多地方，募捐了不少现款，袋里装得满满的。在归途搭车时，忽然发现放私款的那只口袋里一分钱也没有了，他当时就有一个坚决的想法，决不挪用公家一分钱，尽管一天奔波下来，既疲惫不堪，又饥肠辘辘，但仍坚持从十里外步行回校。

育才学校师生听到这个消息后，都非常感动，赶到陶行知先生的住处慰问时，陶行知亲切地、深刻地跟大家讲起韩非子在《喻志》中所说的一个比喻："千丈之堤，以蝼蚁之穴溃；百尺之室，以突隙之烟焚。"在现实生活中，小漏洞往往可以酿成大灾祸，千万不要以小失大。

陶行知就是这样"以教人者教己"，建筑坚固的人格长城。

（二）生命教育

西方启蒙以来的现代性是对个体的解放和权利的尊重，这包含了一个前提，即个体生命本身的保存，这是人获得解放和发展的基础。道德教育是要促进人的健全人格的发展、尊重人的道德主体性，人的生命自由是道德自由和主体性的必要基础。陶行知有独特的生命观，极其注重人的生命权以及生命教育。因此，生命教育是其德育思想现代性的内容之一。

1. 陶行知的生命观

陶行知并不是生命哲学家，但从他的生活教育理论和实践①却能看到他对生命的珍视和对生命及其价值的观念。

何谓生命？人的生命构成是怎样的？借鉴傅佩荣老师对生命结构的解释，人的完整生命必须包含身、心、灵三个部分，他说可以用三句话来概括其在人生中的定位："身体健康，是必要的；心智成长，是需要的；灵性修养，是重要的。"从另一个角度说，就是生命由作为自然生命体的存在和精神性的生命体两个部分

① 他对"生活教育"的英语解释是 life education，"life"本身就具有生命的含义，自然就包含了生命教育之意。

构成，自然生命体是基础，精神生命寓于身体，但没有精神的自然生命就是我们俗称的行尸走肉。所以生命不仅是自然的物质性的存在，其区别于动物的是人的生命能追寻意义和价值。

从散落在诸多论著中的论述中可以看到陶行知对生命的看法。首先他把生命视为自然生命体的存在，这种生命存在是其他一切活动开展的基础，是人权的重要体现。

> 第一，我们应该承认儿童的人权。儿童的人权从怀胎的时候开始。打胎虽有法律禁止，但是社会上还是流行着。为着恐怕私生子为人轻视，便从源头上取消了他的生存权。也有因为贫穷不能教养而出此残忍手段，使已得生命之胎儿不能见天日。我们只须读一读孔子、耶稣的故事，便知道剥削儿童生存权是何等的罪恶。每逢饥荒便听得见"易子而食"，这虽然说是被迫无法才出此下策，但也是把小孩的生命当作次一等所致。我们要解除儿童痛苦增进儿童福利，首先要尊重儿童的人权。①

其次，在承认生命首先是一种自然、物质性存在基础上，他认为生命更是一种精神性存在。生命是体验的，完整的生命是身心合一的。人的生命具有生命力、战斗力，能够通过心智的发展，为了求自由而和环境斗争，实现自身生命的价值和意义。他曾说生命有三种境界：自由——如海里的鲸鱼、空中的仙鹤、森林中的狮子是自由的，人生得到自由是一种幸福；奋斗——人若要像鸟被捉进笼里、鱼被捉进盆里、野兽被捉进栅栏，成为不幸的鸟、不幸的鱼、不幸的野兽，就要啄破鸟笼、冲破鱼盆、咬破栅栏，向那海阔天空投奔而去；潜伏——人要像一粒种子一样，利用环境的物质、能量和信息而开花结果。植物的种子要想发芽、抽条、开花、结果，就得有一些时间深藏在土里，潜伏在地中慢慢去吸收水分、肥料、空气、阳光以发挥它的生命②。如此，才能展现生命之意义、生命之美，正如他在诗中所赞：

① 陶行知：《陶行知教育文集》，四川教育出版社，2007，第 523 页。

② 陶行知：《陶行知全集》（第 3 卷），四川教育出版社，2005，第 32-33 页。

生命

（一）生命之美如春花，千紫万红开落忙。开时只为春来看，春去何必再开花。

（二）生命之泉如夏雨，风雨雷电皆为汝。农家得雨庆丰年，江河横流亦是雨。

（三）生命之花如秋月，月魄婵娟复清绝。生来带有盈亏命！何事团圆照离别。

（四）生命之洁如冬雪，梨花散尽天女别。只合乘风归太虚，不愿亲遭骄阳劫。

最后，陶行知的生命观不是抽象的哲学观念，而是关注实在的生命。他既关心类生命，即关注“民族的生命”“教育的生命”“人命贵于一切”；又关心个体的活生生的生命，认为个体的生命是鲜活的、富有个性的。他认为生命之美，在于各美其美，美美与共，因此这样描述晓庄：“我们愿意在这里面的人都能各得其所，现出各人本来之美，以构成晓庄之美。如果要找一个人中模范教一切人都学成和他一样，无异于教桃花、榴花拜荷花做模范。我们当教师的实在需要园丁的智慧。晓庄不但是不要把个个学生造成一模一样，并且不愿他们出去照样画葫芦。”[①]

2. 生命价值观

在生命观的基础上，我们不难发现陶行知对生命价值的珍视。

第一，认可生命价值的独一无二和平等性。他认为作为自然生命体的存在，生命本身即是价值。这种生命的唯一性赋予了每个人同等的生命价值，承认并认可此价值是保障人人成长和发展的最基本的条件。所以，人的生命不是次一等的，而是独一无二的。他在《中国的人命》中对于生命在当时社会中的悲惨境遇，发出了这样的疾呼：“中国要到什么时候才能翻身？要等到人命贵于财富，人命贵于机器，人命贵于安乐，人命贵于名誉，人命贵于权位，人命贵于一切。只有等到那时，中国才站得起来。”[②]并且还一针见血地指出在中国，母亲对子女的伟大的慈爱和对旁人残酷的无情是并立共存的，这是一种有选择的功利的生命观，正是这种生命观导致了中国的人命如草芥，才导致了教育中的悲剧时有发生。

① 陶行知：《陶行知教育文集》，四川教育出版社，2007，第 237 页。

② 陶行知：《陶行知全集》（第 2 卷），四川教育出版社，2005，第 109 页。

在此我们可以看到,陶行知始终把人的价值作为终极价值,他不仅把生命的尊严看成至高无上的、神圣的,生命的价值高于一切世俗的、物欲的东西,而且他所尊重的生命权利是以每个生命的不可选择性即生命价值的平等为基础的。传说,佛祖的前身是一位国王,有一回,他看见一只饥饿的老鹰正在追捕一只鸽子,佛祖慈悲心起,把鸽子藏进怀里,老鹰怒火冲天地说:“那你就忍心看着我饿死吗?”佛祖命人取来天平,他愿意从自己身上割下一块与鸽子同等重量的肉还给老鹰,天平的一端是小小的鸽子,而另一端呢?无论佛祖割多少肉都无法与鸽子的重量相等,最后佛祖亲自跳上天平,天平的两端终于相等了。

所以,每个个体的生命是平等的,他的生命不因血缘、种族、性别的差别而可遭任意剥夺,他的生命价值亦不因其有用性而被人为地区分大小、轻重。要做到这一点,教育者须存一颗博爱之心。

第二,生命独一无二的价值还应该在为社会谋福祉的实践中体现出来,才能保持生命、精神长盛不衰,也就是个体小我的生命与为国的大我生命是一致的。因此,“我们要把自己的生命,放在大众的生命里,个人的生命才有意义。唯有把自己的生命放在大众的生命里,个人才不会死!”他勉励学生“所谓学生即是学习人生之道。现在人生之道是什么?即是中华民族生存之道。若是国家灭亡了,我们也就无法生存”①。生命立此之道,就应“虽九死其犹未悔也”,而不应蹉跎度日,枉此一生。我们可以通过他所作诗《自勉并勉同志》看到这种志向。

自勉并勉同志

人生天地间,
各自有禀赋;
为一大事来,
做一大事去。
多少白发翁,
蹉跎悔歧路。
寄语少年人,

① 陶行知:《陶行知全集》(第 4 卷),四川教育出版社,2005,第 63 页。

莫将少年误。[1]

3. 促进生命成长的德育

生命如此重要，把生命教育纳入德育就显得尤为重要。首先，应该重视健康。因为每个人有健康的身体，“各个国民都有血色，有生气，有精神，才能抵抗疾病，扫除障碍，战胜困难”[2]。他提出“体育注重自强”，无论在晓庄还是育才，都非常重视身体健康。在晓庄，他把“健康的体魄”确立为学校的首要目标，学校设立武术课，举办联村运动会、登山竞赛，开展劳作、卫生教育等，都是促进健康的有效举措；在育才则要求师生建立起“健康的堡垒”，要求每日问问自己“我的身体有没有进步”？

同时他提出要树立珍视生命、爱惜生命的意识。生命如此珍贵，应极力发挥其对于全民族、全人类的价值和意义，因此，每个人都应爱惜自己的生命，为此，他不仅反对社会对生命的摧残，也反对个体对自己生命的挥霍、损害和放弃。在晓庄所处的燕子矶头至今树立着一块陶行知手书的劝诫碑，一面上书“想一想，死不得”，下面几行小字写着“人生为一大事来，当作一大事去。你年富力强，有国当救，有民当爱，岂可轻生?”；另一面书“死不得”，下面同样有小字“死有重于泰山，或有轻于鸿毛，与其投江而死，何如从事乡村教育，为中国三万万四千万同胞努力而死!”[3]

（三）追求独立的精神

陶行知的独立思想一方面继承了中国传统文化中“君子”慎独等精神境界追求，“富贵不能淫，贫贱不能移，威武不能屈”等都是君子独立人格的体现。另一方面，其独立思想更多的是对西方自启蒙时代以来的自由主义精神的吸收。从陶行知一生的思想历程来看，尽管对自由的观念有发展和变化，但本质上他仍是一个自由主义者，甚或“稳重的自由主义者”。他主张个体要追求人格独立，教育要追求独立办学去党化，这种独立精神昭示了从依附到自由的现代性转变，体现着陶行知德育思想的现代性特质，因此是德育内容现代性的一个重要的体现，主要包括教育独立、人格独立。

---

① 陶行知:《陶行知教育文集》，四川教育出版社，2007，第 101-102 页。

② 陶行知:《陶行知全集》(第 8 卷)，四川教育出版社，2005，第 97 页。

③ 陶行知:《陶行知全集》(第 11 卷)，四川教育出版社，2005，第 236 页。

1. 教育独立

独立是自由的题中之义，中国近代教育独立思想的核心主张是“仿效西方学术自由、大学自治的模式，力主教育摆脱来自政治、宗教的种种牵制，从人类传承智能、谋求发展、完善自身的终极高度，达到某种独立运行的状态”①。这里包括两个含义：一是反对政党、宗教以及各种意识形态对教育的干预和控制，尊重教育的本体价值；二是“教育的发展要走民族化道路，即教育的本土化”②。教育独立论最早由蔡元培发起，并得到诸多教育救国论者尤其是自由主义知识分子的支持，不仅从言论上阐述教育独立，更从行动上开展教育独立运动，范围包括从现实层面的教育经费独立运动到建立大学区制的教育行政独立运动。陶行知显然是其中一位，他的教育独立意蕴即对教育独立精神的维护和对教育摆脱政治控制的追求。

(1) 反对党化教育。这是其教育独立思想的核心。陶行知认为教育本“应予青年思想上与活动上以绝对之自由，发扬其生命之力，开浚其思想之泉源，使其活泼前进，以改革并推进整个社会与国家”③。20 世纪 30 年代初，政治黑暗，党化教育愈演愈烈，他进行了犀利而尖锐的批判：“教育界已为官僚政治所侵入。教育行政，既无固定计划，教职则更视安插私人之位置。教育界中，派别分歧，壁垒森严，门户各别，竞夺位置，怪象百出。尤以大学教育为最，令人痛心！”他提出党化教育培养的是奴隶和顺民，而不是具有独立人格、健全的主人，此为“教育之致命隐疾”，“必须坚决反对，力予杜绝”④。

(2) 主张教育家办学，实现教育行政的独立。陶行知提出要整顿教育，“必荡洗教育界依附实力、倾轧争夺、兼职遥岭、接纳取容之恶习，使从事教育者必为专家”⑤，使教育家能按照自由、民主、平等的普适性的价值观来创办学校。无论是晓庄还是育才，皆是陶行知按照自己的办学理念创立的，学校的组织管理、课程教学、师生组建等都努力杜绝政治权力的干预，使学校充盈着自由、民主、平等的氛围。

① 张振华，刘志民：《民国“教育独立”思想及其当代意蕴》，《社会科学家》2012 年第 4 期。

② 同上。

③ 陶行知：《陶行知全集》(第 11 卷)，四川教育出版社，2005，第 334 页。

④ 陶行知：《陶行知全集》(第 11 卷)，四川教育出版社，2005，第 360 页。

⑤ 同上，第 362-363 页。

2. 独立的人格

教育独立才能培养人有独立的思想和独立的人格。他说："要做个真正的人，第一就要有思想……要做个真正的国民，第一就要有国家的思想。没有思想的行动，叫做盲动；没有思想只管闷起头来跟人跑，叫做盲从……现在中国充满了主义：这里一个主义，那里一个主义，真是五花八门。我们不做国民则已，既要做国民，对于这些主义，得要问个明白，想个透彻……对于一切主义，都应当以生客看待他们。我们对于生客应当尽主人之谊，但不能不把这位客人的性情、来历、影响弄个清楚。倘若闭起眼睛来一概招待欢迎，这叫做瞎民，不叫做国民。"①

此外，陶行知的德育内容还有一个很重要的组成部分，即民主精神的教育，对陶行知的民主社会观、民主观前节已有详述，此处不再展开论述。

二、品德结构上：知情意行的统一

德育就是把道德内化为个人的品德的过程，一般来说，品德结构由知、情、意、行四个部分及其相互关系组成。对品德结构的认识不同，就决定了德育在内容上的不同安排和比重。

知，指道德认知，即道德观念、概念以及在此基础上形成的道德信念，是人们对人与人、人与社会事物之间关系的是非、善恶进行道德推理，进而做出的道德判断和评价。

情，指道德情感，是人们运用道德认知在推理、判断过程中产生的喜善厌恶的体验，包括责任感、义务感、幸福感、良心、同情心等。道德情感是人类道德行为的重要动力。

意，指道德意志，是人们为实现一定的道德目的而产生的自觉能动性，是支配或调解道德行为的一种巨大的精神力量，通常可以还原为道德情感和道德行为问题。

行，指道德行为，是在道德规范的调节下，道德主体做出的行动反应，特定表现方式即行动。道德行为是品德形成的具体体现，即一个人具有德性或品性，最

① 同上，第185页。

主要是看是否把自己认定、信奉的规范付诸实际行动，这也是德育过程要达到的目标。

构成品德结构的四种要素在不同的人那里有不同的认识，对其中某种要素的侧重就构成了不同的道德学说，通常分为：(1) 主知说(intellectualism)，发展为认知性道德发展模式；(2) 主情说(emotionalism)，发展为体谅模式；(3) 主行说(behaviorism)，发展为社会行动模式；(4) 主意说(volitionalism)。不同的侧重点导致了德育的内容不同。

在陶行知看来，一个人的品德应是知情意行和谐发展的过程。陶行知从“道德是一种经验”出发，提出知识和行为是统一的，知识本身包含着行动，而行动是在知识指导下进行的，知识本身是具有道德性的。这就是前述的知识与行为的统一、知识与道德的统一。很多人从他的生活教育理论出发，认为生活教育只知蛮干，忽略书本。陶行知对此作出回应：“品行养成之要素是在一举一动前所下的判断。我们问题中之最大问题，是如何引导学生于一举一动前能下最明白的判断。这样一来，即刻牵涉到善恶、是非、曲直、公私、义利之分。这样一来，即刻牵涉到个人所处的地位、时会及发生关系的人。”[①]因此，道德知识是进行道德判断和行动的重要基础，儿童只有具备了道德知识，才能辨是非善恶、明了公私、分辨义利。因此，他批判学校中德育与智育隔离的现状，提出“要打破知识和品行分家的二元论”，促进德育与智育的融合。

而后，他进一步指出学校德育中知情意的割裂。他说：“中国数十年的新教育是知识贩卖的教育，有心人曾慨然提倡感情教育，知情意并重的教育。这种主张，基本上是不错的，但遗憾的是没认清知识教育与感情教育并不对立，同时知情意三者并非从割裂的训练中可以获取。书本教育也许可以使儿童迅速获得知识，神经质的教师也许可以使儿童迅速地获得丰富的感情，专制的训练也许可以使一个人获得独断的意志。”[②]

因此，他提出知情意行应是融合或和谐发展的。我们可从他在《育才学校教育纲要草案》中的阐述清晰地看到这一主张。

---

① 陶行知：《陶行知教育文集》，四川教育出版社，2007，第148页。

② 陶行知：《陶行知教育文集》，四川教育出版社，2007，第481页。

> 知情意的教育是整个的，统一的。知的教育不是灌输儿童死的知识，而是同时引起儿童的社会兴趣与行动的意志。感情教育不是培养儿童脆弱的感情，而是调节并启发儿童应有的感情，主要的是追求真理的感情；在感情之调节与启发中使儿童了解其意义与方法，便同时是知的教育；使养成追求真理的感情并能努力与奉行，便同时是意志教育。意志教育不是发扬个人盲目的意志，而是培养合于社会及历史发展的意志。合理的意志之培养和正确的知识教育不能分开，坚强的意志之获得和一定情况下的情绪激发与冷淡无从割裂。现在我们要求在统一的教育中培养儿童的知情意，启发其自觉，使其人格获得完备的发展。①

相对应的，只有知情意行和谐发展了，才能具有“智仁勇”合一的美德和精神。

> 智仁勇三者是中国重要的精神遗产，过去它被认为“天下之达德”，今天依然不失为个人完满发展之重要的指标。
>
> 尤其是目前抗战建国时期，我们需要智仁勇兼修的个人，不智而仁是懦夫之仁；不智而勇是匹夫之勇；不仁而智是狡黠之智；不仁而勇是小器之勇；不勇而智是清谈之智；不勇而仁是口头之仁。中国童子军以智仁勇为其训练之目标，是非常有意义的。育才学校不仅是以智仁勇为其局部训练之目标，而是通过全部生活与课程以达到智仁勇之鹄的。我们要求每一个学生个性上滋润着智慧的心，了解社会与大众的热诚，服务社会与大众自我牺牲的精神。②

三、从德育的层次看：道德理想、道德原则与道德规则的共在

道德是随生活、社会的发展而前进、发展的，是有层次的。早期德育的内容

① 陶行知：《陶行知教育文集》，四川教育出版社，2007，第481页。

② 同上。

主要是日常生活中必须遵守的一些简单的行为规则。随着道德生活的进化,人们对道德的认识不断深化,就从道德规则中归纳出普遍性的道德原则,进而又从各种道德原则中揭示出群体共同的道德理想。

在学校德育中,三者关系及功能[①]呈现如下表:

	道德规则	道德原则	道德理想
内涵	学生必须遵守的道德要求	一般情况下必须遵守、特殊情况下可以变通的道德要求	学校提倡、希望学生追求的最高的道德境界
特征和三者关系	道德禁令或指令,具有强制性; 明确、具体、具有可操作性	道德倡议或道德指令; 各种道德规则的一般概括	道德倡议,道德境界; 对各项原则的高度概括
功能	指导(肯定性规则)和约束(否定性规则)学生的行为	当道德规则发生冲突时,需要诉诸更高层次的道德原则,是指导学生行为的基本准则	激励并指导学生追求高尚的道德行为

总之,不同层次的道德教育内容,决定了采用何种不同的教育形式,对学生将有不同的教育功能,内容和形式是否匹配将会影响德育功能的发挥;另一方面,德育三个层次的内容在整个德育中所占的比重,也直接影响学校德育功能的定位和发挥。

就这个分析框架来考察陶行知的德育层次,可以发现:从陶行知的道德教育思路可知,因为道德是随生活、社会不断进化的、变动的,因此从层次上看,陶行知认为道德是有发展阶段的。他借鉴西方道德认知发展阶段的理论,把儿童的道德发展分成四个阶段(前文已有阐述,此处不再赘述)。很显然,第二个阶段"受外在的环境(奖惩)影响而改变行为阶段"就是典型的受道德规则约束下的行为发展,第三阶段"行为主要取决于自身对社会褒贬的预期阶段"暗含了道德的原则,第四阶段"理性调控行动,人们以自认为正确的方式行事",陶行知称之为一种高尚的道德力量,虽然通常情况下是可望而不可及的,但却应该成为道德发展的最终目标。

① 黄向阳:《德育原理》,华东师范大学出版社,2000,第102-103页。

陶行知在晓庄、山海工学团、育才等办学实践中基本遵循了这一框架。陶行知是比较注重学校道德规范的,他认为这是维持学校运转的必要支撑。无论是晓庄还是育才,都设有共同生活公约,全体师生都需要遵守基本的公共生活规范,并且规范面前人人平等,即使是校长陶行知自己也是不可违反这些规范的,如若违反,则由学校自治机构予以惩戒,显示了道德规则的强制性。另一方面,陶行知很注重道德理想。诚如他对高尚道德力量的认可,尤其在救亡启蒙的特殊时代,道德理想能够起到极大的激励作用,激励学生"为一大事来,做一大事去",激励同仁为全国儿童鞠躬尽瘁,死而后已,而他自身则是追求、践行道德理想的最好典范和诠释。这些都在前章有详细阐述,此处就不再赘述了。

第五节　德育实施途径和方式的现代性变革

德育是一种教育实践,其目的的最终实现需要有具备可行性的实施途径及具体的手段和方法。道德教育的实施途径有直接和间接之分。直接的德育就是指通过设置专门的道德课程进行道德教育,比如我国近代学校中的"修身"或后来的"公民"课,希望通过专门的道德课,系统地向学生传授道德知识和理论。杜威称之为"直接道德教学"(direct moral instruction)或"关于道德的教学"(instruction about morals)[①]。间接德育,主要指在学科教学和学校集体生活的各个层面对学生进行道德渗透。虽然是教师有意识的影响,但不是直接的道德教导。陶行知受杜威的影响,建立在其道德观、实用主义基础上的德育实施途径主要是生活法,具体来说,就是通过日常化和生活化、集体生活、学生自治等方式实施德育,是一种间接德育的实施途径。

一、在日常生活中实施德育

陶行知主张生活教育,反对传统德育单纯的灌输和一味说教的方式,认为德

① 黄向阳:《德育原理》,华东师范大学出版社,2000,第180页。

育培养品性高尚的人离不开生活。真正的德育必须在生活中进行,必须通过积极的对社会生活的参与来进行。生活既有日常化的,也有学校生活。因此,德育决不仅仅是学校德育学科的事情,而应该通过全方位的生活去实施。

(一)生活教育的方法

生活是德育的一个有效途径和方法。陶行知认为人的生活有好有坏,有前进有后退,有民主有专制,他说,"是生活就是教育,不是生活就不是教育;是好生活就是好教育,是坏生活就是坏教育;是认真的生活,就是认真的教育,是马虎的生活,就是马虎的教育;是合理的生活,就是合理的教育,是不合理的生活,就是不合理的教育。"[①]这好的生活不是天上掉下来的,按照教育就是生活的改造原理,好生活是要去"过"的,"我们承认过什么生活便是受什么教育:过好的生活,便是受好的教育;过坏的生活,便是受坏的教育;过有目的的生活,便是受有目的的教育;过糊里糊涂的生活,便是受糊里糊涂的教育……"[②]所以,只有好的生活、整体的生活、上进的生活才能成为德育的有价值的资源,只有真正参与这样的生活才能使德育真正起效用。

和"生活即教育"相关联的是"社会即学校",主张社会和学校的联动,学校向社会开放,学校生活和儿童的自然生活、社会生活连成一气,从而扩大学校教育的范围,把整个社会看作是一个大学校,这样就使德育的资源大大增加和丰富,并且能着眼于社会的需求。

教学做合一是生活教育的方法论,主张事情怎样做就怎样学,怎样学就怎样教,以"做"为中心。因为德育要在生活中进行,因此,教学做合一必然成为德育的实施途径和方法。陶行知举"扫地"的例子来说明教学做合一的发生机制:扫地本身这个行为是"做",因扫地而增长自己的能力、改变自己的态度是"学",因扫地而使人发生影响,改变其行为,就是"教"。这是他主张的间接德育的典型说明。

(二)在事上磨炼

陶行知的德育方法以实际生活为中心,实际生活就是"事"。所以教师要在

---

① 陶行知:《陶行知教育文集》,四川教育出版社,2007,第 225 页。

② 陶行知:《陶行知全集》(第 2 卷),四川教育出版社,2005,第 205 页。

事上去磨炼，即“我们要在‘事’上去指导学生修养他们的品格。事应当怎样做，学生就应当怎样修养，先生就应当怎样指导。各种事有各种做法，指导修养之法也跟了它不同。同是一事，处不同之地，当不同之时，遇不同之人，那做的方法及指导修养的方法也就不能尽同了”[①]。

“事”从内容上说是每天的日常生活。所以，可以在日常小事上磨炼学生的品格，实现德育日常化、生活化就是培养学生品性的有效途径。陶行知极其重视学校在这方面的培养，并且注意学生的年龄程度。对年幼儿童，比如南京晓庄中心小学的学生每日入学必检查：脸蛋洗干净了吗？指甲剪了吗？衣服干净吗？每天早晨组织儿童打扫教室和校园卫生，目的是让儿童讲卫生、爱清洁，养成勤劳的习惯。重庆育才学校对学生穿衣这样细小的事情都有明确的规定：“(1) 衣不违时；(2) 整洁 ；(3) 纽扣扣起 ；(4) 破烂即补 ；(5) 衣服洗晾晒干后，即折叠收存。”[②]《育才学校之礼节与公约》对穿什么衣服、怎么穿衣服、怎么存放衣服等都作了明确的规定。尤其对儿童来说，在穿衣戴帽这些日常小事上着意，可以让儿童行为规整，积久成习，积习成德。对年长的学生，如晓庄学校为了培养学生吃苦耐劳、热爱劳动人民的品质，烹饪之类的杂务均由学生承担，“学校中人如果能干这些粗事，(1)可以养成勤劳耐苦的习惯……(3)可以明了粗事之不易，做粗工之不可轻侮了”[③]。在日常小事上磨炼，是非常符合道德形成的规律的。积日为年，积年为终身，日常小善的积累能够养成美德，道德的形成是日积月累的结果，正如荀子所言：“积善成德。”

二、在学生自治中实施德育

（一）中国近代教育中学生自治的由来

现代学校的“学生自治”最早出现在英国，发展在美国，其目的是让学生在学校体验和训练共和国民的生活，训练民主自治的能力和观念。近代中国在经历了新文化运动后，民主和科学开始进入中国人的视野，对民主科学的追求推动着

① 陶行知：《陶行知全集》(第 1 卷)，四川教育出版社，2005，第 67 页。

② 陶行知等：《生活教育文选》，四川教育出版社，1988，第 652 页。

③ 陶行知等著，李定开编：《为中国教育寻觅曙光(上)》，四川教育出版社，1989，第 16 页。

教育的变革。从1917年开始，国内一些教育类杂志开始介绍欧美学生自治，如《教育杂志》1917年7月所发表的《学校市之组织》，介绍了美国学生自治的情况。其后，美国教育哲学家杜威来华讲学，大力宣传民主主义，发表《大学与民治国舆论的重要》《"自动"的真义》《学生自治的组织》《自动与自治》等演讲，向中国教育界人士阐释了自治的精神，成为学生自治思潮的重要思想渊源，并在舆论上造成了较大的声势；杜威来华后三天，就爆发了五四运动，这场以学生为主力、高扬科学民主大旗的运动，促使学校教育和学生管理工作直接转向了自动和民主，强调学生智育注重自学、体育注重自强、德育注重自治，即近世影响甚大的自动主义思潮；而大批归国的留美学生如陶行知、陈鹤琴、蒋梦麟、郭秉文等成为推行学生自治的主将。他们开始各自发文论说"学生自治"，同时新教育家们各自付诸实践。他们的理论和实践为学生自治思潮的形成奠定了重要的基础。在各方力量对教育民主化的呼声下，1919年11月14日北京高等师范学校废除了学监制，成立了学生自治会，这是全国最早成立的学生自治会。成立当日，时任北大校长的蔡元培、蒋梦麟及正在中国讲学的杜威都应邀与会、莅临指导。蔡元培说："成立这个自治会，可以把治者和被治者的分别去掉，关系是重大的很。学生的自治是个先导，由学生传给国民，一定可以提起国民自治的精神。以后各校都成立了自治会。"①

1920年，第六届全国教育会联合大会通过《学生自治纲要案》：共和国教育，应养成全国学生人人有共和国国民之资格为基本。欲养成学生的共和国国民资格，必须让学生在学校中就开始过"自治"的生活，练习公民自治。要案提出学生自治纲要五条：(1) 自治，系教育陶冶，与实施政治有别；(2) 以公民教育之精神练习自治，得采分区制度；(3) 学生自治权限，视学校性质，及学生之年龄与程度，由校长酌定之；(4) 学校教职员，应设自治指导委员会，负指导学生之责；(5) 除学校行政外，均得由学生根据校长所授予之权限，定相当之办法，由指导委员会通过施行。② 之后全国各级各类学校的学生自治会犹如雨后春笋般冒出来。1922年江苏一中校长陆殿阳对20个省份69所中学的调查显示，其中成立

① 北京师范大学历史系中国现代史教研室：《中国现代史（上册）》，北京师范大学出版社，1983，第110页。

② 江山野：《中国教育事典：中等教育卷》，河北教育出版社，1994，第970页。

学生自治会的占 89.9%。[1] 从学生自治提倡者们的观点和《学生自治纲要案》来看，由于当时国内特殊的历史背景，出于训练民主生活和学生自我管理以养成共和国合格公民的动机，学生自治在中国成为超越学生管理和道德教育的一种教育理想。

（二）陶行知学生自治的思想与实践

陶行知是推行学生自治中较有代表性的一位，他于 1919 年著文《学生自治问题之研究》[2]，对学生自治的内涵、实施必要性、实施方法以及自治的范围等问题作了全面阐释。

他认为："学生自治是学生结起团体来，大家学习自己管理自己的手续。"从学校这方面说，就是"为学生预备种种机会，使学生能够大家组织起来，养成他们自己管理自己的能力"。基于学生的特殊身份，以及和学校之间的关系，陶行知进一步阐释："学生自治，不是自由行动，乃是共同治理；不是打消规则，乃是大家立法守法；不是放任，不是和学校宣布独立，乃是练习自治的道理。"

为何学校要实行学生自治呢？陶行知从必要性和自治的效用两方面作了详细分析。

他指出学生自治是练习成为适应民主社会的合格公民的必经之路，在民主社会中，作为共同体中的一员，具有积极参与公共事务的意识和能力是必备的条件；第二，他清醒地看到民主主义对一切既有价值的冲击，个体从一切束缚中得到解放，祛魅之后却并未树立新的价值秩序，因此，实行学生自治是约束自身、除自乱的药方；第三，从教学做合一的方法论的角度提出练习自治是养成自治的唯一方法，练习就是参与、去行动、去做。

自治既有必要性，也有大的效用。如前所述，陶行知的德育思路很重要的一个部分是德育必须是有实效的。因此，既然实行妥当的自治有实效，那么就是德育实施的重要途径之一。

他首先提出自治可以作为学生一种修身伦理的实验，整个学校都成为修身伦理实验的场所。修身伦理的本质就是一种实践，他批判其时学校德育只知灌

---

① 陆殿阳：《全国中学校状况调查统计》，《新青年》1922 年第 5 期。

② 以下论述皆出自《学生自治问题之研究》。

输知识,学生只知静听,因此实行学生自治对于公共幸福,可以养成主动的兴味;对于公共事业,可以养成担负的能力;对于公共是非,可以养成明了的判断。"简单些说:自治可以养成我们对于公共事情上的愿力、智力、才力。"其次,学生在自治实践中能够自己立法,因为是自己立法,因此在很大程度上符合了学生的需求,因此在执法和守法上更积极、效果更佳。所以能辅助学校风纪之进步。学生在团体中练习自己、管理自己,这就不仅仅是一种管理和德育手段,实则包含了视学生为道德主体的价值意味,学生能充分运用自己的理智在实际情境中练习解决问题,如此就能得到经验的发展,得到生长,实现生活的改造。

学生自治如此重要,该用什么方法来实行呢?必须"当件大事做,当个学问研究,当个美术去欣赏"。具体来说:第一,学校及教师要承认学生自治的权利和机会是他自身自由的表现,这种自由是他与生俱来的,而非是被赐予的,应该充分尊重学生的"自为"能力。第二,学校要提供学生自治的事体和机会:学校要充分做好自治的舆论准备;学校应在参考学生年龄、程度、经验的基础上划定学生自治的范围,"以学生应该负责的事体为限……事体之愈要观察周到的……事体参与的人愈宜普及的"。第三,引导学生相互切磋、讨论,培养有共和自治精神的教员进行指导。第四,学校要处理好与学生的关系,对学生自治负有引导之责。

以上皆建立在陶行知所说的学生自治办得妥当的基础上。事实上,对于一个有着数千年严格主义、保育主义的社会,突如其来的思想解放往往会产生冒进,对学生自治的精神不甚了解以及长期处在缺乏民主意识环境中所导致的学生自治能力和基础的薄弱等,学生自治并非想象中这么美好。陶行知直指可能会出现的弊端:把学生自治当作争权的器具,把学生自治误作治人看,学生自治与学校立在对峙地位、闹意气。因此,要充分发挥学生自治的效用,必须警惕这些弊端。实践证明,其后学生自治在很多学校的实践中乱象丛生,基本印证了陶行知所担忧的弊端,道德自治走向了道德虚无。

陶行知为之设计的回应办法是坚持团体自治的理念和生活教育的原则,实行师生共同生活、增强学生的民主意识及其训练等,这些主张在晓庄学校的自治实践中得以实施,取得了较好的效果,从某种程度上是对学生自治乱象的规避和矫治。当时中央大学教育学院的王秀南在《介绍革命的晓庄学校》中赞颂晓庄提倡"师生共生活"的主张和实践是"看透了现代训育制度的崩溃"。师生之间亲爱互助而无隔阂，师生共同在事上治理，避免了互相争权。

三、在集体生活中实施德育

在陶行知看来，“真的集体生活必须有共同目的，共同认识，共同参加”[①]。按照这一界定，他所说的“集体生活”是有多种名称的，或者说，这些名称的变化也表明了他的集体生活观念的演变。

（一）共同生活才是真正的人格教育

陶行知信奉民主社会观，民主社会的一个基本特征就是社会是一个共同体，在共同体当中既有公共生活，也有私人生活。从公民的公共生活意义而言，陶行知提出的是在一个学校中的共同生活，可以视为集体生活初始提得较多的一个名称。如上文所言，陶行知把师生共同生活看作治理学生自治乱象的一个有效方法，其后在《南京安徽公学办学旨趣》中赞誉安徽公学的师生“愿意共生活、共甘苦”，他们共学、共事、共修养，“渐渐发生相亲相爱的关系”。陶行知认为这样的共同生活才是真正的教育，完全打通了人际隔阂，“才算是真正的精神交通，才算是真正的人格教育”。并且，在共同生活中，为了能尽引导学生之责，教师必须力求长进，真正达到教学相长、相互感化。

他把这种方法引入晓庄办学，晓庄指导员和学生共教、共学、共生活。他们与学生关系密切，10 个学生和 1 个指导员共住于一个茅草屋内。茅草屋里面有阅览室、会客室、饭厅、盥洗室、卫生间，屋后有一个小厨房，厨房之后有一个小菜园。这种结构不仅是一个教学组织形式，更是一个生活共同体，不仅是传授知识、技艺，更重要的是通过教学相长，成为一个完整的人(a whole person)。这种生活共同体孕育了晓庄师生之间超乎寻常的感情，使得他们在后继的生活教育运动中能够相互扶持、共度危难、通力合作。

（二）集体生活是全盘教育的基础

陶行知在育才学校时期全面阐述了集体生活之意义。在抗战救亡的背景

① 陶行知：《陶行知教育文集》，四川教育出版社，2007，第 478 页。

下,陶行知认为真的集体生活"不可由单个的团体孤立的建树起来。否则,又会变成孤立的生活、孤立的教育,而不能充分发挥集体的精神"。他用孟子的话说:"先立乎其大者,则其小者不能夺也。"[①]因此,此时的集体生活突破了一校的共同生活概念,育才学校的集体生活因此是集全校一体、世界一体、古今一体的三位一体的集体,内容上包括劳动生活、健康生活、政治生活和文化生活。

这样的集体生活有三个重要的意义:

> 第一,集体生活是儿童之自我向社会化道路发展的重要推动力,为儿童心理正常发展所必需……第二,集体生活可以逐渐培养一个人的集体精神。这是克服个人主义、英雄主义及悲观懦性思想的有效药剂……第三,集体生活是用众人的力量集体地创造合理的生活、进步的生活和丰富的生活,以这种丰富、进步而又合理的生活之血液来滋养儿童,以集体生活之不断的自新创造的过程来教育儿童。[②]

这样的真集体生活有两个重要的条件:"(1) 与社会发展的联系,与整个世界的沟通。(2) 在集体之下,发展民主,着重个性。"[③]它不仅仅是大家聚在一块过日常生活,还必须包含三个要素:(1) 集体自治。设立各种集团生活组织,以民主集中制为原则,培养学生自动的力量,发挥他们的道德主体性和学习主体性,培养自觉的纪律性,让学生在集体生活中自己有效地解决集体问题。(2) 集体探讨。即以集体的努力,追求真理。培养学生在集体生活中行动、观察、看书、谈论、思考,陶行知称之为"五路探讨"[④]。(3)集体创造。即在集体自治、探讨的基础上,运用有思考的行动来产生新价值,使学生在集体创造中学习创造。

除了为德育设计实施途径外,陶行知还提出了一些具体的德育方法和手段。比如他重视教师的道德表率或榜样示范作用,认为"且孩童最易受影响人者也,

---

① 陶行知:《陶行知教育文集》,四川教育出版社,2007,第 478 页。

② 陶行知:《陶行知教育文集》,四川教育出版社,2007,第 481 - 482 页。

③ 陶行知:《陶行知教育文集》,四川教育出版社,2007,第 482 页。

④ 陶行知:《陶行知教育文集》,四川教育出版社,2007,第 492 页。

父母之言行举动，子女多于不知不觉中被其激触，效而尤之。今日之学子，即他年之父母也；为学子而行欺，是不啻引将来子女之行欺矣。可不惧哉！"又比如，在具体的学校管理方式上，坚决反对体罚，认为"体罚权威制度的参与……它非但不足以使儿童改善行为，相反地，它是将儿童挤下黑暗的深渊"[①]。

① 陶行知：《陶行知教育文集》，四川教育出版社，2007，第484页。

第三章　现代性视域下陶行知在德育实践上的探索

陶行知是一位行动的理论家，他不仅从理念、内容、方式等方面对德育的理论进行了思考和设计，更是秉着知行合一的原则，在他的教育改造事业中对德育进行了现代性的实践探索，通过这些实践促进近代教育产生了实际变革。

第一节　教育平等的实践："要让每一个中国人都受到教育"

教育平等是近代以来人们在教育领域追求的终极目标之一，可分为三个阶段：起点平等（机会均等）、过程平等、结果平等。实现教育机会均等的一个重要途径是推进普及教育。因此，普及化成为教育现代化的一个基本特征，一个国家的教育是否普及或普及到什么程度成为这个国家是否实现教育平等的重要表征。

中国自新教育始，普及教育的呼声日益高涨，普及义务教育成为政府、教育家以及大批学者的理想和强烈愿望，或颁布实施计划，或奔走呼号，或进行教育试验，欲从多方面推行教育的普及。正如陶行知在《普及教育运动小史》中总结，无论是提倡平民教育、乡村教育还是劳苦大众的教育，都只有一个中心问题，即"如何使教育普及，如何使没有机会受教育的人可以得到他们所需要的教育"[①]。

① 陶行知：《陶行知全集》（第3卷），四川教育出版社，2009，第95页。

一、“创造四通八达的社会”的平民教育运动

中国近现代的平民教育运动发端较早，随着五四“德先生”的拥护声贯彻到教育领域，尤其是杜威平民教育思想在中国广泛传播后，知识精英们迅速推动了平民教育运动的发展。推广平民教育运动是陶行知多年来的奋斗目标。他在改进社时期，借助改进社这个当时民间最大的教育团体的力量，发动了一场全国性的平民教育运动，为新教育运动在深入民众、普及城乡方面作出了重要的探索。在组织上，1923 年 8 月成立中华平民教育促进会总会，陶行知任董事会执行书记。平教会以“平”字为会徽，含义是：“最上横条代表头脑，意为一个人必须具备训练的思想、规律的理性；横条下两‘点’，很像两眼，一眼代表平等，一眼代表公正；两点中间是十字架，意为要用耶稣基督之心，舍己为人。”[①]合起来就是投身平教者的信念，陶行知的实践很好地彰显了这个信念。

陶行知对平民教育运动寄予了厚望，他说平民教育的目的是“使平民一面读一点书，一面得一点做人做国民的精神”，他要用这平民教育来打破阶级纵横，实现一个四通八达的社会。为了实现这个理想，他和朱经农着手编撰《平民千字课》教材，身体力行奔赴苏、皖、赣、鄂、北京、开封，甚至开进蒙古(实现了他一流教育家要“敢入未开化之边疆”的夙愿)，进行平教宣传造势，争取地方支持，推动成立各地平教会组织；在具体施行办法上，主张实行动员识字和强迫识字相结合的做法。为推行平教运动，他公而忘家，逢年过节在旅途之中是常事。因为有诸多像陶行知那样的具有强烈使命感的仁人志士，平民教育运动仅 9 月余，全国已有 20 个省区市成立了平民教育会，50 万人受《平民千字课》的教育，据后来的统计，《平民千字课》总发行量达到了 300 万册，可见效果之速、之大。

二、致力于普及农民教育的乡村教育运动[②]

在推行平民教育的过程中，陶行知等认识到中国仍是一个农业国，要普及教

---

① 吴相湘：《晏阳初传》，台湾时报文化出版事业有限公司，1981，第 96 页。

② 此部分内容第一章有详细阐述，此处不再展开陈述。

育,必须从乡村入手。"于是,'向田间去'的声浪,一天高似一天,而乡村教育、乡村师范教育应运而生了"。

1926 年,陶行知和赵叔愚等志同道合的改进社同仁挥师南下,贯彻第四次年会提倡的乡村教育计划,举起改进社的旗帜,发起乡村教育运动。他以"通过乡村教育改造乡村社会"为宗旨,创办南京晓庄试验乡村师范学校,"培养乡村儿童和人民所敬爱的导师",以生活教育理论为指导,创办小学师范院和幼稚师范院,为乡村儿童培养敬爱的导师,为乡村儿童创办中心小学和中心幼稚园,为培养有生活力的未来新农民举办民众学校、中心茶园、中心医院、合作社等,取得了显著的成果。

三、从"科学下嫁"到普及工学团教育

陶行知一直认为,普及教育运动的最大使命就是要把活用的文字符号和求进的科学方法这个现代文明的钥匙,从少数人的手里拿出来交给大众。因此,在思考了中国教育的出路和中华民族的出路后,他首先发起"科学下嫁运动",后又倡导工学团和小先生制,大力推行普及教育。

(一) 科学普及教育运动

陶行知从日本回国之后,因仍处于被通缉状态,无法从事公开的教育活动,但仍然不辍地思考中华民族和中国教育的出路。他认为中华民族的出路是建立合理的工业文明,而科学则是工业文明的母亲,是开启现代文明的钥匙。故教育应该把自然科学放在极为重要的位置。然而,尽管经历五四"民主与科学"的洗礼,但中国仍然科学不振,科学知识只掌握在少数人手里,同时小学自然教科书既不教人实验,也不教人创造,造就的是"自然科学的书呆子"。陶行知认为一方面"科学教育要从儿童时代下手",并且要给予儿童真正的科学教育;另一方面"要把科学变得和日月空气一样普遍,人人都能享受""使做工种田的人,拾垃圾的人,烧饭的老太婆也能享受近代科学知识"①。

陶行知和原晓庄学生方与严、戴伯韬、戴自俺、孙铭勋、董纯才、刘季平等生

① 陶行知:《陶行知全集》(第 11 卷),四川教育出版社,2009,第 285 页。

活教育核心成员联络一批从英美德法留学回国的专家，如丁柱中、高士其等，发起科学下嫁运动，推进科学的大众化：创办"自然学园"，翻译了一批科学著作，开办"儿童科学通讯学校"，以"造就科学之儿童与科学之民众，使中华民族成为科学之民族，以适应于科学之世界"[①]为主旨，编辑儿童科学丛书，共计一百册，由陈鹤琴和丁柱中主编，内容合于儿童心理，较易引起儿童研究科学的兴趣。这些科学教育普及措施变革了传统"读死书"式的自然科学教育的教学方法，以教学做合一为原则确立了实验的新的教学理念和方法，同时培养了一批科普作家。

（二）工学团的普及教育运动

在进行科学普及教育的同时，陶行知开始反思普及教育，提出"工学团"这一乡村教育的新建议。工学团，"工是工作，学是科学，团是团体；明确说来，就是工以养生、学以明生、团以保生"。"工学团是一个小工场，一个小学校，一个小社会。在这里面包含着生产的意义，长进的意义，平等互助、自卫卫人的意义。它是将工场、学校、社会打成一片，产生了一个改造乡村的富有生活力的新细胞"[②]。

工学团以联合本村青年、儿童，"自动的实行工以养生、学以明生、团以保生的教育"，以"参加新村、新国、新世界之创造"为宗旨。本着"来者不拒，不来者送上门去"[③]的招生原则，开办之初招收以农民子弟为主的学生，教师被称为"工师"，意指教人做工之师。工学团的内容是进行六大训练：普遍的军事训练，普遍的生产训练，普遍的科学训练，普遍的识字训练，普遍的民权训练，普遍的人种改造训练。实施这些训练以生活教育理论为指导，贯彻七条原则：生活即教育，社会即学校，教学做合一，在劳力上劳心，行是知之始，即知即传人，联合自动[④]。

1932 年 10 月 1 日，山海工学团的成立标志着这一实验的开始，在陶行知和生活教育同仁的努力下，到 1934 年，扩大为孟家木桥、沈家楼、红庙、赵泾巷、萧场五大团，下设不同类别的工学团、工学队，马侣贤说这五团为"生活教育的总发

① 《儿童科学通讯学校成立》，《云南教育周刊》1932 年第 15 期。
② 陶行知：《陶行知全集》（第 3 卷），四川教育出版社，2009，第 422 页。
③ 陶行知：陶行知：《陶行知全集》（第 7 卷），四川教育出版社，2009，第 107 页。
④ 陶行知：《陶行知全集》（第 3 卷），四川教育出版社，2009，第 435 页。

电机,把附近村庄的失学人一律捞进生活教育网里"[①]。依托这些组织,工学团主要开展生产活动、普及文字符号即识字教育、农民娱乐活动、医药卫生活动,其中较有成效的是识字教育。

在推行普及教育的过程中,为了解决师资缺口问题,陶行知又发明了"小先生制",认为"小孩有不可思议的力量,小孩子能做先生,小孩子是普及成人与儿童教育的生力军"[②],是普及教育的好的"穷办法"。小先生制一经问世,仅一年时间,小先生运动就遍布了全国 25 个省市,"小先生"在识字教育等方面发挥了普及教育作用。

四、普及民主的社会大学运动

教育平等不仅意味着基础教育内实现基本的起点平等,陶行知在 20 世纪 40 年代把目光转向青年接受高等教育方面。

陶行知曾做过一个统计:据国民政府 1943 年的统计,"有六万大学生,八十四万中学生",这样只有十分之一的毕业生才能升入大学,剩下的基本被摒弃在正规大学之外。"再以年龄计算,应受高等教育失学之人,由十六岁至四十岁这二十几年当中,失学青年以每年十万计,就该有二百万人。……他们有需要也有能力接受大学教育。"此外,社会上其他青年,也有需要和接受能力,约有四百万,还不算收复区青年。而正规大学的数量远远不能满足如此规模的需求,"且大多数都无力进正规大学"。"因此,解决他们的教育问题,的确是件大事。国家应对他们负责,社会也应对他们负责。"[③]在陶行知、李公朴的倡导和中共南方局的支持下,社会大学于 1946 年 1 月 15 日成立。

何谓社会大学?陶行知如此描述:

青天是我们的圆顶,大地是我们的地板。太阳月亮是我们的读书灯,二十八宿是我们的围墙。人民创造大社会,社会变成大学堂。大学之道,在明民德,在亲民,在止于人民之幸福,是我们创造之新主张。什么是民德,要目

① 马侣贤:《工学团之初生》,《中华教育界》1935 年第 7 期。

② 陶行知:《小先生》,《生活教育》1934 年第 1 期。

③ 陶行知:《陶行知全集》(第 4 卷),四川教育出版社,2009,第 517 页。

有四项：觉悟、联合、解放，还有创造——要捣碎痛苦的地狱，创造人间的天堂。教人民做主人，不让公仆造反。为老百姓服务，不靠高调唱得响。农场、工场、会场、商场、广场、战场、娱乐场，都是我们数不尽的课堂。我们要各尽所能、各学所需、各教所知、各得其所。我们要自由、自动、自强。我们要民有、民治、民享。自己来发起，自己来筹款，自己选校董，自己选校长。请真理做老师，学生有三百六十行。[①]

因此，社会大学的目标即培养能为大众服务的人，使社会上各种人都成为对社会有用的人才[②]。它以智识教育、技术教育、组织教育、人格教育为主要内容，采用的教育方法是“提倡真正的自觉纪律。要使每个同学能做到自动、自学、自问的境界。……要自动，学习兴趣才能持久而坚强；要自学，才可以学到踏实而需要的学问；要自问，才能真正知道学习的进展”[③]。实行的训育方针是发扬民主精神。

社会大学实行自治管理，按学生的特长和爱好分系，设立公共必修、各系专修和专题讲座等多样的课程，聘请沈钧儒、郭沫若、章乃器、张友渔、翦伯赞、何其芳等民主人士为教师，采用举办专题讲座和“自学为主、教授为辅”的灵活的教学形式，社大的学生直接参与较场口庆祝政协会议的保卫工作等民主运动，成为民主运动中的一支有生力量。

社会大学尽管只存在了一年又一个月，但被誉为“具有创造性的运动……它的本身更是一种具有意义的新教育的试验”[④]。这个试验推动了当时的民主运动，普及了民主教育，并培养和造就了一批社会建设人才。

如果说倡导并推行普及教育侧重于教育平等的起点，即教育机会均等，那么在微观的教育教学中，陶行知则致力于实现教育过程的平等，主要表现在晓庄、育才等学校，实践师生平等，努力把学校构建为一个民主、平等的道德共同体。

① 陶行知：《社会大学》，《民主教育》1945年第4期，第1页。
② 熊明安、周洪宇主编《中国近现代教育实验史》，山东教育出版社，2001，第612页。
③ 李公朴：《怎样办社会大学》，《民主教育》1945年第4期，第7页。
④ 傅彬然：《社会大学》，《中学生》1946年第128期，第2页。

第二节　办学实践：构建自由、民主的学校道德共同体

陶行知立志“经由教育而创造一民主国家”，因此办学是陶行知德育思想追求现代性的主要实践之一。按照陶行知的德育思路，要充分利用学校的道德意义来有助于学生的道德成长，因此应极力把学校构建为一个道德共同体，建设学校的道德文化。这就需要“从根本上对学校进行道德改造，形成一种促进教师、学生的道德人格以及组织本身的道德性不断向优秀发展的文化”①。它包括在目标上建立师生共同认可的、一种不断导向变革的、有生命力的价值理念，培植一种博大的人文关怀和人文精神，设置并实践有革新意义的课程教学体系，建立民主的管理制度和方式，提供能够直接培养学生公民参与的社会活动，关键是在学校成为共同体的过程中，爱始终贯穿其中，并成为实践的核心。此节主要以晓庄学校和育才学校为例展开说明。

一、建立共同认可的价值目标

对于一个道德共同体而言，有共同的价值目标是关键。在办学中，陶行知立足社会的实际变革需求，首先建立了学校共同体的所有成员共同认同的价值目标，并且在学校的管理、环境、活动、教学、课程中全方位地贯彻之，培养所有人实现学校价值目标的决心和实践的团队精神。

（一）“通过乡村教育改造乡村社会”的晓庄师范

陶行知在《中国乡村教育之根本改造》中提出，“我们的新使命，要征集一百万个同志，创设一百万所学校，改造一百万个乡村……叫中国各个的乡村都有充分的新生命，合起来造成中华民国的伟大的新生命”。这就为晓庄师范确立了教育理想和价值目标，为此，他又提出晓庄的创办宗旨就是“培养乡村人民和儿童

① 金生鈜：《塑造学校的道德文化——学校作为一个道德共同体的建构》，《今日教育》2010 年第 4 期，第 19 页。

敬爱的导师"，去教导和培养未来的新农民，"教导乡下阿斗做中华民国的主人"①，改造新乡村。且看他为此作诗：

劳山歌

老山劳；小庄晓：咱锄头，起来了。老山劳；小庄晓：新时代，推动了。

他为学校确立的价值理念受到全校师生的认可。我们可从晓庄学生的言行来予以验证，较为典型的是第一期学生程本海和操震球的决心和实践。

程本海原是上海中华书局编辑所的图书馆主任，向来关注乡村教育。在得知陶行知要创办试验乡村师范时，毅然辞去编辑所之职，决意开启为乡村教育奋斗的新生活。他在给中华书局总经理陆费伯鸿的辞职信中如是说：

伯鸿先生：

近有一重大发展，方放射其光芒于吾国教育界中，足以使吾国奄奄垂毙之教育，立获一勃勃之生机。以晚之浅识测之，吾国此后之教育方针，行将依此潮流而一变其历来之趋向，辟一大转机之新时代，殆无疑矣。其事维何？即中华教育改进社陶行知先生所创办之试验乡村师范学校是。想先生目光如炬，当早已特加注意矣！晚窃念兹事，关系于吾局前途者，至大且巨，未雨绸缪，不可不及此而图之，闻商务已有私人资送学生之举，而吾局尚未之有闻。晚赖先生之力，勤慎服务于吾局者，于兹七载，蒙先生知其谨饬，青睐有加，感激之私，安有其极！第居恒自念，所以自利者，固有余矣，求其所以利我国家，利我社会以及吾局者，则未之能也。设欲其兼而能之，其惟决我心计，毅然投考乡村师范，以练得有农夫身手之乡村教师而谋扩大乡村教育之事业乎！能如是，则用乡村教育以改造一新时代之社会、而建筑我国立国之基础，更将一一出我心得，冀于吾局有所裨益也。先生其有意乎？晚延颈企踵而望之矣！兹谨附呈乡教丛讯第一、二期各一份，愿先生详赐省览，示以方针，曲成微志，不胜惶悚待命。②

① 陶行知：《陶行知教育文集》，四川教育出版社，2007，第237页。
② 陶行知等著，李定开主编《为中国教育寻觅曙光》（上册），四川教育出版社，1989，第208页。

操震球，原是清华学校二年级学生，了解到陶行知要创办晓庄师范，立刻给陶行知写信表达他报考晓庄师范的初衷和决心：

知行先生雅鉴：

曩在皖垣，数聆高论，开茅去塞，获益良深。光阴荏苒，匆已六年，钦念之忱，与时俱进。路隔缘悭，终不得再领教益，每每引为深憾。日前于《新教育评论》得读尊著《中华教育改进社设立试验乡村师范学校第一院简章草案》，不禁推案乍起，喜跃如狂！此盖晚年来日夜祈祷之事，忽成之于素所崇敬渴慕者之手，事之快人心意、奋人精神者，莫此若也。……自信以我目前状况，欲效劳于社会，事之最急最要者，一为提高农民知识，二为增进农民生产。知识不加高，科学的生产方法无从推行；生产不加多，知识的教育势难普及。两者须同时并进，不能偏废。此种责任，舍中心学校莫能当。此晚所以决意从事乡村教育，创建中心学校，鞠躬尽瘁，死而后已者也。惟清华教育系尚无此种课目。所学既非所欲，是以兴味索然，毫无进益。久欲弃之，恨无所适。幸彷徨歧路之中，忽得乡村师范学校之设，恨不得肩生两翅，立即飞来。……特此，敬请道安！

操震球谨上

一月五日于清华大学部[①]

程本海和操震球是晓庄师范第一期学生，是最早追随陶行知从事教育改造事业的，正因为他们对晓庄的办学理念和价值目标有高度的认可，才有其后几十年对中国教育事业的呕心沥血和全力以赴。如程本海在晓庄师范毕业即将奔赴乡村教育战场之前，他自勉："战鼓响了！血钟鸣了！振作你的精神，准备你的身手，充实你的子弹，奋勇的，忠实的，出发前方去干！干！干！干！！！"[②]而在筹备创办浙江省立湘湖乡村师范学校期间，更是"觉得责任重大，不得不拼命的干……"[③]

① 陶行知：《陶行知全集》（第8卷），四川教育出版社，2009，第109页。

② 陶行知等著，李定开主编《为中国教育寻觅曙光》（上册），四川教育出版社，1989，第200页。

③ 同上，第204页。

（二）培养优秀难童成为抗战建国人才的育才学校

1939年7月20日，陶行知创办的育才学校开学，他为育才学校确立的价值目标是：育才学校是战时一所培养有特殊才能儿童的难童学校。其宗旨是："根据中华民国教育宗旨及抗战救国需要，用生活教育之原理与方法，培养难童中之优秀儿童，使成为抗战救国之人才。"具体来说，即："在三民主义抗战建国纲领指导之下，教导学生团结起来，做追求真理的小学生；自觉觉人的小先生；手脑双挥的小工人；反抗侵略的小战士。"[①]这一宗旨目标适应当时抗战生活的需要。它成为育才师生共同认可的价值目标。最为明显的就是这所创建在合川古圣寺、离重庆100多里的难童学校却吸引了大批后方有学识、有情怀的知识分子前来任教，包括贺绿汀、李凌、陈烟桥、艾青、魏东明、章泯、孙锡洪、戴爱莲、吴晓邦等。以音乐家贺绿汀为例，他当时来育才创办音乐组，是兼职教师，同时他还担任教育部音乐教育委员会委员、政治部文工委艺术研究组员等。几份工作中，数在育才教课的收入最少，但是他对育才的感情却最深，后来辞去了中央训练团音干班教官的职务，全家搬来育才学校。他为音乐组全力以赴，倾尽心血。当时育才学校经费困难，乐谱、教材都要靠贺绿汀先生到重庆寻找到后回校手抄。音乐组学生回忆：

> 想起我们敬爱的贺先生，有一次为了给同学们找教材，险些送了性命。那是在学校开办不久，由于我们连起码的教学用琴谱都没有，贺先生不得不亲自到重庆去筹借，拿回来再由同学们手抄。我们古圣寺离重庆有一百多里路，除乘坐轮船外，还要徒步走二十多里的山间小路。
>
> 从重庆到北碚的河道上有一处浅滩，暗礁累累，河流湍急，常常发生翻轮事故，每次贺先生去重庆，我们都提心吊胆，翘首盼望他平安归来。谁料想就在这一次贺先生去借谱的返回途中，他和另一位老师同乘的船（"民用"轮）真的翻了。当时贺先生正坐在船的甲板上聚精会神地谈着借来的视唱谱，突然他感到船的倾斜，知道大事不好，他先把一个救生的浮木给同座的雷大哥，然后自己也套上浮木，等套好时船已经翻了，他在水中，看到一点亮光，意识到快要接近水面，往上泅出水面，抓住一个油布被包顺着湍急而寒

① 陶行知：《陶行知全集》（第4卷），四川教育出版社，2009，第36页。

冷的江水，飘〔漂〕浮了十余里，才被救上岸来。他一直带在身上的谱子也落入水中，后来设法打捞上来，谱子已泡得不象样了。[①]

像贺绿汀这样的老师在育才学校是很多的，无论何时，作为一个教师能对儿童有这样的情怀，实在是令人感佩的，之所以有这种教育情怀，自然和他们对学校价值理念的信奉是分不开的。

而育才学校的学生也是如此。和晓庄学校不同，育才的学生大部分是战争难童，他们在饱受流离失所之苦，进入育才后，尽管育才学校的办学条件很艰苦，学校在最困难的时候只能一天吃两顿稀饭一顿干饭，小菜是四川人所说的胡豆，这对孩子来说，实在是艰苦异常的，但育才的学生们在陶行知及其他老师的带领和鼓舞下，能自觉深化对学校价值理念的认识，为此他们学武训、养创造之力，为使自己早日成为抗战建国的人才而努力奋斗。一位当年育才的学生回忆育才岁月时说：

从小，陶老夫子教导我们：要做追求真理的小学生，团结起来做自觉之人的小先生，团结起来做手脑双挥的小工人，团结起来做反侵略的小战士。他要我们做到：贫贱不能移，威武不能屈；富贵不能淫，美人不能动。要我们"捧着一颗心来，不带半根草去"。我就是遵循陶校长的教导，生活、学习、工作、做人的。[②]

二、培植一种自由、平等的人文精神和人文关怀

学校成为一个道德共同体，首先表现为一种人文精神的存在，一种博大的人文关怀，形成这种文化氛围的关键是学校在各方面尊重师生的自由自主、平等权利和自我价值，这构成了德育有效的首要条件。在这样的氛围中，学校中的每个成员切身体验这些人文价值的意义，能够真正理解，人格精神得到熏陶，并在以

① 陈贻鑫、杜鸣心、熊克炎、陈复君：《贺绿汀老师在育才学校音乐组》，《音乐艺术》1983 年第 4 期，第 36 页。

② 谢仕柜：《人人是创造之人》，《重庆陶研文史》2019 年第 4 期，第 116 页。

后与人的交往中自动地贯彻这些价值理念。陶行知不遗余力地在办学中努力创设这样一种人文关怀。

（一）兼容并包、自由民主的晓庄学校

自由精神是晓庄办学的基本精神之一。晓庄充满“试验自由”的空气。在晓庄“大部分的生活都是供大家自由的选择”的理念下，晓庄学校逐渐成为“自由之园”。各学园都成立在充分自由的基础上，“园长”与“园丁”可以双向选择、自由组合，决不勉强，以期“格外合乎自由的意义”。学校在希望师生对于集体共同的志愿和计划有所贡献外，仍然保证师生以个人的志愿为志愿，以个人的计划为计划，以个人的贡献为贡献。陶行知向师生公开宣称，个人的计划及其实现，“都是个人的自由”①。

晓庄也注重个性发展。陶行知以花园为喻，“万紫千红，各有各的美丽；那构成花园的伟观的成分正是各种花草的大不同处。将这些大不同的花草分别栽种，使它们各得其所，及时发荣滋长，现出一种和谐的气象，令人一进门便感觉到生命的节奏，这便是大同之效”②。晓庄便是这样一个“各美其美、美美与共”的人园。“我们愿意在这里面的人都能各得其所，现出个人之美，以构成晓庄之美。”③这需要教师有极大的智慧。对个性自由发展的尊重，陶行知最终又归结到人最可贵的创造能力的充分发挥上来。他强调“晓庄不但是不要把个个学生造成一模一样，并且也不愿他们出去照样画葫芦”④。所以，“晓庄同志要创造和晓庄大不同的学校才算是和晓庄同，才算是第一流的贡献，才算是有些成功”⑤。在晓庄被封后，晓庄培养的师生在全国各地结合当地实际创办各式乡村师范，传承了晓庄的精神，但又能根据各地实情因地制宜而办，用事实证明了晓庄这种“个性充分自由发展”结出的善果，也证明了晓庄学生的创造力之伟大。

晓庄更是主张实践平等的。在晓庄，是“在立足点上求平等”，陶行知也始终把建立在这种平等观念上的共同生活作为立校原则。在共同生活中，“大家由相

① 陶行知：《陶行知教育文集》，四川教育出版社，2007，第 236 页。
② 陶行知：《陶行知教育文集》，四川教育出版社，2007，第 237 页。
③ 同上。
④ 同上。
⑤ 同上。

亲而达到相知相爱,自然可以造成和乐的境界”。师生中有人把他称为学校的“指南针”,他恳切声明“我只是你们当中的一个同志,最多不过是一个年长的同志”[①]。所以,“在晓庄教育,师生因无界限,即和校工,亦无畛域”[②],完全打破了以往学校中师生、教师和校工之间的不平等,“纠正了现代训育制度的不良”[③]。

(二)自由创造之神降临的育才学校

育才学校也不遑多让。育才学校是陶行知创造教育思想实践的高峰。从某种意义上讲,创造并不是老师在课堂上教出来的,学校的角色就是给学生提供一种自由、宽容、尊重的氛围和情境,激发学生潜在的创造力。陶行知在育才学校彻底地贯彻了这一主张,尊重学生的兴趣和自由选择,教学方法体现自由和民主,师生之间平等、相互尊重。育才学生认定他们“生活、学习在一个充满民主、充满温暖、互助互爱、朴质真诚的大家庭里。先生、大哥(大姐)似父兄,同学似兄妹、姐弟,亲如手足”[④]。我们能从当时的育才学生的回忆中窥得真实状况:

> 我被选在戏剧组,听章泯老师(建国〔新中国成立〕后任北京电影学院院长)、沙蒙大哥(名导演)讲课,我可是毫无兴趣,听不懂。上化妆课,我呆傻傻的坐在一旁看江淑芳、章恒、白增起……化妆演习。在重庆红岩纪念馆有一张育才戏剧组同学在化妆时的照片,那个梳着妹妹头手捧脑袋一旁看的就是我。当时年幼,没有更多念头,只是不喜欢演戏。唱歌还马马虎虎。
>
> 育才成立了自然组,我就毫无顾忌地向陶老夫子(学生对陶校长的习惯称呼)提出要去自然组,他笑了笑说:“要陶宏先考考你。”陶宏是他的长子,是自然组的教师。现在还常想起他那副戴着眼镜的和蔼可亲的神情。他给我出了算术题,我很快就交卷了。他和我谈谈话,就立即同意我转到自然组学习。如了自己的心愿,我高兴得不得了。我常常在想,如果没有陶校长对学生志趣的尊重,不会有我的今天的。[⑤]

---

① 陶行知:《陶行知全集》(第5卷),湖南教育出版社,1984,第180页。

② 王秀南:《介绍革命的晓庄学校》上册,载李定开主编《为中国教育寻觅曙光》,四川教育出版社,1989,第378页。

③ 同上。

④ 谢仕柜:《人人是创造之人》,《重庆陶研文史》2019年第4期,第116页。

⑤ 同上。

当然，尊重学生兴趣只是激发学生创造潜能的基本条件，更重要的是在此基础上，把孩子从各种桎梏中解放出来，陶行知提出五大解放：解放儿童的头脑、双手、嘴巴、时间和空间。正是在这样的理念指导下，陶行知在育才推行"创造月"和"创造年"，尤其是音乐、戏剧、绘画等专业组取得了为人所瞩目的成就：1942 年 1 月 11 日至 15 日，绘画组在重庆中苏文化协会举办"抗敌儿童画展"，分木刻、水彩和油画粉画等，展出作品 1000 余件，经由《新华日报》和《战时教育》的报道，引起社会注意，参观者络绎不绝；16 日到 20 日，戏剧组在重庆中国电影制片厂康建堂进行儿童话剧《表》的公演，引起山城文艺界的轰动；2 月 14 日到 15 日，音乐组在重庆广播大厦举行音乐演奏会，"听众不避风雪，不顾行路艰难，前来聆听演奏"①。

无论是晓庄还是育才，都成功构建了一种人文精神，在这样的环境中，学生感受到尊重，感受到关怀，感受到平等，感受到人与人之间的和谐，他才学会了以平等、尊重、关怀的态度对待他人。

三、设置并实施存革新意义的课程、教学体系

从大处来看，一个学校的道德共同体应该要创建和形成人文精神的氛围和环境，而这样一种氛围的形成具体有赖于小处的实践，即课程教学的实施，这是学校形成道德共同体的现实条件。陶行知从其德育思路出发，结合自由、平等的价值理念，为学校设置了全新的课程体系，其基本特征是：和学生的实际生活息息相关，契合社会的实际需求，包含了学生在公共生活中所需要的各种艺术、文化和体育活动等丰富课程。

（一）晓庄师范的生活教学做

晓庄是陶行知生活教育理论的第一个试验基地，主张生活即教育、社会即学校、教学做合一，因此，他为晓庄设计的课程首先体现了生活或经验与课程融合的理念。"我们的实际生活，就是我们全部的课程；我们的课程，就是我们的实际生活。"②因此，晓庄没有一般学校所设的国语、数学等学科科目，全部的课程都

① 章开沅、唐文权：《平凡的神圣：陶行知》，湖北教育出版社 1992，第 433 页。

② 陶行知：《陶行知全集》（第 2 卷），四川教育出版社，2009，第 289 页。

包含在全部的生活中，所以没有课内活动和课外活动之分。全部课程以“教学做”命名，分为四部分：

(1) 中心学校活动教学做(30 学分)，包括国语、算数、公民、自然、历史地理、园艺农事、体育游戏、艺术、童子军教学做。

(2) 中心学校行政教学做(3 分)，包括整理校舍、布置校景、设备、卫生、教务、经济等教学做。

(3) 分任院务教学做(6 学分)，包括文牍、会计、庶务、烹饪、洒扫、缮写、招待教学做。这些都是由指导员指导学生来完成。全校只有一个粗工担任挑水，其余工作都是学生和指导员分担。

(4) 征服天然环境教学做(16 分)，包括科学的农业、基本手工、卫生、其他教学做。

(5) 改造社会环境教学做(5 分)，包括村自治、平民教育、合作组织、乡村生活调查、农民娱乐教学做。这项教学做，从学校四周三里路范围着手做起。每一个小村有两位去担负责任。

中心小学和中心幼稚园的课程也以实际生活为中心，如下图所示。

图 1

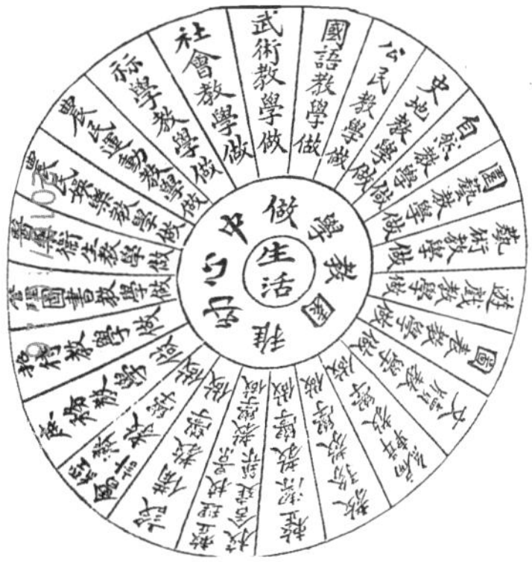

图 2

从上述可知，晓庄的课程首先是和生活的融合，而不是传统的科目。从细目看，包括公民课，这可以看作是德育课程，但从陶行知的间接德育模式思路来看，德育是通过所有的生活和课程来实现的，也即所有的课程都是促进学生道德成长、增加人格精神的。第二，晓庄课程突出了公共性，致力于培养学生的公共事务参与意识和能力，这是民主国家合格公民的基本素质和要求。第三，在公共性事务中，学生学会合作、平等交流，也是公民必备的技能。

生活教育的主张决定了教学方式的灵活性，注重学生的自主性学习，生活教育的行动属性、参与性决定了教学决不是在固定的教室、通过静听的方式进行，而是采用教学做合一的方法：事怎么做就怎么学，怎么学就怎么教。所以，比如种田这件事，需要在田里学，那就把课堂搬到田间地头，在田里学，在田里教。下列作息表能很好地说明晓庄学生的一天生活历程：

晓庄的一天：个人生活计划表

- 寅会（5时3刻　10～15分钟）
- 早操（6:00　40分钟）
- 早餐（7:00）
- 打扫卫生（30分钟）
- 学术演讲（8:00—10:00）
- 自由活动（10:00—12:00）
- 拳术（13:00—14:00）
- 农事活动（15:00—16:00）（一周六次，每次1小时）
- 杂务游戏（17:00—18:00）（一周去一次，3小时）
- 阅读或开会（19:00—20:00）
- 日记（21:00—22:00）
- 就寝

有人质疑晓庄的教学做合一是对知识的反动，认为这样晓庄是不是就不读书了。陶行知提出反驳，晓庄也是注重书本知识的，它反对的只是为读书而读书，因为在晓庄主张生活教育，所以过一种生活、做一件事需要什么书就用什么书，与其说“读书”，不如说“用书”，而且“要活的书，不要死的书；要真的书，不要假的书；要动的书，不要死的书”。这样才是获得真知识。可见，陶行知是强调经验与课程的统一，并没有走向时人所批判的“片面强调做而否定书本知识的极端”，相反晓庄的“书呆子莫来馆”有两万余册图书，包括古今中外名著、自然科学人文书籍等，全看你如何为生活而用书；同时依据康健的生活、劳动的生活、科学的生活、艺术的生活和社会改造的生活所需要的各种生活力来编写教材，这样的教材才能“有引导人动作的力量，引导人干了一个动作又要干一个动作的力量”“有引导人思想的力量”“有引导人产生新价值的力量”[①]。

（二）育才学校特修和普修课程的创新

在育才学校，陶行知一如既往地贯彻生活和课程的统一性、知识和德育相融合的主张，进行生活教育试验。

在课程设置上有所变化。陶行知发挥他的开创精神并结合现实需要进行了大胆创新。根据专业需要自定课程设置，完全突破部规条令。学校开设特修课和普修课。普修课是按照学生的文化程度编成不同年级，学习语文、数学、物理、化学、历史、地理、英语、哲学常识等文化知识。特修课则按照专业开设音乐组、戏剧组、绘画组、文学组、社会科学组、自然科学组，后又设立舞蹈组，如下表。

专业组别	具体课程内容
音乐组	视唱、键盘乐、乐理、音乐欣赏、弦乐、声学、管乐、作曲等
戏剧组	发音、表演、化装、舞蹈、戏剧讲话、舞台技术、剧运史、世界剧史、导演、剧作、心理学等
绘画组	素描、漫画、水彩、慕课、画理、人体解剖学、透视学、美术概论、国画、广告画、美术史等
文学组	文学讲话、语法、名著选读、写作练习、文学思潮、修辞、作家研究、文艺批评、古代文学、外国文学等
社会科学组	社会发展史、伦理学、政治经济学、联共党史、哲学、中国问题、国家问题等
自然科学组	物理、应用物理、无机化学、有机化学、应用化学、几何、三角、解析几何、微积分、天文、生物、气象、地质等

由上表可见，课程内容异常丰富充实，一则体现了专业度，对于战时的一所私立难童学校而言，这样的课程开设实是令人惊叹；二则开设课程充分体现了融入世界教育现代化的努力和实践，充分彰显了陶行知的国际视野；三则内容丰富的课程为最大程度地满足学生的个性发展提供了课程资源。

普修课和特修课两相结合，既增长学生的一般学识，又因材施教，激发学生

① 陶行知：《陶行知教育文集》，四川教育出版社，2007年，第286页。

的专业潜能，相得益彰。

在课程实践教学上，和晓庄不同的是，育才在承认个体差异的基础上实行以课堂教学为主的班级分级授课制。如预先选好的各专业组学生，如果中途发现自己不适合可以转专业；为鼓励、挖掘学生的多方面才能，学生可以根据自身的条件和爱好，在学习本组特修课外，可以加选别的专业特修课；在普修课上，有的学生英语基础较差而数学基础较好，则可以跟随高年级学习数学，而去低年级学习英语。可见，育才充分尊重了学生的选择自由和兴趣。

育才在发挥学生主动性的基础上，因为招收的主要是难童，所以同时注意年龄特征，加强了教师的指导作用。同时教师在教学过程中充分发扬民主，师生之间对同一问题有不同见解，可以自由发表观点，互相辩论，尽管教师在知识的掌握上可能要优于学生，但这种差距在追求真理面前是不存在的。教师能因材施教，贯彻教学做合一原则，注重培养学生的独立思考和解决问题的能力。这样的教学是卓有成效的，育才学生日后表现出的优异才华就是明证。

四、创建民主的学校管理制度和方式

学校成为道德共同体还表现在学校管理上采取一种直接的民主管理结构，实行民主和道德的方式，这是学校培养学生公民参与能力的有效途径。民主的管理方式积极邀请学生参与学校重要事务的管理，为之建立变革的方式和平台，把道德判断和选择决定权交给学生。依据生活教育的原理，只有在不断作决定和判断的实践中才能更好地作出道德选择和判断，因此这样将促使学生作出更多的责任判断，对与学校有关的行为具有更强的责任感，利于建立合作和相互支持的氛围，使学生感觉生活在一个互助的共同体中；这样的道德氛围反过来又能促进所有成员对这种道德文化的体验、参与、维护和创造。陶行知早在新教育运动中就提出学生自治(前章有详述)，倡导学校要安排必要的事务让学生进行团体自治，他在其后的办学实践中始终践行这种价值理念。

(一) 晓庄实行的学生自治：乡村教育先锋团

乡村教育先锋团成立于晓庄学校创校后，它是晓庄学校自治的实体，以推行晓庄学校自治为主要活动。它终结于晓庄被封之后。

1. 成立缘起和过程

晓庄学校成立后，学校的组织、管理、师生等方面都是独树一帜的，充满革新的风气。在学校管理上，为纠正学生自治可能带来的乱象，晓庄实施师生共同生活的方法，即由学校全体成员共同治理学校事务，3 月开学即创立了共同生活分任委员会，此为乡村教育先锋团的前身。该会以“发挥互治精神，练习治事能力为宗旨”[①]，由学校全体人员组成。组织上设正副主席、书记各 1 人，以学校事务类别为准分为 13 部，各部设正副部长各 1 人，由全体会员公选。

晓庄倡导师生共生活、共甘苦，理念虽好，但实施颇不容易。在具体的学校自治实践中发生诸多问题，故陶行知反省该会“组织太散漫，做事每乏效率”，酝酿许久后，决议采取军队组织的精神，“乡村教育先锋团就应着这种需要产生的”。此一改名，比较显著的是加上了“先锋”二字，一是为表达晓庄学校愿成为中国乡村教育改造的先锋而身先士卒的决心和毅力，二是以“先锋团”命名，乡村教育改革迫在眉睫，需要以军队的纪律和精神来更大程度地发挥组织的作用，提高效率。

乡村教育先锋团成立于 1927 年 7 月，在成立大会上会员进行宣誓，其宗旨是采取军队组织精神以整肃共同生活之纪律，增进团体行动之效率。

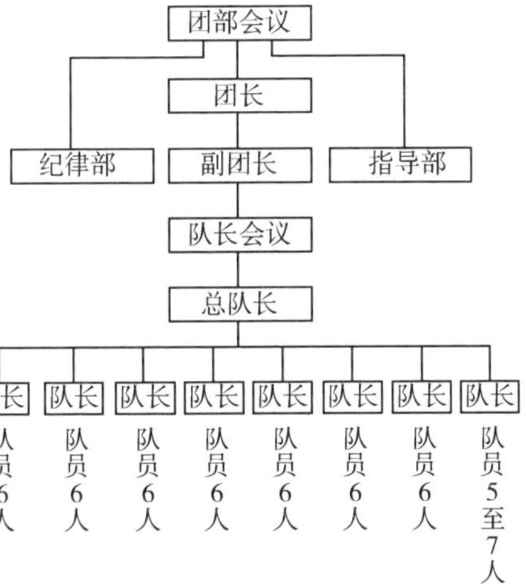

图 3　乡村教育先锋团结构

如图 3 所示，团员由全校人员构成，无论是校长、师生、校工，只要是十六岁

① 陶行知等著，李定开主编《为中国教育寻觅曙光》（上册），四川教育出版社，1989，第 19 页。

以上的，便可为该团团员，十六岁以下的，便作为幼年团员，只有建议权，而没有表决权，更没有选举权或被选举权。先锋团采取军队组织精神，组织上具体分为“团”和“队”两层，团部主要负指导之责，具体由总队所辖各队实施。

先锋团以校长为团长，两院院长为副团长；指导部由本校指导员组成，有指导部会议，指导各项共同生活；纪律部由团员公选，师生共同组织，维持纪律并监督团员行为；总队长由团员公选，下分 8 队，每队队员若干人，每队队长由各队队员公选。团长、指导部和纪律部都要对团部会议负责，由师生共同立法形成团规，全体团员受团规管束；如若违反团规，任何人都要受到纪律部制裁，到自省室反省[①]。

团部会议以每周六的生活周会为主要方式，解决团内重大事务，“检讨过去一周的生活，计划下一周的生活”“生活周会是晓庄生活教育先锋团的最高权力机关，上自校长，下至工友，都是生活的成员，都应当出席，都有发言权，表决权”[②]。

在乡村教育先锋团的自治管理下，晓庄各项事业有序推进，更重要的是学生在自治的过程中学习自治，在民主的过程中学习民主，在其中学会制定规则与遵守规则，养成了公民参与公共事务的意识，增强了参与能力，锻炼了道德意志和互助品格。

（二）育才学校的民主集中制

“育才学校全盘教育基础建筑在集体生活上”[③]，其中重要的一种生活即集体自治。育才学校的集体自治采用民主集中制，意在“使全校的公意得以充分的发表，并使此发表之公意有效而迅速的实现出来”[④]。民主集中制的运用，一方面可以健全当前的集体生活，另一方面是要培养儿童参与未来民主政治之基础。实行民主集中制的自治管理，主要通过成立集团生活组织来推进。

1. 育才学校的集团生活组织

育才学校把生活、学习、工作打成一片，隶属于一个集团生活组织之下：

---

① 杨效春：《晓庄一岁》，载李定开主编《为中国教育寻觅曙光》（上册），四川教育出版社，1989，第 16－19 页。

② 方与严：《纪念“犁宫”》，《生活教育十一周年纪念特刊》，生活教育社出版，1938，第 9 页。

③ 陶行知：《陶行知全集》（第 4 卷），四川教育出版社，2009，第 383 页。

④ 陶行知：《陶行知教育文集》，四川教育出版社，2007，第 492 页。

> 这一组织系统概略如下：（一）设育才学校儿童生活团；（二）音乐、戏剧、文学、社会、绘画、自然、工艺、农艺等组各编为一中队，中队下设若干分队；（三）各组同一般教育水准之儿童编为一学级，使其受普通教育；（四）各组之各不同分队的儿童按年龄大小与工作经验之配合，混合组成若干社会服务队，专司附近村落社会服务（详细情形，可参考育才学校公约草案）。[①]

2. 集团生活自治的运行方式

集团生活自治具体的实施通过分队晚会和自我批评来进行。

通过分队晚会，把集体生活中的问题、时事及当天指导员所教的东西予以充分的讨论，这实质上是一种团体生活训练，大家可以充分相互交流、沟通意见，容纳异见，一方面增加了儿童对于学科的了解，增进了儿童语言表达的能力，同时利于问题的解决，另一方面培养了儿童团结合作这一民主社会中最重要的品质，涵养了一种求真、向善、求美的道德品质。

除了分队晚会，还召开集体检讨晚会进行自我检讨。陶行知认为"自我批评是发展民主的有效手段，自我批评是促进自觉性启发的利器"[②]，因为集体生活必须有自我检讨，然后才能克服自身的弱点，"进一步是要时常提醒我们所过的生活，所求的学问，所做的工作是否合乎抗战建国〔新中国成立〕之需要，及如何使我们的生活学习工作，更能配合抗战建国〔新中国成立〕之大计。它要提醒我们是否为着近处而忘记远处，为着小我而忘了大我"[③]，如此才能发扬自身的优点以便更好地服务于学校、社会。然而在实践中远没有这么简单。正如陶行知在育才两周年所总结的："我们初期似乎过于民主，发生过平均、平行等毛病；后来，要想纠正这些毛病，权力过于集中，整齐严肃是其好处，被动呆板是其弱点。"[④]基于实践中的偏差，陶行知特别指出集体探讨会执行不当所蕴含的一个风险，即集体裁判，它造成的恶果是：

> 久而久之，会在同学之间结下难解之私仇，被检讨之人是弱者吞声屈

---

① 陶行知：《陶行知教育文集》，四川教育出版社，2007，第 483-484 页。

② 陶行知：《陶行知教育文集》，四川教育出版社，2007，第 484 页。

③ 陶行知：《陶行知教育文集》，四川教育出版社，2007，第 497 页。

④ 陶行知：《陶行知教育文集》，四川教育出版社，2007，第 492 页。

服，强者怀恨报复，既伤团体和气，亦无益于个人，甚至乐园变成苦海，实误用集体检讨有以致之。古语说："杀鸡焉用牛刀。"何况拿牛刀杀虱？若是老用来杀鸡杀虱，则到了杀牛的时候，怕要杀不动了。集体检讨是一个团体最锋利的公器，不可小用，小用则钝。①

虽然陶行知并没有详细说明集体裁判究竟是什么，但是我们能从他总结的集体裁判的恶果进行推断，集体裁判就是在没有经过理性的推断下，单纯地用"少数服从多数"的原则。这是柏拉图早在数千年前就提出的民主上要警惕的很严重的"多数暴虐"，陶行知在《共和精义》中也明确提出了这一观点，并且我们从他的表述中清晰地看到他在《学生自治问题之研究》中所担忧的自治的弊病。因此，他提出：

纠正之方在民主立法；有司执法，网开一面，庶有自新之路；十目所视，不容秽垢藏匿之所；而根本之图，是先立乎其大者，则其小者不能夺。改弦更张，为时不久，但和气有加无已，进一步可以达到同志同学均在友谊上合一起来之境界，是其有助于全校之精诚团结，可以预卜了。②

这样，陶行知在总结育才两年的办学实践基础上，重新明确民主集中制的真义："一方面培养自动的力量，一方面培养自觉的纪律，一方面树立宣导这力量及发挥这纪律有效而有条理的机构，使他们向着有目的生活奔赴，如百川之朝海。如果有一方面做得不够或有所偏，多少便会失去民主集中之效用。"

五、提供丰富的社会活动以培养学生公共参与的能力

学校作为道德共同体，不仅要在校内实行民主的管理方式以培养学生的公民参与能力，还需向学生提供超越学校的能自由选择的实际的参与机会来形成学生的公共道德、社会态度和社会责任感，形成社会技能。陶行知从生活教育出发，主张社会即学校，必然重视学生对社会生活的参与和改造。

① 陶行知：《陶行知教育文集》，四川教育出版社，2007，第497页。
② 同上。

（一）晓庄师范的社会改造实践

晓庄师范成立的缘由即是通过乡村教育的改造来实现乡村社会乃至整个社会的改造。它的培养目标中,“改造社会的精神”是应有之义,陶行知认为“办学和改造社会是一件事”,在这样的理念指导下,晓庄超越了一个传统师范学校的模式,把“改造社会环境教学做”作为一门重要的生活课程,指导学生走向社会,进行了一系列社会改造举措,如下表。

晓庄师范三年的社会改造事业

类别	名称
乡村教育	中心小学(8所)
	中心幼稚园(5所)
	民众学校(5所)
公共事业	中心茶园(4个)
	农艺陈列馆
	乡村艺术馆
	晓庄乡村武术会
	北固乡修路委员会
	联村运动场
	联村救火会
	联村自卫团
	禁烟(毒)委员会
	禁赌委员会
经济事业	中心木匠店
	石印厂
	晓庄商店
	乡村信用合作社

这些组织及其建设都是由乡村教育先锋团总揽其成,晓庄学生在指导员指导下,联合当地农民共同建立,在过程中他们负组织、指导之责。这些事业是极有成效的:不仅改进了农村生活,提高了农民生产力,改良了农民的生活习惯,更

重要的是对于晓庄的学生来说,他们在指导、参与这些事业的过程中,培养了团体的精神,增进了关注社会的意识和处理社会公共事务的能力,训练了他们如何开会,如何选举,如何行使创制权、罢免权等民主自治的能力,即具备了初步的政治素养。兹举一例予以说明。

图 4　联村自卫团

图 5　和平门民众学校

和平门水井事件

去年因为天干,和平学园因为急于要水吃,就开了一个井,但是每天出水 200 担,不敷全村之用,大家围着取水,争先恐后,有时甚至用武力解决。这种现象,假使学校即社会,就可以用学校的权力来解决,社会即学校的办法则不然,要全村的人来解决。

于是就开了一个村民大会,一共到了六七十人,共同来做吃水问题的教学做。到会的人,有老太太,也有十二三岁的小孩子,公推了一个十几岁的学生做主席。我和许多师范生,就组织了一个诸葛亮团,插在群众中间,保护这位阿斗皇帝。老太婆说的话顶多,但同时又有许多人说话,大家听不清楚,而阿斗皇帝又对付不过来。这回诸葛亮就用的着了,他起来指导。

结果共同议决了几件事:一、水井每天休息十小时,自下午七时至上午五时不得取水,违者罚洋一元,充修井之用。二、每次取水,先到先取,后到后取,违者罚小洋六角充修井之用。三、公推刘君世厚为监察员,负执行处分之责。四、公推雷先生为开井委员长,筹款加开一井,茶馆、豆腐店应多出款,富户应多出款,于最短期内,由村民团结的力量,将井开成。①

① 陶行知:《陶行知教育文集》,四川教育出版社,2007,第 228-229 页。

（二）育才学校“宣传即教育，服务即宣传”的实践

育才学校同样实践“社会即学校”的原则，学生每周一次深入社会做社会调查、开展群众工作、进行抗日宣传，育才各专业组尤其突出。如1940年12月26日，音乐组同学在贺绿汀带领下到重庆举办音乐晚会，28日在中苏文化协会继续举办音乐会，29日在国际广播电台向苏联演播儿童音乐节目。据重庆《新华日报》报道，音乐组从1940年到1946年6年中仅在重庆就举行了14场音乐会；戏剧组常到外地公演，在没有任何导师①的指导下，从选剧本到演出、台前幕后等完全由学生负责，独立成功演出多场，尤其是在1940年端午节为老百姓演出《活捉日本鬼子》，受到好评。社会组进行工农生活、劳资、租佃关系、人民负担等社会调查，成立“小时潮社”，出黑板报、举行时事座谈会，并用活报剧形式，在城市、集镇进行街头演出，效果甚好。自然组走向农村学习农业知识，研究从凤凰山到北温泉区域的植物与土壤，为种植业提供可靠数据，直接为农民服务；另外还开展科普宣传、通俗讲解自然科学历史等。

这些社会活动不仅推广了普及教育，而且加强了学生自身的学识素养和各种能力，真正实践了“社会即学校”的生活教育原则，更是培养了他们服务社会的精神；同时也为抗战宣传作出了直接的贡献。

陶行知在办学实践中构建一个自由民主的道德共同体，远远不止这些举措。比如他还注意到形成教师的道德型的学习研究组织，晓庄时期学校就有专门的研究部，并以此为基础形成了生活教育理论的研究共同体，只是由于生活教育理论的实践，教师的学习、研究都是以学校、学生、乡村的实际生活为中心，更确切地说，是融合在这些生活中了，所以并未引起足够的注意，但对于陶行知的办学实践和教育事业来说，这种学习研究组织也是极其重要的，它会引导教师成为反思型的好老师：保持反思、追求进步和变革、时刻检视自己教育行动的伦理性。同时他们在这样的组织中有助于自身实现民主、公正、合作、平等的生活方式。

当然，所有举措都有一个根本的前提和保障：爱。陶行知一生遵循爱、实践爱，也正因为爱，吸引了一批忠实的追随者。他们在那样艰苦的年代能矢志

① 此时章泯、舒强等先生已经离开学校半年。

不移地坚持对社会、对教育、对孩子的责任和使命，如果没有爱是万万不能坚持的。因此，建立学校道德共同体也是一样，贯穿始终的就是一样东西，那就是爱[1]。

第三节　以美育促德育

陶行知主张实施间接德育模式，即要有效地发挥学校各种设施、资源等的德育价值，或把德育渗透至学校的各个方面。第二节从建构学校成为一个道德共同体的角度来阐述学校为学生的道德成长和品性发展提供一个好的环境；而在陶行知的办学实践中，这种道德共同体还有一个特殊之处：处处体现一种美的精神。我们从陶行知的生平看，陶行知本人是一个非常浪漫、乐观的人，从他晚年创办育才来说，是出于对真善美的一种追求。他能诗善文，喜爱音乐和戏剧，有丰富的艺术情趣和多方面的文艺素养。可以说求美是陶行知执着的人生追求。即使在育才的艰难时期，仍不稍减那种高蹈清扬、充满美感的人生态度。这种人生态度在他的生命历程中是耀眼的，突出地表现在他遇到险情和困境时总是能从容面对，乐观风趣，他能苦中作乐，从而发现那生命的至高至美至情至理，所以他热爱生命，并且极力发掘生命的价值。除却对中国教育、大众抱有深厚的情感或博爱的情怀外，和他这种特有的丰富的审美情趣是分不开的，可以说艺术对个人的熏陶、精神品质的涵养在陶行知身上展露无遗。

由此我们可以说，陶行知把美育视为促进德育的有效途径，并在办学中大力推行。此节仍然以晓庄师范和育才学校为例进行说明。

一、用“美术的精神”选择和改造学校环境

（一）学校环境的选择

陶行知认为“天然环境和人格陶冶，很有密切关系”[2]，从教育学角度而言，

① 关于陶行知“爱”的实践，拟放到后章有关“教师道德”的论述中，此节就不详陈了。
② 陶行知：《陶行知全集》（第8卷），四川教育出版社，2009，第3页。

即环境是实施美育的隐性课程，对人的思想情感、精神品质、审美意识都会产生潜移默化的作用。这尤其表现在他对学校的选址和办公场所的环境建设、改造上。早在他为西湖中心小学选择校址时就主张要在“自然环境壮丽”之处；而在大学选址中，则提出了五大目标：一要雄壮，可以令人兴奋；二要美丽，令人可以欣赏；三要阔大，可以使人胸襟开拓，度量宽宏；四富于历史，使人常能领略数千百年以来之文物，以启发他们广大国粹的心思；五便于交通，使人接触外界之思潮，以引起他们自新不已的精神[①]。可见他对自然环境的美育价值之重视[②]。

晓庄师范在选择校址的过程中遇到了一些波折。据1927年1月5日的《申报》报道：

二日改进社主任陶行知、师范筹备主任赵叔愚、农事指导员邵德馨、三中心小学校长丁超、宋鼎、钱尚志，亲到南京太平门外，划定试验乡村师范学校界线。该校校址离太平门车站，只有半里路，前面是紫金山，庄严矗立，令人兴奋；后面有幕府山为背景，左右有枫、桑、竹林、杂树，春秋佳色甚富；中间有平地二百亩，划作建筑校舍之用，甚为合宜。[③]

后来据学生李相维说，“寻以时局的影响，各方面不得接头，便打消此种动机”，而后把校址定在南京神策门外迈皋桥附近之小庄，尽管是退而求其次，地处北郊乡村，办学条件艰苦，但“土壤肥美，造林种谷，咸称便利”[④]。所以也是符合陶行知对学校所处天然环境的审美要求的。

创办育才学校时期，陶行知选择的是离重庆30里的北碚区草街子镇凤凰山上的一座古刹“古圣寺”，当时的北碚是战时新兴的一个文化中心，有一批迁川的高校和文化单位，如复旦大学、中国科学院、博物馆、自然植物园等，所以有良好的人文环境；从天然环境看，到古圣寺“走上石阶一看，两边山岭环抱，前面一片广阔，远望巍峨的南山，在八九十里以外，气宇宽大，风景壮美幽静，庙宇共有四

① 《陶行知全集》(第5卷)，湖南教育出版社，1984，第21页。
② 《陶行知全集》(第8卷)，四川教育出版社，2009，第3页。
③ 《改进社试验乡村师范划定界线》，《申报》1927年1月5日。
④ 见《申报》1927年2月9日。

进，有几百间房屋，空气流通，阳光充足，地上干爽”①。这符合陶行知一贯的对学校选址的审美要求。

（二）学校环境的美术性改造

在为学校选择优美天然环境的基础上，陶行知还非常重视社会环境的影响。他说：“我们是物质环境当中的人。我们对于四周的环境，最忌是苟安，同流合污……有进取心的人，要求改造。……改造应秉着美术的精神，去运用科学发明的结果，来支配环境，使环境现出和谐的气象。换句话说，我们改造环境，要有美术的精神。”②因此，他倡导全校师生应当以美术的精神共同改造学校环境③。

晓庄师范校址选定后，陶行知带领全校师生共同建设学校里的环境。师生共同建造起学生所需各种建筑，并赋予它们诗意的名字：如称为“犁宫”的大礼堂，“书呆子莫来馆”的图书馆，“食力厅”的食堂，“桃花村”的女生宿舍、“黄金世界”的厕所等。学校实行师生共同生活，相互感化、相互影响、相亲相爱，为改造乡村教育和乡村社会而同心勠力，校园内处处充满生机和美感。“晓庄是诗境，在晓庄一切诗化：困难诗化，所以有趣；痛苦诗化，所以可乐；危险诗化，所以心安；生死关头诗化，所以无畏。这是建设的达观主义，也可以说是创造的乐天主义。”④

而在育才，陶行知仍然发扬师生自动精神，创造性地改造和建设校园环境。他带领师生在极端困难的环境下，学做新武训，发起创造月，一个月内师生共同建造了4个露天讲座、1个舞台、2个游泳池，还改造了图书馆，建立了自然科学馆和历史地理陈列馆。他在一封家信中用充满诗意和象征的文字，描绘了大自然在古圣寺创造的杰作，把自己审美的人生观和自然观打成一片：

> 古圣寺依旧是可留恋。虽然我的人生观是不恋，其实要说一定不恋也不对，更近情理是恋而不恋，不恋而恋。紫薇花是盛开了，被豇豆架包围。好像是几位美人被人群中的高个子遮住，我立刻为它们解了围，还了它们的自由。葡萄藤也长得茂盛，给它造了梯子，使它攀上棚子去完成庇荫的任

① 白韬：《陶行知的生平及其学说》，三联书店，1949，第133-134页。
② 陶行知：《陶行知教育文集》，四川教育出版社，2007，第110页。
③ 陶行知：《陶行知教育文集》，四川教育出版社，2007，第146页。
④ 陶行知等著，李定开主编《为中国教育寻觅曙光》（上册），1989，第276页。

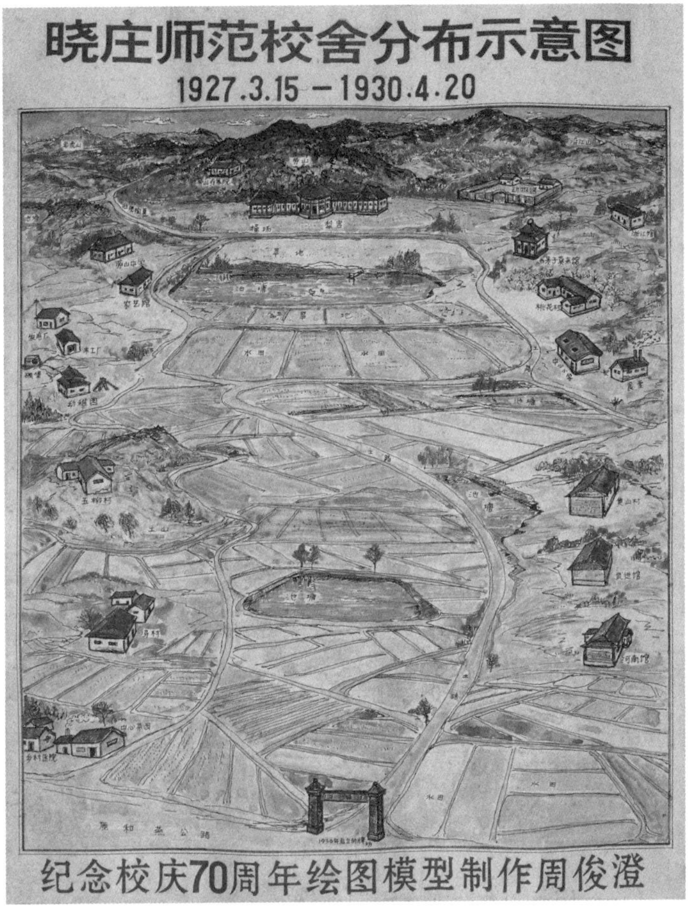

图6　晓庄师范校舍分布示意图

务，同时长得好些。灯笼草，去岁下了十颗种子，活了四窝，伏在地上像杂草一样，象征一个人倒了霉。我们弄了几根麻绳吊起来，它们不久便可以攀上屋顶，像一串一串的翡翠小灯笼垂下来，那是多么的好看啊。仙人掌也开了一枝花，不知被谁窃去，还有一个小蕊，不久会开的。白荷花也有一两枝像白衣仙子在绿波上跳舞。最美的是，昨夜正要睡的时候，月亮从树林的缝里射出温和的银光，待我出来看时，它已升上树尖，升上半天，显出至善至美的姿态。……①

① 朱泽甫：《陶行知年谱》，安徽教育出版社，1985，第466-467页。

而育才学校也继续发扬师生真诚亲爱的精神，在陶行知的感召下，他们坚持在异常艰难的环境中，为抗战建国培养人才。可见，陶行知通过对学校环境美的改造，为学生创设了良好的学习和生活环境，形成了学校的文化精神之美，学生身处这样的环境，精神品格受到熏陶是必然的。

二、通过生活课程实施美育

陶行知不仅重视自然美术，也看中人生美术，他认为“自然美术固可贵，人生美术更可贵，自然化的人生美术，人生化的自然美术尤其可贵”[①]。追求人生美术，必须过美术的生活。按照生活教育的主张，美育渗透在人的生活中，贯穿人生始终。无论是学校的各种生活还是艺术课程，都是美育的方式和途径。

（一）晓庄师范的艺术生活实践

陶行知把“艺术的兴趣”列为学校的培养目标之一，为实现这一目标，晓庄设有艺术教学做。陶行知身体力行倡导艺术的兴趣。他和农民接触，因此创作了风格一新的大众诗歌，通俗易懂，别有韵味，耐读耐唱，比如他在南京地方山歌的基础上，创作了晓庄校歌《锄头舞歌》，可供农民载歌载舞，颇受学生和农民喜爱，这种大众化的艺术可谓为歌舞艺术开了新纪元。在陶行知影响下，晓庄师生对文艺兴趣浓厚，如叶刚结合中心小学、幼稚园的生活创作《红叶童话集》并正式出版，除此之外，师生们还创作了童话、寓言、故事、戏剧作品，并自编自演，在联欢会上展示，为学校师生和农民呈现了丰富活泼的艺术生活。

在晓庄，培养师生对艺术的兴趣主要还是通过戏剧。陶行知认为戏剧能让观众代入角色，以此切身体会，最能使观众感同身受，这种影响是非常直观的，所以戏剧是大众喜闻乐见的形式，比歌舞的启发、引导力量更大。晓庄时期，陶行知邀请南国社到晓庄公演，还因此引发了一段“田汉欢迎田汉”的佳话。之后，陶行知带领 30 余人成立了晓庄剧社，陶行知任社长。我们能从晓庄剧社信条中看到陶行知对艺术之于人生、之于道德修养价值的发掘。

① 陶行知：《陶行知全集》(第 1 卷)，湖南教育出版社，1984，第 587 页。

我们深信艺术是人生最高尚的生活，

我们深信艺术有自慰慰人的力量，

我们深信艺术是心灵的和谐的流露。

我们深信有艺术天才的，要继续不断的努力，才能创造伟大的艺术。

我们深信我们要有民众化的艺术，才能培养艺术化的民众。要有儿童化艺术，才能培养艺术化的儿童。

我们深信在艺术上努力的人，要把人格与艺术，看得一种重。

我们深信庄严是艺术家的真面目，忠实是艺术家的真精神。

……

我们深信后台化装，和下装时一言一动，皆能自爱，才配成为艺术的忠实同志。

我们深信演员从心里流出来的眼泪，才能感动人。

我们深信担任导演编著化装表演者，一律平等。

我们深信社员须遵守纪律，方能产生第一流的戏剧。

我们深信艺术的力量，可以再造中华民族和世界人类，给他们一个伟大的新生命。

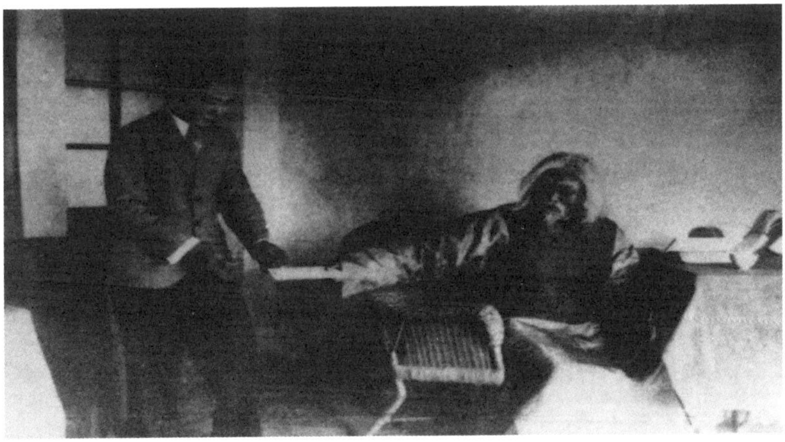

图7　陶行知在《生之意志》中饰演老父亲

这可以看作晓庄美育的纲领和准则。在此纲领的指导下，陶行知和师生们投身戏剧的创作和公演，他亲自创作了《爱之命令》和《香姑之烦恼》等剧本，并亲身上阵扮演了《生之意志》中的老父亲和《苏州夜话》中的老画家。这些剧本"皆系描写乡村农民生活，极为动人"，不仅在中心茶园等上演，丰富了晓庄附近农民的业余生活，这些先进的戏剧、歌曲等艺术活动取代了村民赌博、抽大烟等不良嗜好，形成健康的生活习惯；而且晓庄剧社走出学校，1929 年 3 月在金陵大礼堂进行了公演，11 月到镇江、无锡、苏州、上海、杭州等地巡回演出，一个月演出 30 多场，当时的报道称"晓庄剧社赚了许多观众的眼泪"[①]。

（二）育才学校的美育实践

育才学校是一所以艺术培养见长的难童学校，是陶行知晚年追求真善美人生的实践场所，是美育的实践重镇。他为育才设计了校旗(见图 8)。校旗上的三个连锁的红色圆环有多种含义：红色代表有生命；圆有三种德性，一为虚心，代表学习，二为不断，代表工作，三为精诚团结，代表最后胜利；第一个圆表示全校一体，第二个圆表示全国一体，第三个圆表示宇宙一体，三圆连锁则表示学校、国家、宇宙互相联系，息息相关，决不能把它们彼此孤立起来。除此之外，三圆还包

图 8　育才学校校旗

① 章开沅、唐文权：《平凡的神圣：陶行知》，华中师范大学出版社，2013，第 171 页。

含丰富的内涵：智仁勇、真善美、工学团、教学做合一、自然、劳动、社会、头脑、双手、机器，迎接困难、分析困难、解决困难，认识社会、适应社会、改造社会，检讨过去、把握现实、创造未来，肯定、否定、否定之否定等。这些内涵不仅表现了陶行知的教育观和人生观，也表明了育才的立校之本。可见，陶行知在育才直接把美列为学校的目标和内容，表明他对艺术有了更深入的理解。

在具体实践上，如前所述，育才把课程分为普修课和特修课，而在特修课中根据学生的个性和特长，把学生分成音乐、戏剧、绘画、舞蹈、自然、社会六个专业组，前四组是艺术组，是美育实践的主要力量。

学生们首先在学校通过课程教学习得本专业的知识技能。以音乐组为例，基于音乐对人的心灵有教化的功能，育才师生对音乐教育教学非常重视，学校尽其所能通过不同方式让学生受到音乐熏陶。一位育才学生深情回忆了“一堂生动的艺术教育课”：

一堂生动的艺术教育课

当！当！当！紧急集合的钟声响了！同学们赶紧披上衣服迅速地急步跑到操场整齐地站好了队形，大家心里嘀咕着，今天有什么紧急的事，要我们从梦中起来集合呢？在报数清点人数之后，同学们正在焦急地等待着。这时大家看见我们慈祥的方老夫子（方与严）健步走到讲台，精神抖擞地向大家宣布：“刚才收到陶校长从重庆派专人送来的信件，现在念给你们听：

‘全体先生、同学、工友大监：

莫扎特的《安魂曲》，我于昨晚看过了，眼泪泉水一样的涌出来，随泪而来的是浑身发出尼加拉瀑布才可比喻的力量。你们，如果愿意，进城来看《安魂曲》吧！看这出戏可以抵得上新春之课，科学年之课，甚至于终身之课……在这出戏里，我们重新发现自己，会看见自己的苦难，自己的快乐，自己的创造，自己的命运——我看了《安魂曲》而魂不安；……老者、弱者、小者坐船带铺盖来，壮丁半夜动身走路来，无论到得怎么晚，管家巷是预备着热的晚餐迎接你们。……我们二十九颗心和莫扎特的永远活着的精神，欢迎你们来看这万戏之戏。莫扎特万岁！育才集体创造万岁！

陶行知 一九四三年一月二十一日

看《安魂曲》之次日’

同志们你们愿不愿意到重庆去看话剧《安魂曲》?"当方老夫子念完陶校长的信后接着问。大家异口同声响亮地回答:"愿意!"这声音回荡在凤凰山寂静的松林上空。"那好,你们身体健康的大些的男同学就算是'壮丁'吧!站到前面来分成小组由大哥们带领,立即步行,向120里外的重庆出发!体弱的、女同学、小同学天一亮就坐船到重庆!"这时突然响起了清脆的女同学的声音,原来是戏剧组的章恒同学,她打断了方老夫子的讲话:"为什么男同学可以走路,女同学就不能?男同学能做到的,我们女同学也同样能做到,可不要小看我们女同学!"她的发言引起了大家议论纷纷,有的说,女同学半夜走路怕在路上遇到坏人不方便。她说,"我可以把头发盘在帽子里面,女扮男装,走在你们男同学中间,一路上如遇上人我就不讲话,不会有人发现的"。有人说,不行,你才开了刀,还没有完全好,又体弱,为了你的健康,还是坐船走好!她坚持说,身体已经复原了,已经强壮了,一定要闹着和男同学一同出发。最后老师终于决定要我们男同学在路上仔细照顾好她。于是我们"壮丁"们,外加一个具有男孩子个性的活泼的姑娘就踏着星光,沿着乡间的石板大路出发了。一路上翻山越岭,经过江北县的两路口、鸳鸯桥等不少大小乡场,我们静悄悄地轻轻穿过乡场的街道,以免惊醒熟睡的人们。只听见沙沙的脚步声,偶尔远远传来几声狗吠,好象是在欢迎,又好象是在欢送。最后,当我们经唐家沱到达重庆时已经是第二天的黄昏了。一百多里路连夜赶过来虽然十分疲倦,可是当晚上坐在国泰大戏院观看"怒吼剧社"的精采〔彩〕演出时大家十分兴奋。渐渐地被伟大音乐家莫扎特的事迹所感动。我们和陶校长都感到这是有生以来最有意义的一课,是有益于终身的一课。四十年后的今天,每当我们听到莫扎特那充满欢乐而优美的乐曲时,我们少年时代,陶校长给我们上的这一堂生动的艺术课的情景就浮现在眼前,它始终鼓舞着我们,要从苦难中振奋起来,以革命乐观主义的精神去创造新的生活,去迎接更加美好的明天。①

可见,在实施美育的过程中,育才的教学方式灵活,注重对学生的道德引导、人格熏陶和价值引领。

① 陶行知:《陶行知全集》(第8卷),四川教育出版社,2009,第718页。

其次,艺术专业组担负起了全校关于艺术学习的领导重任:文艺组负责举行艺术讨论会、诗歌朗诵会,营造全校的文艺气氛;绘画组开展览会;音乐组领导大家组织合唱团;戏剧组帮助成立剧团。

再次,按照社会即学校的原则,他们在教师指导下走向社会。比如1942年绘画、音乐、戏剧组以"见习团"的名义在重庆展示他们的风采。1月11日至15日,绘画组在重庆中苏文化协会举办"抗敌儿童画展",分木刻、水彩和油画粉画等,展出作品1000余件,经由《新华日报》和《战时教育》的报道,引起社会注意,参观者络绎不绝;16日到20日,戏剧组在重庆中国电影制片厂康建堂进行儿童话剧《表》的公演,引起山城文艺界的轰动;2月14日到15日,音乐组在重庆广播大厦举行音乐演奏会,"听众不避风雪,不顾行路艰难,前来聆听演奏"①,这些实践不仅增长了学生的才干、智识,更涵养了学生的精神人格,也获得了社会好评。

值得注意的是,除了开展专门的艺术教育,按照生活教育的理论,过什么生活就是受什么教育,因此陶行知认为任何一种生活都能体现美、都应尽力使它体现美。例如,他提倡劳动教育时,就说:"烧饭是一种美术的生活。做一桩事情,画幅图画,写一张字,如能自慰慰人,就叫做美。一餐饭烧得好,能使自家吃得愉快舒服,也能够使人家愉快舒服,岂不是一种艺术吗?"②所以,美育是融合在生活中的,正如他对创造力的歌颂,生活中处处是创造美之地,时时是创造美之时,人人是创造美之者。

① 章开沅、唐文权:《平凡的神圣:陶行知》,湖北教育出版社,1992,第433页。
② 陶行知:《陶行知全集》(第2卷),四川教育出版社,2009,第15页。

第四章 陶行知对师德的现代性建构

德育是一种教化实践,德育现代性实践变革的路径是从理念到思想到制度再到人,教师是起点也是终端,最终只有通过教师的现代性实践才能实现,即教师道德首先自身应该具有现代性特征。因此,一种有效的途径是对教师道德进行一种现代性的构建,使之成为德育现代性的主体依托。

所谓师德,作为一种规范,是教师在长期的教育劳动过程中形成的、较为稳定的个人道德认知、情感、意志和行为的总和,它是教师处理自身与社会以及自身与教育活动之间关系的基本行为准则,也是社会公众对教师这一职业角色所形成的基本道德期望与要求。从内在价值看,师德是教师在所热爱的教育事业以及和学生的朝夕相处中作为道德主体所获得的主观感受和体验的道德。

师德思想是陶行知德育思想的重要组成部分,也是德育思想的主要实践方式。他的师德思想一方面传承了我国优良的师德传统,另一方面受到近现代教育思潮的影响,尤其注重师德中师生双方的主体性、自主性,注重对学生的自由、平等权利的尊重。他的师德思想就是要培养终生实践爱的教师——爱民族国家、爱教育、爱学生并且自尊自爱,这样的教师具有一种教育良知,对社会有高度的责任感,具有优秀的道德品质。陶行知以自身在教育实践中的表现为我们诠释了何谓师德高尚的教师,这是一种最高层次的教师道德发展境界,为教师树立了一座理想的道德榜样丰碑。

第一节 陶行知师德的思想资源

陶行知的师德思想首先深受传统师德思想的影响。我国传统师德思想中,教师严以律己、为人师表、热爱学生、因材施教、循序渐进和启发引导等都是宝贵的资源。

一、对自身:严以律己,为人师表

(一)清晰的自我认知:重教明理

在我国历史上,人们将"师"与"天地君亲"并举,宣扬"一日为师,终身为父"。荀子的"隆师"思想,则把隆君师与事天地、尊先祖共同作为"礼"的根本,所谓"礼者,所以正身也;师者,所以正礼也。无礼,何以正身?无师,吾安知礼之为是也?"①。教师的作用上升到了安邦国、导民众、正民风的高度,这种特殊的社会地位和社会作用要求教师必须具有强烈的责任感和使命感。因此,教师必须对自己的角色有清晰的认知:"为师之务,在于胜理,在于行义。理胜义立则为尊矣,王公大人弗敢骄也,上至于天子,朝之而不惭。"②

(二)为人师表

儒家道德教育以培养具有深厚的仁爱精神和强烈的社会责任感的人为根本目标,这意味着教师自己必须首先是个"仁人义士"。孔子认为言行相符、以身垂范是君子最基本的德行,他反复强调"正人先正己""不能正其身,如正人何?"③。荀子提出教师必须"以身为正仪而贵自安者也""以善先人者谓之教"④,强调教师要"正仪"要"善先",教师要成为学生效法的表率。韩愈则继承并发扬了"身为正仪"的思想,在《通解》一文中以古代贤人许由、龙逢、伯夷为例,深刻阐发了"以一身立教,而为师于百千万年间"之道,显示了以身作则、为人师表的强大作用。反之,扬雄说:"师者,人之模范也。模不模,范不范,为不少矣。"⑤不同的思想家都强调了一个要点,即身教比言教更为重要,也更有教育力量,其核心要义即提醒我们要为人师表。因此,陶行知说要以教人者教己,要学生有什么,教师自己

① (战国)荀况著,郭美星译注:《荀子》,二十一世纪出版社,2015,第15页。
② (战国)吕不韦著,王学典编著:《吕氏春秋》,哈尔滨出版社,2007,第27页。
③ 杨伯峻译注:《论语译注》,中华书局,2017,第195页。
④ 同注释1。
⑤ (汉)扬雄著,支伟成编辑,《扬子法言》,泰东图书局印行,1923,第4页。

必须先有什么。为人师者，须在品行、学识上皆为模范。

（三）品行优良、博学知新

传统文化讲究教师要德才兼备。韩愈在《师说》中很清晰地作了阐述：师者，所以传道、受业、解惑也。所谓“学高为师，身正为范”。所以，教师首先要通过修身不断提高自己的德性和品行，“为师之道，端品为先” [①]。

另一方面，教师还应博学知新、好学进取。“君子知至学之难易而知其美恶，然后能博喻，能博喻然后能为师，能为师然后能为长，能为长然后能为君”[②]，孔子则提出“博学而笃志，切问而近思，仁在其中矣”[③]。所以教师首先是学识广博的人，才能成为仁爱之人。其次，教师应“学而不知足”，即教师应不满足于已学而应不断进取。子曰：温故而知新，可以为师矣[④]。《礼记·学记》则提出：“虽有至道，弗学，不知其善也。是故学然后知不足，教然后知困。知不足，然后能自反也。”除了“自反”，还可通过向他人学习，“三人行，则必有我师。是故弟子不必不如师，师不必贤于弟子”[⑤]。再次，应知行并重。传统师德思想中强调知行统一，教师需言行一致。“言必信，行必果，使言行之合，犹合符节也。”最为典型的则是王阳明在《传习录》中所说：“知是行的主意，行是知的功夫，知是行之始，行是知之成。”

二、对学生：信任、尊重、爱护

儒家主张“仁者爱人”，这就要求教师对学生关心、爱护、尊重。具体来说如下。

（一）尊重学生的人格，平等待人

孔子以“学而不厌，诲人不倦”[⑥]为座右铭，对学生关怀备至，亲切异常。清

① 君艺豪，焦玉华主编：《国学教育辑要·师道卷》（上），民主与建设出版社，2015，第 235 页。
② 梁鸿编选：《礼记》，时代文艺出版社，2003，第 169 页。
③ 杨伯峻译注：《论语译注》，中华书局，2017，第 283 页。
④ 杨伯峻译注：《论语译注》，中华书局，2017，第 22 页。
⑤ 高时良编：《教育名著评介》（中国卷），福建教育出版社，2012，第 115 页。
⑥ 杨伯峻译注：《论语译注》，中华书局，2017，第 94 页。

代唐甑谈教师应亲近学生，所谓“教者贵亲，亲则易知；承教者亦贵亲，亲则易化。煦妪覆育，如鸡之伏卵，而后教可施焉”①。

所以，教师只有尽心教诲学生，真切地关心学生的疾苦、热爱学生，师生之间才能有真挚的感情，教师才能更好地影响学生，相对地，学生才能“亲其师，信其道”。这是建立良好师生关系的情感基础。

（二）严格要求学生而非溺爱和放纵

溺爱、放纵意味着在知识上或品德上，降低标准去迎合学生苟且偷安的心理，这样反而是一种不道德。正确的做法是使学生在学习、品质、生活上都严格要求自己。比如孔子对宰予学习上的怠惰进行了严厉的批评和谴责。孟子也提出教师要严格要求学生，要“苦其心智，劳其筋骨，饿其体肤”。

（三）信任学生，对学生殷切期盼

儒家的基本信仰是“人皆可以为尧舜”。因此教师信任学生身上具备“可正”的潜力，只要充分地使之发挥出来，那么“弟子不必不如师，师不必贤于弟子”，学生可超越老师成为更圣贤之人。因此，古代的教师胸襟是开阔的，他们更希望学生能超越自己，“后生可畏，焉知来者之不如今”②。荀子发扬了孔子的思想，鼓励弟子超过先生，提出“青出于蓝而胜于蓝”的思想。

（四）诲人不倦，无私教诲

热爱学生应发挥教师的天职，即对学生进行热心又无私的教诲。首先，教师应诲人不倦。孔子认为“教不倦，仁也”③，是教师最宝贵的品格。王夫之强调：“讲习君子，必恒其教事。”④第二，对学生进行教诲应无私。即在对学生传授知识的过程中做到“无私无隐”，孔子曾非常坦诚地对学生们说：“二三子以我为隐乎？吾无隐乎尔。吾无行而不与二三子者，是丘也。”⑤他平等地、毫无保留地把

---

① 唐甄撰，《潜书》注释组译：《潜书注》，四川人民出版社，1984，第 135 页。
② 杨伯峻译注：《论语译注》，中华书局，2017，第 135 页。
③ 李谨：《孟子释义》，中国青年出版社，2021，第 93 页。
④ 转引自邓双喜：《论王夫之教师观》，湖南师范大学社会科学学报，2010 年第 4 期，第 88 页。
⑤ 杨伯峻译注：《论语译注》，中华书局，2017，第 104 页。

自己的知识、品德传授给了学生们，甚至连他的亲儿子在他那里也未听到过“异闻”。这种无私的胸怀是教师最崇高的精神境界。

（五）有教无类，平等待之

这是我国教育传统中朴素平等观的体现，具体表现为有教无类和师生关系的平等。“有教无类”是孔子教育中重要的思想，他主张学生只要能诚心求教，潜心学习，那么就没有贵贱、贫富、亲疏之别，教师对他们都应一视同仁，热心教诲。孔子不仅坐而言，而且起而行，他对门下弟子均“自行束脩以上，吾未尝无诲焉”。其后，孟子继承这一做法，他设学收徒“往者不追，来者不拒，苟以是心至，斯受之而已矣”[1]。这种思想不仅是对待学生的一种观念和态度，也是中国教育史上一次重大的革新，促进了教育的平民主义，教师由此形成了“教育公正”“一视同仁”等品质。

对学生平等待之，事实上还隐含了一个很重要的观念，即尊重学生的人格，非常类似于亚里士多德的“吾爱吾师，吾更爱真理”。因此，传统师德思想中，一方面讲究师道尊严，另一方面又强调教学相长。比如《礼记·学记》中的“教学相长”，孔子主张的“学无常师”“三人行，必有我师焉”，提倡学生“当仁，不让于师”。韩愈进一步提出：“闻道有先后，术业有专攻，如是而已。”而王阳明则明确提出“凡攻我之失者，皆我师也”的思想，鼓励学生指出、批评老师的不足和错误，而老师则应乐意接受。尽管强调师生平等，但前提是在学术的探讨和学问的求进上，表现为真理面前人人平等。

三、对教育：先进的教学理念

因为对自身特殊角色的认知，决定了传统教师对教育的热爱和忠诚，促使他们在教学中采用先进的教学理念以促进教育的发展。

（一）因材施教

所谓因材施教，即针对不同学生的品性、志向、能力而采取不同的教育方法。

① 李谨：《孟子释义》，中国青年出版社，2021，第496页。

这到今天仍然是一种重要的教学理念，符合学生的身心发展规律和教育规律。《礼记·学记》中提倡“善歌者使人继其声，善教者使人继其志。其言也约而达，微而臧，罕譬而喻，可谓继志矣”。孔子在教学实践中，注重“听其言而观其行”，注意发挥学生们的特长，使其各尽其才。王阳明进一步阐述：“因人而施之，教也，各成其材矣，而同归于善。……是故因人而施者，定法矣；同归于善者，定法矣。因人而施，异质也；同归于善，性同也。夫教，以复其性而已。”在此，他把因材施教上升为一种科学的教育方法，并且把个性和共性相联系，只有这种尊重个性的发展才能促进形成良好的共同品质。

（二）循序渐进

循序渐进是教育传统中一个重要的教化方法。所谓欲速则不达，这一方法符合教学的客观规律，只有循序渐进才能达到教学的目的。孔子认为：“夫子循循然善诱人，博我以文，约我以礼，欲罢不能。”[①]意思是说，教师应该循循善诱地教导学生，也就是说教学要有次序地进行，促进学生增长知识，约束学生的礼节不出格，达到欲罢不能的效果。

（三）启发诱导

启发诱导也是孔子首倡的重要的一种教学方法，意即在教师的指导下，调动学生主动学习和独立思考的积极性。他说：“不愤不启，不悱不发。举一隅不以三隅反，则不复也。”即要求教师在学生最想知道而不知道的时候去开导，在学生最想说出又说不出的时候才去启发。一旦学生不能举一反三，教师就要停下来，直到使其能够做到告其一隅而推知其他三隅始罢。《礼记·学记》对这一方法又作了进一步的发挥：“君子既知教之所由兴，又知教之所由废，然后可以为人师也。故君子之教喻也，道而弗牵，强而弗抑，开而弗达。”意即要求教师引导学生而不强行牵着走；督促鼓励学生而不斥责；为学生打开知识的大门，只开个头，并不把学识事事讲透，而是让学生自己去思考。然后“道而弗牵则和，强而弗抑则易，开而弗达则思。和易以思，可谓善喻矣”。

这些师德思想是非常宝贵、有价值的文化遗产，构成了陶行知师德思想和实

① 杨伯峻译注：《论语译注》，中华书局，2017，第 129 页。

践的思想资源。贯穿他整个教育实践的高度社会责任感、爱满天下等无不带有传统师德思想的烙印。

当然,立足于中西文化思想的交融,陶行知积极吸取了西方现代思想中的自由、平等等现代意蕴的价值内涵,这些价值内涵和传统师德思想结合,共同构成了陶行知师德思想的理论渊源。

第二节 陶行知的师德思想

教育是一种道德性的实践,不仅指有道德的教育目的,教育的方式和手段也必须是合道德的。因此,教师是道德主体。他的教育行动应受到道德原则或规范的约束,必须承担道德责任,必须是一个具有优秀品质和人格品质的人,即任何社会、任何时代的教师首先应该是具有良好师德的教师。

一、建立民主国家对师德的伦理诉求

一个社会拥有高尚师德的教师(暂且称为好教师)到底有多重要?对个人的发展和社会福祉的实现究竟有何意义?如果没有这样的教师又会怎样?陶行知从其教育救国的政治理想,立足于国家前途和民族命运的高度对此作出了回答。

陶行知认为要造就一民主共和国家,必须经由好的教育。从积极的意义而言,好教师是好教育的关键因素,是实现教育改造的核心。好教师通过促成好教育的实现,培养合格的好国民,继而改造社会,实现民主共和。从消极的意义而言,"农不重师,则农必破产;工不重师,则工必粗陋;国民不重师,则国必不能富强;人类不重师,则世界不得太平"[①]。而对当时的中华民族来说,正因为没有好教师,所以无法培养出与共和国家相匹配的合格国民,导致民国初建乱象丛生。由此看出,好教师之于个体、教育乃至社会、国家的价值是一体的。

于个人,好教师通过言传身教,以渊博的知识、坚毅的人格和美好的道德品

① 陶行知:《陶行知全集》(第3卷),四川教育出版社,2009,第26页。

质培养健全的共和国国民，所以“有生活力的国民是要靠有生活力的教师来培养的”[①]。于教育和社会，“教师得人，则学校活，学校活，则社会活”[②]，好的教师“足迹所到的地方，一年能使学校气象生动，二年能使社会信仰教育，三年能使科学农业著效，四年能使村自治告成，五年能使活的教育普及，十年能使荒山成林，废人生利”[③]。于国家和民族，好教师关系到民族的命运和国家的前途，他以小学为例，在《介绍一件大事》中直言：“小学教师之好坏，简直可以影响到国家的存亡和世运之治乱。我记得一个土地庙前写着一幅对联说：‘庙小乾坤大；天高日月长。’小学校便有如此气魄。”

然而，当时的教师道德是令人担忧的。以大学教育为例，陶行知对当时的大学教育猛烈地批判道：“大学教育徒为少数富裕子弟之装饰品，徒为富裕子弟转入仕途猎取功名利禄之阶梯。”[④]把学校当成政治倾轧的舞台，“一校之内，派系分歧，争持倾轧，各不相下，利用学生为爪牙，联络显达为奥援，视学校为官署，视校长为官缺，教育至此，尚堪问乎！”[⑤]，大学校长则“官僚化，等教育如儿戏，视责任如鸿毛”；大学教授“徒视教书为衣食工具，或目为做官之阶梯”[⑥]。如此的教师如何能成为合格的民主共和国国民的培养者？充其量只能培养出功利的、短视的人，所以陶行知呼吁教师要以教育为志业，并为之终身奋斗。

二、陶行知师德思想的内涵：具有优秀的道德品质

师德高尚不仅意味着教师要具有一种教育良知，它也对教师的人格品质提出了非常高的道德要求。在这个意义上，师德的内涵包括：教师的专业伦理义务和卓越的美德或德性。所谓专业伦理就是教师作为一种职业应遵循的道德义务，“是教师的教育实践活动本身规定的，也是教师从事教育工作的自愿约定和承诺”[⑦]。主要包括三种义务：对于国家和社会的道德义务；对于教育本身的义

① 陶行知：《陶行知教育文集》，四川教育出版社，2007，第155页。
② 陶行知：《陶行知教育文集》，四川教育出版社，2007，第207页。
③ 陶行知：《陶行知教育文集》，四川教育出版社，2007，第207页。
④ 陶行知：《陶行知全集》（第2卷），四川教育出版社，2009，第12页。
⑤ 陶行知：《陶行知教育文集》，四川教育出版社，2007，第269页。
⑥ 陶行知：《陶行知全集》（第3卷），四川教育出版社，2009，第85页。
⑦ 金生鈜：《何谓好教师？——论教师的道德》，《中国教师》2008年第1期，第19页。

务;对于学生的义务。美德是一个人在日常生活中形成的良好行为习惯和品质,或表现为人的精神品性。教师的美德是在教育工作中形成和表现出来的德性,是教师的一种优秀品格或卓越的人格品质。基于对师德传统的批判继承和德育现代性的要求,陶行知从教师职业道德本身和教师个人的道德品质两个方面来阐释了师德的内涵。良好的师德在陶行知看来,首先应该具有一种教育良知,即对民族、国家具有高度的责任感,立足于此,教师应该是一个具有优秀道德品质的人。陶行知认为好教师必须在教育实践中表现出良好的行为习惯和品质,这不仅关系到教育本身价值的实现,也关系到受教育者、其他国民的健全人格的构建和发展,由此会影响整个社会的发展。这些品质包括爱、奉献、宽容、平等地对待、尊重、真诚、乐观、坚强的人格品质等,既包括专业德性,如教育机智、热忱、敏锐、创造等,又包括伦理德性,如仁慈、真诚、宽容、理解、信任、欣赏等。

(一)高度的社会责任感

教师对于国家和社会的道德义务主要体现为一种社会责任原则。在陶行知看来,既然好教师关系到民族和国家的前途和命运,那么他就应自觉地承担起培养公民、改造社会的使命,应"时时体验其本身对于民族社会前途所负之重责,重视教育,重视责任。此种责任之自觉,要为教育家之基本道德、基本条件"[①]。从这个意义上来说,好教师就是勇于承担社会责任,时刻关注民族命运,对何种好的教育能够促进社会的福祉抱有探索、追寻精神的知识分子。

好教师必须时刻关注民族命运,对社会制度有清醒、理性的认识和判断,他的心中有一个理想社会,并以之来反思和审视现实,勇于对现存社会坏的、不正义的制度进行批判和反思,而非保守或为之辩护,尽管有风险甚至生命安全会受到威胁,但仍能坚持自己的理想和信念。依据他的设想,这样理想的社会必须通过教育来完成,那么好教师就应该清楚地认识到自己的使命和责任——一方面必须自觉地把自己的工作和改造社会联系在一起,即好的教师绝对不是"两耳不闻窗外事"、只知指导学生学业的教书匠,而是积极地参与社会公共事务,具有改造社会的精神,他们"心里都应当有一个'理想的社会'。……要把这个原有社会

① 陶行知:《陶行知教育文集》,四川教育出版社,2007,第268页。

的恶习惯，坏事情，统弘革除，把我们心中理想的新社会实现出来”[①]。另一方面，对“教育之使命为对现实求进步，为追求比现实较高较远之理想”[②]有清晰的认识，所以能对“抱着书本、抱着黄金、抱着标语而忘掉人生”的吃人的、“死”的教育有深刻的体悟并自觉抵制，同时对何种教育能够培养合格的公民、促进民主国家的实现充满乐观的希望并勇于探索。陶行知用其一生的实践来做了证明，他从爱中华民族出发，始终坚守教育造国的理想，在批判误国、误民的传统教育的基础上，通过不断地实践，坚定地寻找能造就民主共和国家的活教育，无论艰难险阻，却始终矢志不移。这是陶行知作为具有高度社会责任感的好教师的生动刻画。

（二）深刻的教育信仰

这是一个好教师对教育本身的义务。在陶行知看来，好教师必须对教育的价值——改造社会——有清醒而理性的认知，更应该把这种认知上升为对教育的信仰——爱教育，以此内化为自身的信念以支撑自己的行动。对教育有深刻的信仰就意味着教师必须坚定地认定“教育之功能，就其大者而言，为立国之本；就其小者而言，亦为如何导引国民精神生活与实际生活臻于健全与畅遂之关键”[③]。所以，教育是“大有可为的事”，是“永久有益于世的”。有此认识，好教师就绝对不会持狭隘的功利主义心态，“以教育事业为解决生活之工具，以学校为互相攘夺之政治舞台，以学生为利用之争斗武器”[④]，导致学生视教育为习得自我保存的工具或获取功名利禄的阶梯。这会带来更严重的恶果，把人——自己和别人都当成手段而不是目的，把人的价值降格为工具性的价值，这是教育中最为可恶也是最可怕的后果。如此的教育如何能培养出健全的国民？如何能为个人和社会带来福祉？因此，要使教育能够改造社会，必先改造教育本身，使得大众能够具备对真教育的认知和对教育本身的信仰。

因此，陶行知以身作则，把教育视为志业，并且终身为之奋斗。他勉励当时的师范生要以教育为终身事业，“男师范生应以教育为之妻，女师范生应以教育

① 陶行知：《陶行知全集》（第2卷），四川教育出版社，2009，第12页。
② 陶行知：《陶行知全集》（第2卷），四川教育出版社，2009，第269页。
③ 陶行知：《陶行知教育文集》，四川教育出版社，2007，第265页。
④ 陶行知：《陶行知教育文集》，四川教育出版社，2007，第267页。

为之夫，有此定力，则赴汤蹈火，在所不辞，鞠躬尽瘁，死而后已。吾身不成，吾子绍之；吾子不成，吾孙绍之；子子孙孙，世世代代，相续无间，海可枯而吾之志不可枯，石可烂而吾之志不可烂"[1]。

陶行知对教育的这种信仰在 1926 年他所撰写的《我们的信条》中得以集中阐释。现抄录如下，以此共勉。

我们的信条[2]

一、我们深信教育是国家万年根本大计。

二、我们深信生活是教育的中心。

三、我们深信健康是生活的出发点，也就是教育的出发点。

四、我们深信教育应当培植生活力，使学生向上长。

五、我们深信教育应当把环境的阻力化为助力。

六、我们深信教法学法做法合一。

七、我们深信师生共生活，共甘苦，为最好的教育。

八、我们深信教师应当以身作则。

九、我们深信教师必须学而不厌，才能诲人不倦。

十、我们深信教师应当运用困难，以发展思想及奋斗精神。

十一、我们深信教师应当做人民的朋友。

十二、我们深信乡村学校应当做改造乡村生活的中心。

十三、我们深信乡村教师应当做改造乡村生活的灵魂。

十四、我们深信乡村教师必须有农夫的身手，科学的头脑，改造社会的精神。

十五、我们深信乡村教师应当用科学的方法去征服自然，美术的观念去改造社会。

十六、我们深信乡村教师要用最少的经费办理最好的教育。

十七、我们深信最高尚的精神是人生无价之宝，非金钱所能买得来，就不必靠金钱而后振作，尤不可因钱少而推诿。

---

① 陶行知：《陶行知教育文集》，四川教育出版社，2007，第 37 页。

② 陶行知：《陶行知全集》（第 1 卷），四川教育出版社，2009，第 74-75 页。

十八、我们深信如果全国教师对于儿童教育都有“鞠躬尽瘁，死而后已”的决心，必能为我们民族创造一个伟大的新生命。

正因为对教育有这样的信仰，陶行知及其一批追随者才能在办教育的过程中尽管屡战屡败却愈战愈勇，遇到艰难险阻却始终百折不回，矢志不移地为中国教育寻觅曙光，为中国教育探获生路。

（三）爱满天下的教育情怀

这是对学生的伦理义务。如前所述，陶行知对教育的义务基于高度的社会责任感，表现为一种宏大的爱国情结，但这种义务绝不是空泛的，因为教育的首要任务就是通过教育培养人，因此他把这种义务具体到教育中的人即学生身上，具体表现为对学生的爱。

爱是好教师必须具备的最重要的美德，也是其他品质的原始动力，它是陶行知坚持教育救国理想的精神动力。陶行知认为爱是对儿童的一种信仰，它能使人充满建设的达观主义，让人产生无穷的去建设和创造的力量，使生命生生不已、奋斗不息，所以好教师应该使爱成为其教育实践的核心和原则。具体来说，就是对儿童无偿地给予、关心、尊重、宽容、信任，平等地对待。

爱儿童就应该对儿童深具同情感，和他们同生活、共甘苦，“以学生之乐为乐，以学生之忧而忧；学生之休戚即我之休戚，学生之苦恼即我之苦恼是也”①。爱儿童应该待学生如亲子弟，无论是自己家的还是别人家的孩子，都能如母亲对自己的孩子一般一视同仁。爱儿童应该无条件地信任和宽容学生，认识到儿童是在错误中成长的，他曾告诫好歧视和爱用惩罚的教师：“你的教鞭下有瓦特，你的冷眼里有牛顿，你的讥笑声中有爱迪生。你别忙着把他们赶跑，你可要等到：坐火车、点电灯、学微积分，才认他们是你当年的小学生？”②爱儿童就应该尊重他们的人格和行动自由，给他们自我选择、自我治理的机会，保护他们创造的积极性，发挥那不可思议的力量；爱儿童就应该视儿童为道德上的独立人格，平等对待之，放下师道尊严，与学生“共学共事共修养”，把自己变成小孩子，走到小孩

---

① 陶行知：《陶行知教育文集》，四川教育出版社，2007，第 37 页。

② 陶行知：《陶行知教育文集》，四川教育出版社，2007，第 257 页。

子队伍中间去，了解他们的需求，师生之间亦师亦友，教学相长，真正实现精神上的沟通，心心相印、息息相通，师生关系实现民主平等的价值追求，达到道德上的共同成长。陶行知用自己一生的实践来很好地说明了他“爱满天下”这一爱生的优秀品质。

（四）无私奉献的精神

奉献是对儿童无偿地给予，它是一种非义务性的高尚的道德品质，这源于教育是一种“无私奉献如春蚕吐丝的事业”。尽管它并非一种教师道德的义务，但对于当时代国家民族而言，却是必须的。由此，陶行知提出每一个教师应该意识到“教师的服务精神，系教育的命脉”“教育者应当知道教育是无名无利且没有尊荣的事。教育者所得的机会，纯系服务的机会，贡献的机会，而无丝毫名利尊荣之可言”[①]。所以，好教师应该具备“捧着一颗心来，不带半根草去”的奉献精神，对儿童教育要有鞠躬尽瘁、死而后已的决心；他在乡村教育运动中不止一次提到“要想完成乡村教育的使命，属于什么计划方法都是次要的，那超过一切的条件是同志们肯不肯把整个的心献给乡村人民和儿童”[②]。所以无论在什么样的时代，奉献精神都关系着教育事业的进步和发展。

（五）学高为师，身正为范

“师者，所以传道受业解惑也。”要能很好地受业、解惑，教师首先要好学，“学而不厌”，才能“诲人不倦”，也能成为学生积极进取的楷模，促使学生形成好学上进的好学风。第一，教师要向书本学习，了解并专攻一门自然科学，掌握相关社会科学知识，对教育学、心理学、教育哲学、教学概论、教学法等教育专业学科知识有精深的把握。第二，要跟学生学，教师要看到学生在学问及修养上的进步，通过学生接触新鲜事物、获取新知。

深入地学习还应该深入地研究，一是态度上要力求长进，“尽量接受选择与本职本科及修养有关系之学术经验来帮助我们研究”[③]。二要用科学的试验方法，比如他在《育才二周岁之前夜》中提出了“行动、观察、看书、谈论、思考”的五

---

① 陶行知：《陶行知教育文集》，四川教育出版社，2007，第 66 页。
② 陶行知：《陶行知教育文集》，四川教育出版社，2007，第 210 页。
③ 陶行知：《陶行知教育文集》，四川教育出版社，2007，第 109 页。

路集体探讨法，后又在《每天四问》中提出“五个字”的方法，即：“一，即专一；集，即搜集；钻，即深入钻研；剖，即解剖分析；韧，即坚韧，持之以恒。”这些方法在育才得到了实践，并且效果显著。

教师不仅应该成为一个博学的人，还是以身立教的人。陶行知尤其注重言传身教。他主张教师应当以身作则、以教人者教己。要求学生做的事情、学的知识、遵守的规范，教师首先要“躬亲共守”，教师的一举一动、一言一行，都应“修养到不愧为人师的地步”。

（六）求真创新

陶行知指出教育要培养真善美的人，首先要达到真。因此，他提出“千教万教教人求真，千学万学学做真人”，“真人”需要依靠求真的教师通过真的教育来培养。因此，教师自身应该具有真诚的美德——学做真人，教人求真，知行合一、表里合一，去除伪知识，具有真知灼见，“敢说真话，敢驳假话，不说谎话”①。

敢于求真、追求真理，需要极大的勇气去开辟和创新，因此教师还应具有创新精神。陶行知办学不是仪型他国，也不是沿袭陈法，而是能够用试验的科学方法去创新实践。他在《第一流的教育家》中呼吁：“教育家要敢探未发明之新理，敢入未开化之边疆。”而在教育实践中，教师要善于创造民主的环境，通过对儿童头脑、双手、嘴、空间、时间的解放来发现和保护孩子的创造力，培养创新型人才。

（七）美好的人格品质

教师不仅有自觉遵守教师的职业道德规范的义务，作为个体，还应该具有美德和优秀的人格品质。

陶行知提出教师要有私德：“私德不讲究的人，每每就是成为妨害公德的人，所以一个人私德更是要紧，私德更是公德的根本，私德最重要的是‘廉洁’。一切坏心术坏行为，都由不廉洁而起。”②

陶行知还认为教师要有坚韧的人格。他应该传承道德传统中的君子品性，

① 陶行知：《陶行知教育文集》，四川教育出版社，2007，第560页。

② 陶行知：《陶行知教育文集》，四川教育出版社，2007，第506页。

培育自身“仁者不忧,智者不惑,勇者不惧,达者不恋”的精神,建筑“富贵不能淫,贫贱不能移,威武不能屈,美人不能动”的人格防线。除此之外,如前所述,教师还应该在日常生活和教育实践中养成公正、善良、坚毅、宽容、真诚、理解他人等美好的品质。

总之,陶行知的师德思想既有对教师职业的专业伦理义务的自觉恪守,表现为高度的社会责任感和深沉的爱国情怀、深刻的教育信仰、爱满天下的教育情怀,也有在教育实践与学生朝夕相处中形成的美好的德性品质。

三、陶行知师德的三种境界

我们经常说有很多师德高尚的老师,这通常是就师德的静态维度而言的;但在教师个体身上,师德通常有一个渐进的运动变化过程。所以,师德还可以从动态的维度来考察。这种发展的样态揭示了师德发展的境界,也就是说不是所有的教师都能达到最高的境界,或者说很多教师的道德发展总是处在变化的过程中。

(一) 师德发展的三个境界[①]

师德发展有不同的境界,包括规范道德、良心道德、幸福道德。

1. 规范道德。这在中国传统伦理中是较低层次的,如遵守一种道德规范的底线,不能做什么。在教师身上即遵守教师职业道德规范,它是师德发展的基础、条件和前提,是每一个教师必须履行的义务,因为教师以身立教,这不仅是教师个人的事,更是影响学生的事,所以教师首先得遵守教师职业道德规范。其特征是它是一种外部的规定性,反映了社会的期望和要求,是一种外在价值的实现,但却不一定能反映主体的价值需求和内在道德需要,甚至有可能抑制主体精神、漠视主体体验。这和个体的内在德性生成不相吻合,需要进一步提升。

2. 良心道德。即隐藏于人们内心中的意识活动,让人自觉地意识到自己职业的道德责任,所以具有价值判断与选择的内在性、自觉性、非外部约束或外部评价性。它是基于对每个学生及其未来发展负责的动因。

① 此处参考了杨启亮老师在《教师道德发展的几个境界》中对教师道德发展的三个境界划分。

3. 幸福道德或称为一种师德信仰。它是指主观感受和体验的道德，是教师在自己热爱的教育事业和朝夕相处的学生中获得的。一个真正拥有幸福道德体验的教师，会真正理解“太阳底下没有比教师这个职业更幸福的了”。因此，体验幸福道德是教师道德的最高境界。忠诚于事业、有奉献精神、热爱学生也热爱自己的教师，应当就是拥有幸福道德的教师。如果他不只是个停留在职业交换关系水平上的工具性的人，而是在这个过程中实现着自我精神追求的人，如果这种自我实现的过程是充实的和有意义的，他同时也就可能拥有了马斯洛论自我实现境界时所说的“忘我”的境界。燃烧的蜡烛正是在照亮他人的同时获得了自身的价值，所以它不是付出而是收获，不仅不居功而且心存感激。

（二）陶行知的师德境界

以教师道德发展的三个境界作为分析框架，综观陶行知作为教师的教育实践，我们可以看到这三种境界在陶行知身上都有呈现：陶行知从小受到传统思想熏陶，尤其对儒学师德传统的道德规范非常了解，他的个人修养和教育实践显然受到师德传统的影响，在教育实践中能自觉遵循教师道德规范，并且因为爱中华民族、爱中华民族最不幸之农人和儿童，能够把这种外部的道德规定性内化为体验式的自律内在道德；同时又因为接受西学，受到现代性的影响，陶行知信奉个性解放、尊重个体自由，这决定了陶行知的教师道德发展不会仅仅停留在外在的规范道德，而是注重教师自身主体性的体验和发展。

可以说仅仅依靠对传统道德规范的遵从及其内化为自律道德，还不足以支撑陶行知在那样艰苦的环境下坚持教育救国之道。显然，在陶行知身上所表现出来的是更高的或最高的道德发展层次，即在他身上实现了一种幸福道德，也就是说他的教育实践主要是靠内心或精神上的支撑，换个角度而言，教育在他看来是一种志业、一种天职，受一种神圣而崇高的使命感所驱使，即他是以教育为志业的。第一，表现在他把自己的生命与教育融为一体，把教育看作是自己生命的价值所在，是生活幸福的根本实践；第二，陶行知不是把教育看成是一种职业，把教师看成劳动与薪酬交换的工具人，而是把教育当作一生愿意付出的、维系生活意义的志业；第三，陶行知不是简单地把教育当成是专业劳动，而是通过反思性实践和对教育本真价值的追求而自我追求，是一种道德自主的体现，从而获得人生内在价值的体验和人生的意义感。

比如育才学校办学极端困难之际，有朋友认为他是抱着石头游泳，于是劝他停办，但是陶行知思虑再三，仍然坚持办学。他在一天的育才晨会上，宣称自己“不是抱着石头游泳，而是抱着爱人游泳，越游越起劲，要游过激流险滩，达到胜利的彼岸”。这种可贵的精神固然是陶行知乐观所致，但却彰显了高尚的德性(美德)。因此陶行知把学生、学校等都当作是与教育合为一体的事情而为他们考虑、忠诚于他们、热爱他们，通过教育实现了自己的人生意义。后世把陶行知称为“万世师表”，就是一种典型的诠释。

按照今天教师道德发展的逻辑看，这三个境界应是具有阶段性或是依序发展的。但值得注意的是，因为身处救亡图存的特殊时代，在陶行知身上并不具有这种明显的阶段性，而是一开始就表现为非常高的道德境界，如对师范生为教育“鞠躬尽瘁，死而后已”的殷切期盼和勉励，大家耳熟能详的“捧着一颗心来，不带半根草去”，制定并始终践行的《我们的信条》……这些都显示了陶行知对师德的设计从初始就是高标准、高起点的，这表现了时代使命的迫切性。当然，从微观层面去考察，如前所述陶行知在教育实践中也很重视对教师规范道德的培养，这是民主国家最基本的道德素养。比如他在20世纪30年代领导原晓庄师生编辑出版了“晓庄丛书”(16本)，由他和唐文粹主编的《乡村教师须知》(1933年7月)中：(1) 对乡村教师职业进行分析，依据晓庄师范的培养目标明确提出了乡村教师的各种具体标准，视为基本的规范伦理，包括社会改造、教育儿童、农事、科学常识常能、艺术、杂物；(2) 制定“乡村小学评点表”，其中有对教师的评点表(图9)；(3) 采用“小学教师工作自省表”(图10)和“教师效力审查表”(图11)。

评判对象		满点	评点
教师(250)	(1) 曾受师范训练者	25	
	(2) 曾任教员三年以上者	15	
	(3) 有适当之农业知识与实地经验者	25	
	(4) 身体健康能耐劳苦者	25	
	(5) 指导合法者	25	
	(6) 训练恳切而能注意儿童自治者	25	
	(7) 能以身作则而有开创事业之精神与态度者	30	
	(8) 能联络家庭而有相当成绩者	25	
	(9) 能辅导农民自治以建设公共事业者	25	
	(10) 不错过教师进修之机会者	15	
	(11) 能将研究心得及困难公开发表者	15	

图9　乡村小学教师评点表

项目		是	否
(一)教学技术方面	(1) 对于教材及儿童用书能慎重选择及组织		
	(2) 教室讨论能应付裕如使学生全体参加解决问题		
	(3) 能使学生明了经济的练习法及如何预习		
	(4) 能适应学生个性及利用学生所发的问题		
	(5) 教室管理能清洁有秩序免除一切浪费		
(二)合作精神方面	(1) 能与同事协力参与各种设施		
	(2) 对于同事能忠诚相待		
	(3) 能与全体合作指导学生并接洽学生家庭		
	(4) 成绩报告等能与他人同时交出		
	(5) 能与他校及其他团体参与合作		
(三)个人修养方面	(1) 阅读有关系的书报或进暑期学校等		
	(2) 能参与研究会议对于出版界有所贡献		
	(3) 平常能具进取与坚忍精神贯彻教学上的计划		
	(4) 服装整洁待人和蔼可亲并注意礼貌		
	(5) 无不良的嗜好及习惯		

图10　乡村小学教师工作自省表

普通的审查		最劣	下等	中等	优等	最优
					□ × 0	
成绩的品质		最劣	下等	中等	优等	最优
（一）人格	1. 普通的外观				× □ 0	
	2. 健康				× □ 0	
	3. 声音		×	□	0	
	4. 智能					⊠
	5. 创造与自信力			×	□ 0	
	6. 适应与机变能力				⊠ 0	
	7. 精密					
	8. 勤勉					
	9. 热心与乐观					
	10. 纯洁与诚实					
	11. 自制力					
	12. 敏捷					
	13. 老练					
	14. 公平的观念					
（二）社交能力	1. 普通预备					
	2. 专门预备					
	3. 教材的熟悉					
	4. 对于儿童的了解					
	5. 对于学校及社会的兴趣					
	6. 招待儿童父母的能力					
专门预备	7. 对于学生生活的兴趣					
	8. 合作与忠实					
	9. 对于教育的兴趣及发展					
	10. 每日的预备					
	11. 运用国语的能力					
（三）学校管理	1. 对于光线温度通气之注意					
	2. 教室的清洁					
	3. 办事有条理					
	4. 训育					
（四）教学的技能	1. 教育目的正确及明了					
	2. 养成习惯的技能					
	3. 激动思维的能力					
	4. 指导学习方法的技能					
	5. 发问的技能					
	6. 教材的选择					
	7. 教材的组织					
	8. 指定功课的技能					
	9. 唤起动机的技能					
	10. 个别需要的注意					
（五）结果	1. 全班的注意及反应					
	2. 学生教材方面的进步					
	3. 学生社交方面的发展					
	4. 刺激社会的影响					
	5. 道德的影响					

附注："×"校长的审查，"0"指导员的判断，"□"教育长的判断。

图 11　教师效力审查表

可见，事实上陶行知非常重视这种基本规范伦理的价值，这种价值体现为为更高的道德发展服务。

四、师德的养成：生活教育法

好教师之于个人、社会乃至整个国家、民族都有至关重要的作用，然而好教师不是与生俱来的，其群体的形成需要后天特殊的培养。陶行知从生活教育理论出发，提出师德的养成一是从生活中培养；二是依靠教师自身的修养。

（一）生活教育法

教师的好品质是在现实生活中形成和表现出来的，所以陶行知主张培养好教师宜采用生活教育的方法，以教师所要面对的学生的实际生活为中心，"要什么，学什么；学什么，教什么；教什么，就拿什么来训练教师"[①]，以教学做合一为总的方法

① 陶行知：《陶行知教育文集》，四川教育出版社，2007，第 151 页。

论:“教的法子要根据学的法子,学的法子要根据做的法子。教法、学法、做法是应当合一的。”即“事怎样做就怎样学,怎样学就怎样教,怎样教就怎样训练教师”①。

中国师范教育建设图①

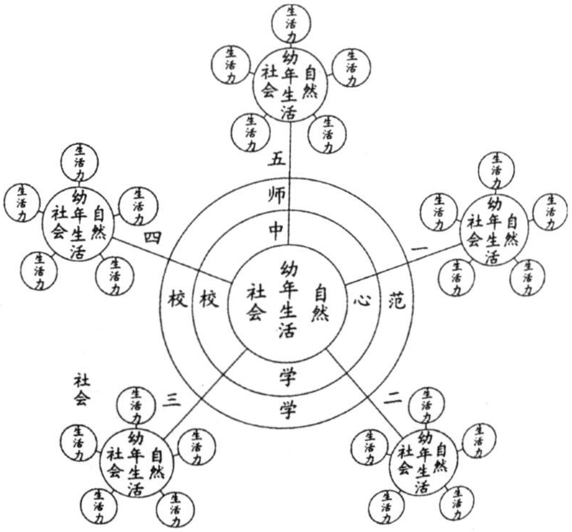

图 12　中国师范教育建设图

把生活教育法贯彻到具体的培养好教师的实践中去,具体有两种途径。一是建设优良的师范学校。看透并摒弃传统师范学校只重书本,脱离学生实际生活的、培养书呆子的弊病,改革为依据教学做合一的原则,以学生的实际生活为中心,“把理论与实习合为一炉而治之”的活教育②,从而培养有生活力的未来教师。二是在正规师范学校之外创设有效的方式,即艺友制。陶行知说:“学做教师之途径有二:一是从师;二是访友。”③师范教育为从师之途,而艺友制则为访友之径。“凡以朋友之道教人艺术或手艺者,谓之艺友制教育”④,艺友制一方面扩充了教师训练的中心,另一方面,“教者、学者既是朋友,便须以平等相待,以至诚相见,尤须共同在劳力上劳心,以谋事业之进步”⑤。“故欲为优良教师,莫便于与优良教师为友”⑥。

---

① 陶行知:《陶行知教育文集》,四川教育出版社,2007,第 151 页。
② 《陶行知教育文集》,四川教育出版社,2007,第 154 页。
③ 《陶行知全集》(第 2 卷),四川教育出版社,2009,第 477 页。
④ 《陶行知全集》(第 2 卷),四川教育出版社,2009,第 476 页。
⑤ 《陶行知全集》(第 2 卷),四川教育出版社,2009,第 478 页。
⑥ 陶行知:《陶行知全集》(第 2 卷),四川教育出版社,2009,第 477 页。

（二）个人自身修养

好教师的生成除了要通过教育的特殊培养，还需要个人自身的修养。修养是个人自觉进行自我完善和发展、自主培养高尚品质、端正处世态度并不断完善行为规范的过程，这是陶行知对中国道德传统中的“成人之道”的继承，也是对西方民主自治思想的借鉴。

个人的自身修养包含：(1) 学问的自动进修。好的教师要“自动求学、自动进修、自动追求进步”[①]，对社会科学、教育学本身、实事专题等自行组织学习和研究，能“一面教、一面学，教到老、学到老”[②]。(2) 道德品质的修养。陶行知在与贵州实业教育团的师生交流时谈及“对于自身的修养”，认为道德修养绝非脱离实际的坐而论道，师生都应该积极行动起来去做事，“做事即修养，修养即做事”[③]，个人修身在乎实践，所以教师必须在实际生活中修养自身的品格，锻炼坚韧的道德意志，培养立身为本的私德和服务社会的公德，以此养成健全的人格。

第三节 陶行知师德思想的践行与成果

教师道德品质的形成总是与生活实践联系在一起，陶行知的师德思想是他在自身实践的基础上总结出来的。从陶行知的教育生涯看，从 1917 年留美归国到南高师任教，到 1946 年去世，他有很多角色，但教师是其贯穿一生的角色。作为一名教师，他用一生的教育实践形成了崇高的师德，并且也总是在生活和教育实践中践行着师德思想。因为在第二节中已有对陶行知师德思想的具体阐述，故此部分拟呈现陶行知在钟爱的教育事业和与学生朝夕相处的实践中的生动案例，以此形象地刻画出陶行知对师德思想的践行。

---

① 陶行知：《陶行知教育文集》，四川教育出版社，2007，第 562 页。

② 同上。

③ 陶行知：《陶行知全集》（第 1 卷），四川教育出版社，2009，第 276 页。

一、陶行知师德思想的实践

(一)"经由教育创造一民主国家"的实践

面对满目疮痍的国家和民族,陶行知传承了中国古代士人"为天地立心,为生民立命"的高度社会责任感,于1916年留美期间,就在给哥伦比亚大学师范学院院长罗素的信中立下毕生志愿即"余今生之唯一目的在于经由教育而非军事革命创造一民主国家",确立了"民主国家"的政治理想和实现这一理想的有效途径——教育。归国后,即投身中国的教育改革,在教育改造实践中创立生活教育理论,并以之为指导,先后发动了平民教育、乡村教育、普及教育、国难教育、战时教育、民主教育六大生活教育运动,创办闻名遐迩的晓庄试验乡村师范学校、育才学校等,终生践行对国家民族、对教育的道德义务。

(二)师爱的践行

如前所述,陶行知在一生的教育事业中都在遵循爱、实践爱。这种博爱不仅有对学生直接的关爱,更有理性之爱,即对学生的尊重、信任、宽容、平等。

关爱、爱护学生是陶行知崇高师德的最直接体现。这种关爱是作为一个教师对学生深沉的直接的情感表达,充满了慈悲的情怀,是犹如父母之于子女的拳拳之情,以至于学生们深情地回忆起陶行知先生,至今仍是饱含热泪,很多育才的学生都亲切地称陶行知为"陶妈妈"。在晓庄师范、育才学校的办学实践中,有无数个鲜活的例子,兹列举数例。

比亲生父母还亲

有一次,陶先生从重庆回来,他顾不得休息就跑到厨房去看,发现已滤去米汤在烧箕内的饭坯子内小砂砾很多,他立刻关照工友停止蒸饭,马上跑到校内礼堂打紧急集合钟。当当当,当当当……我们闻声都赶去集合。此刻,陶先生已站到讲台上,他大声的对我们说:"我们培养的人才幼苗,是要一个个茁壮成长,是要去追求真理、反抗侵略、建设新中国……这饭中砂砾谷稗太多,会妨碍你们的成长,不但不会成人才,甚至可能进棺材。"散会后,大家分拣米饭中之砂砾，拣净后再去蒸，那天的饭迟开了半个多小时。从此，我们每天下午课余时间都要拣米中的砂砾、谷稗等杂物。就是这样的生活琐事，把它拿来同反动派所办的学校对比，就有天壤之别。记得一九四四年春我在反动派办的国立中央工专读书，学生吃饭虽是公费，但吃的是已经霉烂了的平价米，米里有数不清的小石粒、砂子、老鼠屎……我们称这种米煮的饭为"八宝饭"。就是这种"八宝饭"，由于遭到学校总务长及以下办事人员层层克扣，我们每天只能吃个半饱。再加上学校和厨房不讲卫生，学生身体都很虚弱。就在这时，学校就发生了一场可怕的流行病——伤寒。从发病起不到一星期便有二百多学生送进了医院，学校被迫停课放假。送进医院的学生，有11人丧失了生命。我当时也不幸染上了伤寒病，被送进重庆覃家岗的伪中央医院，病势非常严重。陶先生知道了这消息，立刻派人送药来，并写信给医院院长，请他想尽一切办法把我医治好，不要让我这个刚成长起来的幼苗夭折。我病愈出院，到管家巷28号去见陶先生，他笑着说："你想去领文凭找工作，在反动派办的学校里，你差点领了文凭进棺材。你现在需要休养，就回育才来吧！"我走出老夫子（我们常常这样尊称陶先生）的房门，深深的体会到老夫子对我们这些穷苦孩子的爱，真比我们的亲生父母还亲。①

有爱心的校长

有一天，我到草街子里去看陶先生。也是午后两三点钟，正是杨耿光（杨杰）先生的女儿，约有十一二岁，拿着耿光先生一封信到陶先生这里来上学，走路有点跛。陶先生问："你的脚怎么啦？"女孩子说："皮鞋里有个钉子把我的脚扎了。"陶先生叫她快把鞋脱下来，看看脚后跟被钉子扎的洞，直流血。陶先生的夫人先用酒精，又用棉花浸上碘酒，把孩子的脚擦了，放上膏药条；行知先生就用个小锤子丁丁当当地把鞋子的钉子给碰进去，用手摸了又摸，真正平了，然后交给孩子说："今天不要穿了。"拿这件事来看，杨耿光先生又没有去，他的女儿只拿一封信来，而陶行知对着孩子是这样的爱护！这样有爱心的校长，我还是头一次看见这样好的热心的教育家。②

① 甘烈君：《育才好比一盏灯》，《北碚文史资料》（第1辑：陶行知的北碚专辑），1984，第37-38页。
② 陶行知：《陶行知全集》第12卷，四川教育出版社，2009，第188页。

爱的大衣

在育才，流传着这样一个"爱的大衣"的故事。育才当时的办学条件可谓是非常艰苦的，冬天到了，学生们只能穿着单衣过冬，陶行知看在眼里，急在心上。他通过自己的关系在冯玉祥处帮同学们弄到了一批冬衣，但是资源有限，还有很多孩子没有大衣穿。陶行知就发动同学们去大户人家借衣服，雨原就是其中的一个。在雨原出发前，陶行知看到她冻得瑟瑟发抖，连忙帮着到屋里找衣服，翻了半天也没有合适的，陶行知脱下了自己的大衣给她，雨原说什么也不肯穿，陶行知只好骗她说，不冷，我在屋里，不出去，没什么事，你再不穿上我就生气了啊！借到大衣的雨原把衣服还给了陶行知，但是陶行知却把自己的大衣给了没衣服的孩子穿，这件大衣在孩子们间传来传去，虽然寒风刺骨，但是这件"爱的大衣"却深深地温暖了孩子们的心。[①]

这样鲜活的例子不胜枚举，生动地展现了陶行知对学生的关爱之情、拳拳之心。

信任和尊重学生是陶行知对学生的理性之爱。受到西方民主思潮的影响，陶行知所办学校中充满了民主的价值追求，反映在他的学生观上，就是能充分地信任学生的道德主体能力、尊重学生的道德自由，教师只要辅之以正确的引导，就能发挥不可思议的力量。在不同的办学实践中，陶行知一以贯之地实践着这些理念。他在晓庄师范派遣师范生创立中心小学，教员只是起指导作用；创立乡村教育先锋团的学生自治组织，充分相信学生的能力，由学生自己管理学校，包括会计、庶务、文牍、图书、考核、支配、出版、编辑等各类事务。事实证明，这种理念的实践是大有成效的。梁漱溟先生在参观晓庄后，认为晓庄这样培养出来的学生"一，有能力：……工作的能力；智慧方面的能力；做团体社会生活的能力"[②]。

而在普及教育运动时期，为了解决推行普及教育的师资，陶行知创制了小先生制，"小学生都做小先生，即知即传人"。这是对儿童理性力量信任和尊重的最好说明。在山海工学团的总指导下，共成立 17 处儿童自动工学团，发动

① 雨原：《爱的大衣》，载陶行知先生纪念委员会编印的《陶行知先生纪念集》，1947，第 457-459 页。
② 梁漱溟：《他山之石》，《乡村教师》1930 年第 6 期，第 18 页。

小先生普及教育总动员。小先生运动在识字教育等方面发挥了重要的普及作用,随后更是在抗战中发挥了救亡宣传作用,如闻名遐迩的新安旅行团、孩子剧团。

新安旅行团的光荣历程永远是全国儿童的典范

新安旅行团原是建立在新安小学[①]基础之上。为了实践陶行知"生活即教育,社会即学校"的主张,1933 年时任校长的汪达之把新安小学的 7 位学生[②]组建了一个旅行团,由学生自己管理自己,用卖报纸等办法自筹经费,到沪体验生活并进行抗日宣传,历时 55 天。他们在上海进行演讲、宣传生活教育的理念,收到了较好的效果。这为其后建立新安旅行团奠定了基础。1935 年"一二·九"运动后,全国掀起抗日救亡潮流,汪达之以新安小学的 13 人为主体组建新安旅行团,以顾问的身份与他们一起走向民族解放的战场,进行了 17 年的旅行学习,造就了新旅的辉煌成绩。

他们从华东到华北,再到西北,辗转到达华中的武汉,于 1938 年 11 月 24 日到达桂林,此时团员已发展到 40 余人,以团体成员的身份加入陶行知领导的生活教育社。而后立即加入桂林的抗战洪流,通过宣传、义卖、义演、募捐、战地服务、慰劳伤兵、恢复新安小学、编辑出版儿童刊物等方面的工作,和孩子剧团[③]一起领导并掀起了桂林儿童救亡运动的高潮。

1941 年 1 月,皖南事变发生,桂林的政治形势大为逆转。新旅团员和新安小学共 48 人分批撤离桂林,经广州湾、香港、上海转苏北解放区,参加了新四军。新旅以"社会即学校"为指导,行程五万里,历时 17 年,走遍了中国 19 个省宣传抗战。汪达之和"一群小好汉"的功绩,曾被胡乔木赞誉:"新安旅行团的光荣历程永远是全国儿童的典范。"

---

① 1929 年 6 月,陶行知应淮安徽州同乡会与河下镇莲花街民众的要求,派学生蓝九盛和李友梅在淮安创办新安小学,陶行知任校长,在苏北实践生活教育理论。

② 这七位学生是靖秉铎、程昌林、靖秉铨、杨永鑫、张俊鑫、刘昭朗、左义华。

③ 孩子剧团是 1937 年"八·一三"事变后,上海一些失去家庭和失学的儿童,由国难教育社王洞若、吴新稼等收容组织,共同成立孩子剧团,到各地开展抗日救亡工作。剧团 1938 年 11 月 7 日到达桂林,和新安旅行团一起推动桂林的儿童救亡运动。皖南事变后,因不为国民党所容,根据中共中央南方局的指示,有计划地自行撤离。

图 13　新旅的小团员在给小孩子进行识字教育

孩子们用自己的行动证明了“小孩子有不可思议的力量”，所以我们的教育一定要有这样的认知：为他们提供行动的机会，保障他们的行动、思想自由，信任他们的理性能力，如此才能真正发挥他们的力量。

（三）高贵品行的实践

陶行知作为“万世师表”，不仅在教育中自觉践行着作为一名教师的道德规范，作为一个个体，他还在教育行动中表现出“智仁勇”君子般的高贵品行。仅举一例予以说明。

陶行知作为留美归国的高学识知识分子，以他的学识才干本可以居庙堂之高，过人人羡慕的“人上人”的优渥生活，但他却婉拒南高师校长、河南省教育厅长等职务，放弃月薪高达 500 元的教授待遇，毅然投身到最基层的乡村教育的改造事业中，在极其艰苦的条件下，关注底层人民的生活，为“中华民族最不幸之农人”推行乡村教育、普及教育。我们无法用今天的标准去看“500 大洋月薪”的待遇，回到那个时代，这是什么概念呢？

> 五四时期，对于文化人来说，全家每月必须的生活费（伙食房租交通费）80 圆已经很宽裕了。……城内一座 8～10 间房的四合院，房租每月仅 20 圆左右；一间 20 平方米的单身宿舍，月租金 4～5 圆。鲁迅一度租用的砖塔胡同 61 号，3 间正房月租金 8 圆。他的女佣除了全包食宿以外月工资 2～3

圆。鲁迅所购买的西三条胡同21号四合院有好几间房屋和一个小花园，售价国币1000圆。[①]

陶行知在那个还崇尚读书取仕、追求“黄金屋”“颜如玉”“车马簇”的时代，却能做出如此的人生选择和实践，无论放在什么时代都是令人感佩的，其背后所体现出的高度的民族责任感、使命感以及赤诚的爱国爱民之心足以彪炳史册。

二、陶行知师德思想实践的成果

陶行知崇高的师德思想的实践取得了丰厚的成果：于个人而言，陶行知个人的修养达到了“不愧人师”的地步；对国家民族和教育事业而言，培养了一位万世师表的道德楷模，并且他的这种高尚师德精神的辐射作用也不容小觑。受陶行知的精神感召，一批有志献身于教育事业、爱护儿童、有扎实学识和能力的生活教育同志聚拢在一起。他们以原晓庄师生为代表，此处拟对他们作一简介[②]（见下表），以期能够看到他们在为中国教育寻觅曙光和探获生活中所展现出的高尚人格和道德素养。

姓名	教育简历	学术贡献
张宗麟	晓庄师范生活指导主任、幼稚师范院指导员，中国幼稚园建立后第一位男性幼稚园教师。晓庄被封后，先后任厦门集美乡村师范学校校长（筹备者）、桂林师专教师、重庆教育学院教务长、湖北教育学院教育系主任、山东邹平乡师校长等职。1936年2月，回上海协助陶行知创办国难教育社。1943年8月到延安，1944年7月任延安大学教育系副主任，10月在陕甘宁边区文教大会上被选为模范工作者。 中华人民共和国成立后，历任教育部高等教育司副司长，高教部计划财务司副司长、司长等职。	《幼稚教育概论》《乡村教育》《幼稚教育论文集》《乡村小学教材研究》《给小朋友的信》《乡村教育经验谈》《幼稚园的演变史》《教育概论》等

① 陈明远：《毛泽东在北大工读实况及一般生活费用》，http://blog.sina.com.cn/s/blog_4bbb74a501000aj2.html

② 程本海和操震球在前一章中已有相关介绍，故此处并未列入。

续 表

姓名	教育简历	学术贡献
陆静山	晓庄师范小学指导员，兼任劳山中学音乐教师。晓庄被封后，任厦门集美乡师教导主任，服务山海工学团，任教无锡开原乡河埒口小学，在桂林新知书店主编《少年战线》半月刊和高小课本《少年国语文选》等，协助陶行知创办育才学校。陶行知逝世后，在重庆任陶行知纪念小学校长。 中华人民共和国成立后，曾任上海市立师范教导主任、代理校长，主要负责全国小学语文课本的编写、小学语文教学大纲的制定。	《晓庄歌曲集》《陶行知的教育方法——教学做合一》等；主编《小主人文库》（共40册）、《新编小学生字典》等
潘一尘	晓庄师范小学部主任、指导员。晓庄被封后，先后参与创办集美乡师，担任百侯中学校长，参与广西国民基础教育研究院工作，任教山东邹平简易乡师，两次出任浙江云和县县长促进云和教育革新。	《一个南方的普及教育运动》
戴伯韬	晓庄第一批13名学生之一。毕业后，曾在无锡民众教育学院、惠山实验小学任教。晓庄被封后，先后协助陶行知创办自然学园、儿童科学通讯学校。后主要从事编辑工作，包括《儿童科学丛书》、小学自然科学课本（与董纯才合编）、农民科普读物、《师范生》、《生活教育》、《战时教育》。"一二·九"之后，先后参加国难教育运动、战时教育运动，参与筹备育才学校。1941年皖南事变后赴苏北抗日革命根据地，在苏北解放区开展了革命教育工作。	在《生活教育》杂志上发表了儿童科普作品60余篇，推进了科学普及教育
汪达之	1928年春就读晓庄师范。毕业后和晓庄同学李友梅等创办新安小学，晓庄被封后，汪达之临危受命，担任新安小学校长，30年代组织"新安儿童自动旅行团"，带领学生旅行修学，广受好评。1935年，在"新安儿童自动旅行团"的基础上组成了日后闻名遐迩的"新安旅行团"。 1950—1951年，汪达之在南京受命恢复晓庄师范学校并任校长。1953年以后，先后任中央教育部师范教育司专员、文字改革委员会副主任等职，1961年任广东民族学院党委书记兼副院长等职。	《生活的书》等

续 表

姓名	教育简历	学术贡献
王洞若	晓庄师范第一期13名学生之一。毕业后留校工作,20世纪30年代协助陶行知创办山海工学团推行普及教育。“一二·九”后,与张劲夫组建“国难教育社”,任中共国难教育社党组书记。编辑《生活教育》《战时教育》,主编《生活教育论集》《上海话新文字课本》等。抗战爆发后,为难民救济委员会负责人之一。8月下旬,收难童22人,和吴新稼共同成立“孩子剧团”。上海沦陷前夕,带领生活教育社、山海工学团部分人员撤至武汉,任抗战教育研究会党团书记。1939年参与育才筹办,任中共南方局文委直接领导下的育才学校支部书记、育才学校研究部主任,积极推行战时教育运动。	《生活教育到国难教育之理论上的联结》《生活教育与普及教育运动》《生活教育的涵义(代论)》等
方与严	1927年8月入晓庄师范,任晓庄办公室主任。创办湘湖师范并任校长、协助陶行知创办山海工学团开展普及教育运动,参与《生活教育》半月刊编辑,参与广西国民基础教育研究院工作,担任上海战时服务团总干事,担任香港中华业余补习学校教务主任,参与创办育才学校任校务主任,社会大学副校长兼生活教育系教授。1949年3月随中宣部到达北平,其后参加了新中国的教育工作。中华人民共和国成立后,先后担任教育部初等教育司和民族教育司的副司长。	《方与严教育文集——陶行知及其生活教育》《新教育史》《人民教育家与人民诗人》
戴自俺	1928年春考入晓庄师范,和孙铭勋共同创办迈皋桥中心幼稚园。晓庄被封后,先后在安徽涡阳乡村师范、河南百泉乡村师范任教并创办幼儿园,和孙铭勋共同创办第一个劳工幼儿团,在北平创办核桃园工学团和乡村教育示范区,任贵州省立青岩社会教育试验区指导员、广西女子师范学校教务主任、北平香山慈幼院桂林分院幼稚师范教务主任、桂林师范辅导主任和教务主任、育才学校教师。 中华人民共和国成立后曾任重庆育才学校教育组主任、教育部基础教育司小学教育科副科长、民族教育司教学指导科副科长。	《从儿童的队伍里来》和《教师生活速写》,20世纪80年代后协助编辑出版了《行知诗歌集》《行知书信集》,1984年湘版、1991年川版《陶行知全集》

续 表

姓名	教育简历	学术贡献
孙铭勋	1928年春入晓庄师范，参与创办晓庄乡村幼稚园、迈皋桥幼稚园。晓庄被封后，先后到淮安新安小学任教并创办新安幼稚园，在上海和戴自俺合办劳工幼儿团，任广西国民基础教育研究院附设幼稚师范班班主任，在延安师范任教员，在上海从事国难教育，到武汉进行战时教育，在重庆参与育才学校的创建并任育才社会组主任，任教兰州女子师范学校、甘肃玉门油矿职工子弟学校，任贵州平坝县立中学校长、重庆社会大学教育系教师。陶行知去世后，孙铭勋临危受命，担任重庆育才学校校长。 中华人民共和国成立后，任西南军政委员会文教部研究员、重庆育才学校校长、西南师范学校副教授。孙铭勋潜心研究幼稚教育并进行实践，被孩子们亲切地称为"孙妈妈"。	《乡村幼稚教育经验谈》《劳工幼儿团》《古庙活菩萨》《从行知诗歌看教育》《幼稚教育》，与戴自俺合著有《晓庄批判》、《晓庄幼稚教育》十册等
程今吾	1929年9月入晓庄师范学习。晓庄被封后，返乡从事乡村教育，后又在浙江嘉兴九溪中学、安徽蚌埠、亳县等地中学以及池州乡师任教。1933年起，先后任百侯中学校长和主任，协助雷沛鸿推进广西普及国民基础教育，赴武汉参加抗战教育研究会，任中共"江苏大学失业青年工读服务团"支部书记和团务委员兼教务主任，任教于桂林中山纪念学校，任育才学校研究部主任。1944年春到延安，同年9月任中共八路军抗属子弟学校校长兼党支部书记。 中华人民共和国成立后，先后任教育部视导司副司长兼部党组秘书，北京师范大学党委第二书记、副校长、党委第一书记，主张高校应注重学术研究。	《新教育体系》《延安一学校》《工农读写教学的实际经验》《青年修养》等
马侣贤	1927年3月入晓庄师范，是第一期13位学生之一。毕业后任教于安徽采石小学、杭州昭庆寺小学，任万寿中心小学校长。晓庄被封后，先后任安徽涡阳师范中心小学校长、山海工学团团长、安徽黄麓师范教师兼附小校长、育才学校副校长和总务部主任，陶行知称赞他"不避劳苦，廉洁自守"。陶行知逝世后，他继任校长。1949年后，迁沪的育才学校改为公立，更名为行知中学，他继续任校长。	与戴自俺合编《山海工学团》

由于篇幅所限，没法对他们的教育实践作出细节性的描述，上表所列也许只是数字和记录性文字，但他们所经历的艰辛及其在过程中表现出的坚持、无畏、大爱实实在在地在中国现代教育史上留下了浓墨重彩的一笔。陶行知及其追随者们无论是在那个时代还是今天的新时代都树立起了一座不朽的师德丰碑，永远引导教师们前进。

第四节 陶行知师德思想的现代价值：今天我们怎样做好教师？

陶行知的师德思想和实践为我们揭示了好教师的形象以及培养这种好教师的路径。放在今天的教育形势下，将引导我们思考：今天究竟什么样的教师是好教师？我们依据什么来判断教师的“好”？

事实上，这并不是新鲜的命题，对其的讨论由来已久。无论是专业人士还是普通大众都能谈出自己的理解。“好”指什么？有过硬的专业技术能力？在应试教育语境中能培养高分数的学生？还是有高尚的道德品质？不同的人对好教师的界定和描述是不一样的，那是因为不同的人有不同的价值偏好。所以关于这个问题，我们似乎没有标准的答案，但却可以从不同的理解中寻找关于好教师的共同特征。2014 年 9 月 9 日第 30 个教师节前夕，习近平总书记在北师大师生座谈会上作了“做党和人民满意的好老师”的讲话，提出“四有好教师”的要求——有理想信念、有道德情操、有扎实学识、有仁爱之心，引发了新一轮的对好教师的讨论和研究，而他对陶行知精神的引用更引起了我们对历史上好教师的关注。所以，陶行知以自己的实践为好教师作出的注解无疑为我们今天去追问何为好教师提供了丰富的思想遗产。此为陶行知师德思想的第一层价值。

综上，陶行知对好教师的诠释和实践说明好教师是具有整体品质的好人，既表现在对自身职业道德的恪守，同时表现在优秀的道德品质上。这为我们今天来追问、思考何为好教师提供了一种思考和借鉴的方向。向陶行知学做好教师，显然不是学他的教育教学技术。因为在教师专业化发展的今天，专业技能的提升、现代教学技术的应用、教育过程程式设计的科学化无疑不是陶行知时代可比拟的。那到底向陶行知学什么？这涉及我们对好教师的价值判断：是教学技术更重要还是道德伦理更重要？教育实践中时不时出现的教师道德败坏对儿童的伤害已然为我们敲响了警钟。思考这个问题迫在眉睫。教师是教育实践活动的主体，所以判断教师的“好”似乎又涉及我们对教育的价值判断：教育仅仅是传授知识的技能性活动抑或培养有整体品质的健全公民的道德性活动？教育的根本无疑在于后者。正如金生鈜先生所言：“教育是一种道德性的实践，教育和教学都是道德事业，不仅具有道德的目的，而且必须以道德的方式进行。教师因此是道德主体。教师的日常教育行动必须有道德原则的约束，必须符合道德要求，必须承担道德责任。"[①]所以，陶行知的师德思想对我们来说最大的价值就在于：启示我们重新审视好教师的价值判断标准，学习他作为一个好教师的优秀的道德品质；同时以其毕生所追求和实践的生活教育理论来反思我们的教师培养方式。

① 金生鈜：《何为好教师？——论教师的道德》，《中国教师》2008年第1期，第19页。

第五章 陶行知德育现代性探索的时代意义

中国近现代社会在与西方现代性的遭遇中,陶行知立足生活教育理论在德育的核心价值、目标、内容、实施途径进行了有益的探索,而作为一个行动的理论家,他将自身在理论上的探索进行了积极的实践。

按照本书的思路,德育的现代性即现代性诸多特征在德育领域的体现,按照现代、现代化和现代性的逻辑关系,德育现代性是德育现代化所带来的特征。德育的现代化一定与教育的现代化密切相关,而教育的现代化又一定与社会的现代化密切相关。因此,所谓德育的现代性正是教育现代性和社会现代性的体现。这三者之间是一个正相关的关系,也是一个互动的关系。本章拟循着这种关系来考察在中国近现代社会,这三种现代性是如何逐渐形成的,陶行知对德育的现代性探索即融合在这一过程中,他和其他思想家有共性,也彰显了自身的个性;同时试图从中揭示陶行知对德育现代性探索的时代意义。

第一节 社会现代化与教育现代化

社会的现代化是一个十分复杂而漫长的过程,它的实现决不是一朝一夕可以完成的。进一步说,社会的现代化没有也不可能有一个固定的指标,达到这个指标就是实现了现代化。同样,对现代化的认识也是一个艰难的过程,这一认识过程,至今也不能说已经完成了。而如何才能实现现代化,更是一个众说纷纭、难以找到一个典型的成功范式的难题,至今人们还处于不断的探索中。

一、器物—制度—文化:国人对现代化的认识历程

早期的“现代化”在很大程度上是指社会整体的“工业化”,即工业文明全面取代农业文明的进程,以为工业化就是现代化。实际上,现代化绝不仅仅是工业文明取代农业文明的进程,它包含社会生活整体性的现代转型。这种转型不仅包含着工业化即器物技术层面的质变,更包含了制度、思想观念、价值体系、生活方式等在内的全方位的质变。可惜达到这种认识,人们不仅经历了漫长的时期,而且付出了沉重的代价。

学界有人认为,现代化的类型分为“内生型”和“外发型”两种。西方的现代化被认为是“内生型”的,中国的现代化则是一种“外发型”的。不同于西方,中国的现代化是伴随着英国人坚船利炮的轰击而来的,即是说,是在遭受了两次鸦片战争的惨败后,面临亡国灭种的危机时被迫作出的选择。对此,马克思在《中国革命和欧洲革命》一文中曾专门提到,他说:“……英国用大炮强迫中国输入名叫鸦片的麻醉剂。满族王朝的声威一遇到英国的枪炮就扫地以尽,天朝帝国万世长存的迷信破了产,野蛮的、闭关自守的、与文明世界隔绝的状态被打破,开始同外界发生联系……”他还说:“……英国的大炮破坏了中国皇帝的权威,迫使天朝帝国与地上的世界接触。与外界完全隔绝曾是保存旧中国的首要条件,而当这种隔绝状态在英国的努力之下被暴力所打破的时候,接踵而来的必然是解体的过程,正如小心保存在密闭棺材里的木乃伊——接触新鲜空气便必然要解体一样。”[①]这种严酷的现实,迫使当时的国人不得不“睁眼看世界”,自觉探求导致危机的原因和摆脱危机的方法。不过,人们找到的原因却是直观的和肤浅的——技不如人;解决的方法虽说可以救急但却不能救命——“师夷长技以制夷”。但无论如何,长达35年之久的洋务运动,通过引进西方先进的科学技术、开办新式学堂、外派留学生、大量译介包括社会科学在内的书籍、派员远赴欧美考察等,不仅促进了中国早期工业和民族资本主义的发展,促进了国力的增强;也用近代科学技术知识取代了“章句经史”,打破了以儒学为核心的中国传统教育模式;更重

① 中共中央马克思恩格斯列宁斯大林著作编译局:《马克思恩格斯全集》(第12卷),人民出版社,1998,第114-116页。

要的是打开了人们的眼界，使人们对西方的民主、共和、立宪、议会制度等有了深入的了解，解放了人们的思想，为之后的维新变法和辛亥革命奠定了思想基础，成为中国近代化的起点，开启了中国近代化的进程。

正是因为经济上有了一定的实力，加之拥有了一支被认为是"亚洲第一、世界第九"的北洋水师，使得大清王朝面对日本的来犯时信心满满，觉得大可一战。然而，海战的结果却是以北洋水师的惨败为结局，以令人耻辱的《马关条约》的签订，宣告了中日甲午战争的结束。面对这残酷的现实，人们不得不去探究战争失败背后更深层次的原因——何故如此？

对洋务运动，维新派有不少人对之提出过批评，其中以梁启超最有代表性："中国之改革，三十年于兹矣，然而不见改革之效，而徒增其弊何也？…… 譬之有千岁老屋，瓦墁毁坏，梁栋崩析，将就倾圮，而室中之人，乃或酣嬉鼾卧，漠然无所闻见，或则补苴罅漏，弥缝蚁穴，以冀支持。斯二者用心虽不同，要之风雨一至，则屋必倾圮而人必同归死亡一也。……谚所谓室漏而补之，愈补则愈漏，衣敝而结之，愈结则愈破，其势固非别构新厦，别出新制，乌乎可哉？"[①]"言洋务者，则曰西之强，惟兵而已，而岂知其政事、其学问、其风俗！"[②]"咸以为吾中国之所以见弱于西人者，惟是武备之未讲，船械之未精，制造之未娴，而于西人所以立国之本末，其何以不戾于公理，而合于吾圣人之义者，则瞠乎未始有见。"[③]认为洋务派"知有兵事而不知有民政，知有外交而不知有内治，知有朝廷而不知有国民，知有洋务而不知有国务，以为吾中国之政教文物风俗，无一不优于他国，所不及者，惟枪耳、炮耳、船耳、铁路耳、机器耳。吾但学此，而洋务之能事毕矣。"[④]这种批评不仅揭示了洋务运动的一些致命缺陷，也明确表露了批评者本身的变革意愿和诉求。

洋务运动及甲午战争的失败，尤其是《马关条约》的签订，迫使人们对这个过程中的一切进行重新审视。在长期而痛苦的反思中，一批仁人志士逐渐认识到：要想救亡图存，要想真正战胜列强，只学习西方的技术、只掌握西方的科学知识

---

① 梁启超：《戊戌政变记》，《饮冰室合集》（第六册），专集之一，中华书局，1989，第 83 页。

② 梁启超：《记自强军》，《饮冰室合集》（第一册），文集之二，中华书局，1989，第 32 页。

③ 梁启超：《西政丛书序》，《饮冰室合集》（第一册），文集之二，中华书局，1989，第 63 页。

④ 梁启超：《中国四十年来大事记》，《饮冰室合集》（第六册），专集之三，中华书局，1989，第 39、41 页。

是远远不够的，而应必须去深入了解西方为何能拥有这些知识、技术、机器，即了解隐藏在这些东西背后的秘密；必须自觉地融入世界现代化的大潮之中以谋民族的独立和富强，而不是再固守着这个将倾的大厦还自欺欺人地以"天朝上国"自居，以为自己是"君临天下、抚有四海"，而其他国家均为"夷狄蛮戎"；必须躬下身来，老老实实去学习西方一切先进的东西，而不是固执地坚守"中学为体，西学为用""中学为道，西学为器""西学东源"等观念。

正是在这种艰难又痛苦的探求中，人们对西方世界的认识逐渐超越了器物的层面，进入文化层面和制度层面，开启了自觉融入世界现代化潮流的征程。

甲午战败后，维新派在全国实行全面变革和变法的呼声越来越高，提出"能变则全，不变则亡，全变则强，小变仍亡"[①]的口号，并且将这种口号具体化为"伸民权"、"设议院"、实行"君主立宪"等政治主张。虽然早在洋务运动中，魏源、洪仁玕、薛福成、马建忠等洋务派就已经对西方的自由、平等、民主、民权诸学说多有介绍，作为李鸿章幕僚的冯桂芬也盛赞西方的民主制，认为中国欲"变法自强"，必须"仿泰西之制""设立国会、议院于京师及各省省城"[②]，但这也仅仅停留在观念上和书本上，远未付诸行动。真正由思想之花结出行动之果的，则是戊戌变法。

在戊戌变法正式开始前，维新变法的思想就已经开始大面积传播了，在这个过程中形成了以康有为、梁启超为代表的维新派与以李鸿章为代表的顽固派，两派围绕着要不要实行维新变法，要不要改君主制为君主立宪制，要不要改革封建的教育制度三个变法的核心问题展开了激烈的论战。正是在这个论战中，维新派的思想得以更广泛的传播，变法的思想逐渐深入人心，更多的知识分子倾向于革故迎新。这表明维新变法运动实际上已经逐渐在全国各地兴起了。而《马关条约》的签订(1895)以及德国出兵强占胶州湾(1897)，则成了推动维新变法运动全面兴起的催化剂。当《马关条约》签订的消息传到北京时，在京参加应试的举人中有600余人联名上书光绪帝，痛陈民族危亡的严峻形势，提出拒和、迁都、练兵、变法的主张。"公车上书"胎死腹中(之所以如此说，是因为有资料证明，康有为所写的上书不是都察院不收，而是他根本没有去递呈)[③]后，维新派更是在全

① 康有为：《应诏统筹全局折》。

② 见《申报》，光绪十三年四月九日。

③ 霍晓波：《"公车上书"献疑》，《黑龙江史志》2014年第19期，第144页。

国范围内加紧开展宣传组织活动：或著书立说，创办报刊、学会，介绍外国变法经验教训，宣传变法思想；或兴办新式学堂，为变法培养人才。1898 年 1 月 29 日康有为则直接上《应诏统筹全局折》给光绪帝，指出危机迫在眉睫，若再不变法，真要亡国灭种了。

1898 年 6 月 11 日，光绪帝颁布了《明定国是诏》，宣布实行变法。变法期间，光绪帝先后发布上百道变法诏令。政治方面：允许报纸“胪陈利弊”，“中外时事，均许据实昌言，不必意存忌讳”；凡院、部司员欲条陈意见，可以上书，通过本衙门的“堂官”代传，普通百姓可以到都察院呈递；精简机构，裁减冗员；任用维新人士参与新政。经济方面：设立铁路矿务局和农工商总局，提倡实业，奖励发明；改革财政，创办国家银行，编制国家预算决算；裁撤驿站，设立邮政局。文化教育方面：废除八股，改试策论，开设经济特科；开办京师大学堂，各省书院和祠庙改为学堂，鼓励地方和私人办学；设立译书局，翻译外国新书；准许设立报馆、学会；派人出国留学。军事方面：裁撤绿营，淘汰冗兵；精练陆军，添设海军；实行征兵制。此外，在康有为那里还有诸多未发布的新政，如立教部、制订宪法、开国会、君民合治、满汉平等、改年号、断发易服、迁都等。由于这些变法直接威胁到皇权的存续甚至威胁到慈禧太后的安全，1898 年 9 月 21 日慈禧太后突然囚禁了光绪帝，随后即发布训政诏书，再次临朝“训政”，仅维持了 103 天的戊戌变法由此失败。

尽管变法的果实还未成熟就被破坏了，但它毕竟是中国知识界、思想界长期探索所结出的行动之果，毕竟是推进中国现代化的一次有益尝试。它标志着大批先进知识分子和救亡图存的爱国人士对中国现代化的理解已经由洋务运动之“器物层面”提升到戊戌变法的“制度层面”，而且变法中的一些已经提出但并未实行的变革也为随后的清末新政所采纳，更为之后的辛亥革命打下了思想基础。

戊戌变法失败后，维新派对变法失败的原因进行了深刻的思考，逃亡到日本的梁启超也对变法运动的整个过程进行了认真的反思，如光绪皇帝无权、守旧官僚反对，除旧而不布新，变法而不变人等。但在他们看来，更根本的原因在于国人愚昧无知，奴性十足，麻木不仁，变法缺乏根基。其实，早在 1895 年，严复已提出要“鼓民力”“开民智”“新民德”，并认为这是“当务之急”[1]。梁启超更是从更

---

① 王栻主编《严复集》(第 1 册)，中华书局，1986，第 27 页。

多方面揭示中国人的奴性和自私性,他说:“中国今日之大患,苦于人才不足。”“中国之弱,由于民愚也。”[①]在后来的《新民说》一书中,更是对中国人的奴性和自私作了入骨的揭示——“吾中国人之无国家思想也。其下焉者,惟一身一家之荣瘁是问;其上焉者,则高谈哲理以乖实用也。其不肖者,且以他族为虎,而自为其伥。其贤者,亦仅以尧跖为主,而自为其狗也。以言乎第一义,则今日四万万人中,其眼光能及于一身以上者几人?攘而往,熙而来,苟有可以谋目前锱铢之私利者,虽卖尽全国之同胞以图之,所弗辞也。其所谓第一等人者,则独善其身,乡党自好者流也,是即吾所谓逋群负而不偿者也。夫独善之与私恶,其所以自立者虽不同,要其足以召国家之衰亡一也。”[②]“有能富我者,吾愿为之吮痈;有能贵我者,吾愿为之叩头。其来历如何,岂必问也!若此者,其所以受病,全非由地理、学说之影响。地理、学说虽万变,而奴隶根性终不可得变,呜呼!吾独奈之何哉!吾独奈之何哉!不见乎联军入北京,而顺民之旗,户户高悬;德政之伞,署衔千百。呜呼痛哉!吾语及此,无眥可裂,无发可竖,吾惟胆战,吾惟肉麻。”[③]他在历数了古代圣贤诸如“乐则行之,忧则违之”“无多言,无多事”“危邦不入,乱邦不居”等所谓“知命之训、力行之教”之后,充满无奈地写道:如此圣训“积之数千年,浸之亿万辈,而霸者阳芟之而阴锄之,务使一国之人,鬼脉阴阴,病质奄奄,女性纤纤,暮色沉沉。呜呼!一国之大,有女德而无男德,有病者而无健者,有暮气而无朝气,甚者乃至有鬼道而无人道。恫哉!恫哉!吾不知国之何以立也,君梦如何!”[④]梁启超曾在给康有为的信中直言:“中国数千年之腐败,其祸极于今日,推其大原,皆必自奴隶性来。不除此性,中国万不能立于世界万国之间。”[⑤]经过长期的痛苦思考,他终于明白,要真正救亡图存,要真欲在古老的中华实现社会变革,非从改造国民性做起不可!在他看来:“国民之文明程度低者,虽得明主贤相以代治之,及其人亡,则其政息焉……国民之文明程度高者,虽偶有暴君污吏,虔刘一时,而其民力自能补救之而整顿之,……然则苟有新民,何患无新制度?无新政府?无新国家?非尔者,则虽今日变一法,明日易一人,东涂西抹、学步效

① 梁启超:《戊戌政变记》,《饮冰室合集》(第六册),专集之一,中华书局1989,第28、31页。

② 梁启超:《新民说》,中国文史出版社,2013,第46页。

③ 梁启超:《新民说》,中国文史出版社2013,第51-52页。

④ 梁启超:《新民说》,中国文史出版社,2013,第66页。

⑤ 《梁启超书信》,中国社会科学院近代史所藏手抄本。

羁，吾未见其能济也。夫吾国言新法数十年而效不睹者，何也？则于新民之道，未有留意焉者也。”[①]他认为，培养新国民，既要注重保存发扬中华民族的优良传统，即所谓“淬厉其固有”，更需学习其他国家和民族所以自立之道，所谓“采补所本无”，非如此不能养成国民之资格，而无民之国，何以能国？整本《新民说》20篇文章，全都是围绕着培养新国民的主题，从各个方面展开讨论的。至此，中国人对现代化的认识又超越了文化层面和制度层面，开始深刻认识到，人的现代化才是社会现代化的基础，没有人的现代化，一切都是枉然。

维新变法运动是中国人的一次思想大解放。经此运动后，更多社会精英充分认识到，要想真正实现社会变革，使中国摆脱眼前的危机并逐渐强胜，融入世界现代化的潮流是必需的。而要融入世界现代化的潮流，除了学习西方的技术和科学知识之外，还必须彻底改变中国陈腐的封建专制制度；而要变革旧的专制制度，则必须改变人们的思想观念，学习西方的文化，了解民主、自由、平等、法制、权利、义务、责任等的重要性，去除守旧、盲从、自私、安于现状等奴性、劣根性，即改造旧国民，培养新国民。

维新变法运动及其失败的结局以及对变法失败原因的探究，极大地改变了知识界和思想界的现状，原本就存在的维新派和保守派之间的论争，为改良派和革命派之间的论争所代替。两派的目的大致相同，都是改变国家制度，但前者是在不彻底地改变旧制度的前提下实现君主立宪，即所谓“改良”，后者则是从根本上推翻旧制度，实现民主共和，即所谓“革命”。

自1911年10月10日武昌起义爆发，到1912年元旦孙中山就职中华民国临时大总统，辛亥革命取得了胜利：推翻了统治中国几千年的君主专制制度，建立起共和政体，实现了中国同盟会的最终目标——建立中华民国。何谓民国？孙中山引美国总统林肯的话说明之，即“民之所有，民之所治，民之所享”。他还说，所谓民权就是选举官吏之权，罢免官吏之权，创制法案之权，复决法案之权。拥有四权，“方得谓为纯粹之民国”[②]。然而，在举国上下对新政权的建立进行庆祝的时候，仅仅两个多月，孙中山的中华民国临时大总统就被袁世凯取而代之，辛亥革命的成果轻易被北洋军阀所控制。为保卫辛亥革命的成果，孙中山等革

① 梁启超：《新民说》，中国文史出版社，2013，第8-9页。

② 《孙中山全集》(第6卷)，中华书局，1981，第412-413页。

命党人于1913年发动了讨袁的“二次革命”，但很快又以失败告终；讨袁战争失败后，袁世凯下令取缔国民党，取消国民党议员资格和解散国会，并于1915年底宣布恢复帝制。为了反对袁世凯复辟帝制，维护新生的中华民国民主共和制度，1915年底至1916年春，云南等省发起的护国运动便在全国范围内轰轰烈烈地开展起来。虽然护国运动以胜利告终，袁世凯被迫宣布撤销帝制，但他仍居大总统位，共和国的大权仍然由北洋集团的军阀控制。作为共和国的国民不仅完全没有享有“四权”，反倒在连年的军阀混战中饱受战乱的痛苦。

面对这样的现实，我们很难断言辛亥革命究竟算不算成功。从推翻专制统治，建立一个民主共和国而言，它算是成功的。而就其最终目标即民有、民治、民享而言，距成功还有很大的距离。周策纵在其《五四运动：现代中国的思想革命》中认为：1898年的“戊戌变法”并未能实现所提出的法律和政治制度的变革，而1911年的辛亥革命也只是部分地实现了这些变革。民国成立之后，军阀统治再度出现，而两次复辟帝制的企图说明，没有其他变革的伴随，只是移植法律和政治体制，是不能奏效的。……五四运动中的新知识分子声称，不但要引进西方的科学技术、法律和政治制度，对中国的哲学、伦理、自然科学、社会理论和制度也要彻底重新审查、模仿西方同类的东西。所提倡的不是半新半旧的改革或部分的革新，而是一个大规模的激烈的企图，要彻底推翻陈腐的旧传统，代之以全新的文化。[①] 所以直到经历了新文化运动和五四运动，人们才对中国的改革之路和现代化之路，有了一个比较深入和清醒的认识。

二、从国民到公民：个体由被动的存在到主动的存在之转化

如前所述，工业文明代替农业文明不等于就进入了现代文明，更不等于实现了现代化。社会现代化是社会整体的现代化，即包括经济、政治、文化在内的现代化，而在这其中，人是最基本的因素，没有人的现代化，就没有也不可能有整个社会的现代化。从维新变法到辛亥革命直至五四新文化运动，改造国民性的讨论从未停止，很多思想家如严复、康有为、梁启超、谭嗣同、胡适、陈独秀、鲁迅等，都从不同的角度阐明了他们改造国民性的思想。一时之间，改造国民性几乎成

① 周策纵：《五四运动：现代中国的思想革命》，周子平等译，江苏人民出版社，1996，第14页。

为一种思潮。其中，梁启超改造国民性的思想更为集中，更为系统。他以民与国之间的关系、人与社会之间的关系、人与人之间的关系为基本视角，认为培养新国民，必须用新知识、新风俗开启民智；培养新国民，必使其具有自由、独立的人格品质；培养新国民，必使其了解权利与责任和义务的关系，自觉承担对于国家、社会和他人的责任；培养新国民，必使其具有“公德至上”的道德观念；培养新国民，必使其养成“尚武强国”的民族精神。他在《新民说》的第一节即开宗明义地说：“国也者，积民而成。国之有民，犹身之有四肢、五脏、筋脉、血轮也。未有四肢已断，五脏已瘵，筋脉已伤，血轮已涸，而身犹能存者；则亦未有其民愚陋怯弱，涣散混浊，而国犹能立者。故欲其身之长生久视，则摄生之术不可不明，欲其国之安富尊荣，则新民之道不可不讲。”[①]还说：“虽有七子之母，而无一人顾其养焉，虽谓之无子焉可也；虽有四万万人之国，而无一人以国家之义务为义务，虽谓之无民焉可也。无民之国，何以能国？”[②]他将个人与国家直接联系在一起，将国民程度的提高与建立新国家直接联系在一起。如胡适在《四十自述》中所言：梁启超的《新民说》“抱着满腔的血诚，怀着无限的信心，用他那支‘笔锋常带感情’的健笔，指挥那无数的历史例证，组织成那些能使人鼓舞，使人掉泪，使人感激奋发的文章”。他怀着强烈的爱国激情和救亡图存的坚定信念，在急切呼唤着新国民的养成。说他是第一个系统提出改造国民性理论者，绝无异议。

在《中国积弱溯源论》中，梁启超探讨了中国积弱积贫的根源。在谈到中国人的国民性时，他认为，由于封建统治者长期用“驯、餂、役、监”四术禁锢国人，遂使中国人具有了奴性、愚昧、自私、好伪、怯懦、守成等民族劣根性[③]。在封建专制和独裁制中，只有子民、臣民和顺民。臣民绝无自由、平等、权利意识，所有的只是服从、顺从、感恩戴德，即所谓皇帝“以奴虏待民”，而“民亦以奴虏自待”[④]，致使“吾中国有部民而无国民”[⑤]。中华民国建立后，虽然确立了宪政民主制度，颁布了《中华民国临时约法》，对公民权利作出了规定，但制度没有给大众带来真正的民主自由，反倒成了官僚、军阀等实现自己利益的工具；习惯于被治、顺从的

① 梁启超：《新民说》，中国文史出版社，2013，第 3 页。

② 同上，第 199 页。

③ 梁启超：《中国积弱溯源论》，《饮冰室合集》（第一册），文集之一，中华书局 1989 年版，第 12 页。

④ 王栻主编《严复集》，中华书局，1986。

⑤ 梁启超：《新民说》，中国文史出版社，2013，第 18 页。

民众既没有平等、自由、权利、自治的自觉意识，更没有实现自治、争取权利的能力，仍然是“有部民而无国民”——没有与民主制度相匹配的合格公民，制度的确立只是徒具形式。正因为如此，改变国民性，提升国民程度，使之由一个个孤立的、自私的、怯懦的、奴性十足的被动的子民、臣民和顺民，转变为一个个自主、自强、独立、互助、担责，与国家和民族休戚与共的自动的共和国国民和公民，使之成为共和国的坚实根基，就是一个十分急切的现实需要。

1913 年，时年二十岁出头的金陵大学学生陶行知加入了思想启蒙运动的行列，并以其深邃的思想、犀利的笔锋，在社会上崭露头角。这一年他在《金陵光》上发表《伪君子篇》，深刻揭露了伪君子对于社会的危害：“真小人之为患，深之不过数世，浅则殃及其身而已；伪君子则直酿成伪家声、伪国风、伪世俗，灾及万世而不可穷。”而伪君子之所以“惟吾国为最多”“惟今世为最盛”，且能够通行于世，世人之所以对之“无人非，无物议”，反倒“以此相隐慕”，则完全是由于世人国民性不足所致[①]。“隐慕”二字，十分传神地揭露出中国人的国民程度之低下，国民程度低下为伪君子盛行于世提供了合适的土壤。次年，他又发表《民国三年之希望》一文，文中对民国建立二年来的状况表示深深地忧虑。他在文中写道：为庆祝民国三年的元旦，金陵大学是“爆竹声喧，桃符颂献，旗悬五色，乐奏八音”“然阅报章，则荆棘满纸；游街衢，则疮痍遍地。逢故旧欲致吉利语，而嗫嚅不能启口。视此国家，对兹社会，皆哀有余，而乐不足”。为什么会如此呢？根子在什么地方呢？在陶行知看来，最深刻的根源即在于国人不明白自己应当肩负的责任和使命，国民意识还处在沉睡状态。于是他大声疾呼：“俾民国精神形式，同从兹更始，永永留存，渐渐发育，直至万万载。”[②]稍后，他又在其金陵大学毕业论文《共和精义》中写道：“共和主义，视人民为社会之主权。群之良窳，惟民是视。民苟愚劣，社会绝对不能兴盛。社会欲求兴盛，必负改良个人之责。”[③]陶行知同样将国民程度的提高与新国家的建立联系在一起。他也急切地呼唤培养新国民，力求使处于蒙昧状态的普通民众能够成为自立、自觉、自治、自强的共和国国民，即能够成为“为自己创造、为社会创造、为国家创造、为民族创造”的人，能够成为

---

① 陶行知：《陶行知全集》（第 1 卷），四川教育出版社，1991，第 162 页。

② 同上，第 168-169 页。

③ 同上，第 185 页。

"为自己生利、为社会生利、为国家生利、为民族生利"的"人中人"①。他还说："顾子曰：'天下兴亡，匹夫有责。'共和主义即以此责任付之各分子。盖个人之有价值，以其对于社会有天职之当尽耳。……共和主义则责之全体国民，群策群力，群运群智，群负群责，以求群之进化福利，此共和之目的也。……故共和主义之大利，即藉责任以养成完善之国民。""藉责任以养成完善之国民"，能明白自己的责任并自觉担负起这种责任，这才是所谓具有国民之资格！

三、从私德到公德：培养人格健全的公民

中国自古以来就十分重视个人修养。道家倡"内圣外王"之道，儒家讲"修齐治平"之理，《左传》有"立德、立功、立言"三不朽之说。虽然其意各有不同，但重视个人道德修养却大体一致——尽管对个人道德修养究竟作何理解存在差异。而所谓新民或改造国民性，自然会关注到国民的道德品质问题，因为无德之人不但不会成为新社会的创造者，反倒会给社会带来难以估量的破坏，如同陶行知所言："道德是做人的根本，根本一坏，纵然使你有一些学问和本领，也无甚用处，否则，没有道德的人，学问和本领愈大，就能为非作恶愈大。"②

"公德""私德"之说，中国最早言及并对之进行详细论述者，当属梁启超。在他看来，道德者，本无公私之分。然当它通过人的行动表现于外时，即有了公私之分。他说："人人独善其身者谓之私德，人人相善其群者谓之公德。"他进一步解释说："公德者何？人群之所以为群，国家之所以为国，赖此德焉以成立者也。人也者，善群之动物也(此西儒亚里士多德之言)。人而不群，禽兽奚择？而非徒空言高论曰'群之，群之'，而遂能有功者也。必有一物焉贯注而联络之，然后群之实乃举。若此者谓之公德。"③即是说，人是社会性动物，而将分散的个人联系在一起组成社会和国家时，必有一种东西贯穿其中，维系着人与人、人与社会和国家的关系。这种东西就是公德。一开始，他对公德极为重视，因为它是"我国民所最缺者""吾中国数千年来，束身寡过主义，实为德育之中心点。范围即日缩日小，其间有言论行事，出此范围外，欲为本群本国之公利公益有所尽力者，彼曲

① 陶行知：《陶行知全集》(第3卷)，四川教育出版社，1991，第432页。
② 陶行知：《陶行知全集》(第4卷)，四川教育出版社，1991，第435页。
③ 梁启超：《新民说》，中国文史出版社，2013，第33页。

士贱儒，动辄援‘不在其位，不谋其政’等偏义，以非笑之，挤排之。谬种流传，习非胜是，而国民益不复知公德为何物。……今吾中国所以日即衰落者，岂有他哉？束身寡过之善士太多，享权利而不尽义务，人人视其所负于群者如无有焉。人虽多，曾不能为群之利，而反为群之累，夫安得不日蹙也？”①“我国民中无一人视国事如己事者，皆公德之大义未有发明故也。”②也就是说，缺乏公德心，是导致中国不断衰落的重要原因。既如此，培养国民的公德就是新民的重要内容。

然而，突出公德的重要性，并非说私德就可以忽略。就公德与私德的关系而言，二者原为一体，“公云私云，不过假立之一名词，以为体验践履之法门。就泛义言之，则德一而已，无所谓公私，就析义言之，则容有私德醇美，而公德尚多未完者，断无私德浊下，而公德可以袭取者。……公德者私德之推也，知私德而不知公德，所缺者只在一推；蔑私德而谬托公德，则并所以推之具而不存也。故养成私德，而德育之事，思过半焉矣”③，这是说，私德乃公德之基础，无私德则公德不能立，过于抬高公德而贬抑私德，也就谈不上公德。公德固能利群，但若该群中之人皆缺乏德行，公德又何从谈起？正如将一群盲人聚在一起不能使其成为视力超强者，将一群聋人聚在一起不会使其成为长于辨音的乐师，将一群身小力单者聚在一起也不会使其成为大力士一样，“故一私人而无所私有之德性，则群此百千万亿之私人，而必不能成公有之德性，其理至易明也。盲者不能以视于众而忽明，聋者不能以听于众而忽聪，怯者不能以战于众而忽勇。故我对于我而不信，而欲其信于待人，一私人对于一私人之交涉而不忠，而欲其忠于团体，无有是处，此其理又至易明也。若是乎今之学者日言公德，而公德之效弗睹者，亦曰国民之私德有大缺点云尔。是故欲铸国民，必以培养个人之私德为第一义；欲从事于铸国民者，必以自培养其个人之私德为第一义”④。私德不具，难以成就公德。缺德之人权力越大，地位越高，对社会造成的危害也就越大。人前道貌岸然，背后无恶不作，这种伪君子只能是社会的破坏者。所以公德私德兼备，方才有可能成为新民。

在梁启超看来，道德并非是一成不变的，社会无时不变，故人们必须顺应世

① 梁启超：《新民说》，中国文史出版社，2013，第 35-36 页。
② 同上，第 37 页。
③ 同上，第 224 页。
④ 同上，第 223-224 页。

界的变化，促进道德的进步。所以"吾辈生于此群，生于此群之今日，宜纵观宇内之大势，静察吾族之所宜，而发明一种新道德，以求所以固吾群，善吾群、进吾群之道，未可以前王先哲所罕言者，遂以自画而不敢进也。知有公德，而新道德出焉矣，而新民出焉矣"①。

梁启超的阅历，使他对中国人的民族劣根性了如指掌；他所经历的洋务运动和维新变法运动的失败，尤其是后者，对他心灵的刺激是刻骨铭心的。这种独特的经历使他深深地意识到，欲建新国家，必须从改造国民性开始，由此开始研究他的新民之道。陶行知虽然没有梁氏那种独特的经历，但身为大学生的他，也曾经亲历了辛亥革命，也曾经对辛亥革命的成功寄托着无限的希望。可革命成功后"有民国而无国民"的现实，又使他备感失望。他痛切地意识到，要想使中华民国名实相符，使民主共和不再仅仅是一种形式，就必须使民众具有国民之资格。因此他像梁启超一样期待新国民的养成，也像梁启超一样重视国民的道德培养。

陶行知认为，所谓"共和"就是视人民为主权。而人民是否能意识到并担当起这个主权，则要看他们是否具备这种资格。他曾经把"有民国而无国民"视为民国建立后并未真正实现"视人民为主权"之目的的根本原因，并发出"培养完善之国民"的呼声。他在《共和精义》中将共和比作金，国家比作金矿，国民比作矿工。他认为："金未获而捐弃者，非金之咎，而矿工之愚昧惰怯耳！共和未建而灰心者，非共和之罪，而人民之愚昧惰怯耳！"②他进而将共和之所以不能实现的原因归结为国民程度不足、伪领袖、党祸及多数之横暴。在这四个原因中，"国民程度不足"是最根本的原因：唯因"国民程度不足"，才会产生"非其人而有居其位者""居其位而不忠其职者""贪禄不止者""惮责重而不肯负荷者""居高明之位而有以流俗自况者"等现象；唯因"国民程度不足"，难以识别真假之领袖，才会使"伪领袖"当道，导致"稗政难除，善政难兴；公共福利不能谋，公共进化不可期"之恶结果③。而提高国民性，除了扫除文盲，让民众获得现代知识和技能之外，更重要的也许是民众德性的培养，使他们的德性能够与这个现代的国家相匹配，与已经诞生的共和体制相匹配。

陶行知十分强调德育的重要性，将道德看作是"做人的根本"。1913 年，他

---

① 梁启超：《新民说》，中国文史出版社，2013，第 38 页。

② 陶行知：《陶行知全集》(第 1 卷)，四川教育出版社，1991，第 181 页。

③ 同上，第 186-189 页。

在《为考试事敬告全国学子》一文中就强调:“德也者,所以使吾人身体揆于中道,智识不致偏倚者也,身体揆于正道,而后乃能行其学识,以造人我之幸福:学识不致偏倚,而后乃能指挥身体,以负天降之大任,道德不立,智勇乃乖……世顾有无德而能善其终者乎?”[①]还认为,“败德之人,不得志害身家,得志害天下”[②],由此可见道德对于一个人和一个国家与社会的重要意义。又说:“一个集体能不能稳固,是否可以兴盛起来,就要看每一个集体的组成分子能不能顾到公德、卫护公德,来衡量它。如果一个集体的组成分子,人人以公德为前提,注意着每一个行动,则这一个集体,必然是日益稳固、日益兴盛起来。否则,多数人只顾个人私利、不顾集体利益,则这个集体的基础必然动摇,并且一定是要衰败下去!”[③]公德重要,私德也不可偏废,因为“私德不讲究的人,每每就是成为妨害公德的人,所以一个人私德更是要紧,私德更是公德的根本”,每个人都要“把自己的私德建立起来,建筑起‘人格长城’来。由私德的健全而扩大公德的效用,来为集体谋利益”[④]。私德与公德共修,道德与社会共进,如此国家、社会才会有进步之根基。既然道德教育对个人、社会和国家如此之重要,我们何以能对此掉以轻心?尽管德性的养成不可一蹴而就,然而这并不能成为拖延国民道德教育的理由。相反,促进国民德性日进,其急迫性自不待言。梁启超的这段话,表明他摈弃旧道德,发明新道德以培育新民的急切心情——“若并道德而吐弃,则横流之祸,曷其有极!今此祸已见端矣。老师宿儒或忧之劬劬焉,欲持宋元之余论以遏其流,岂知优胜劣败,固无可逃!捧抔土以塞孟津,沃杯水以救薪火,虽竭吾才,岂能有当焉?苟不及今急急斟酌古今中外,发明一种新道德者而提倡之”[⑤]。但是,通过什么途径,使用什么方法,才能使中国的道德教育更有成效?包括梁启超和陶行知在内的先进知识分子不约而同地选择了教育。

四、公众教育:培育新国民的必由之路

应该明白,培养新国民的教育,不可能是通常所说的学校教育,而是包括学

---

① 陶行知:《陶行知全集》(第1卷),四川教育出版社,1991,第157-158页。
② 同上,第156页。
③ 陶行知:《陶行知全集》(第4卷),四川教育出版社,1991,第435页。
④ 同上,第435-436页。
⑤ 同上,第38-39页。

校教育在内的社会教育，即所谓的国民教育。

在变法运动时，梁启超就提出了“变法之本，在育人才；人才之兴，在开学校”。他先后发表了《学校总论》《论科举》《论学会》《论师范》等一系列关于办学主张的论文，一再强调兴学、办教育的重要性。变法失败后，他在日本也积极参与办学，先后在神户创办同文学校，在东京设立大同高等学校，并在这些学校中亲自讲授新学新知，为变法培养、输送人才。不过，此时的梁启超虽有通过国民教育实现国民性改造的思想，可他所办的学校显然不属于国民教育。但他通过办报刊、建学会、立社团、出版著作、讲演等形式来传播其维新思想和政治主张，则明显具有国民教育的性质。

而陶行知则与之不同，早在他还是一个大学生时，就提出，为了真正实现共和，就必须提高国民素质，而要达此目的，非教育没有其他途径。他写道：“人民贫，非教育莫与富之；人民愚，非教育莫与智之；党见，非教育不除；精忠，非教育不出。教育良，则伪领袖不期消而消，真领袖不期出而出。而多数之横暴，亦消于无形。况自由平等，恃民胞而立，恃正名而明。同心同德，必养成于教育；真义微言，必昌大于教育。……教育实建设共和最要之手续，舍教育则共和之险不可避，共和之国不可建，即建亦必终归于劣败。……故今日当局者第一要务，即视众庶程度，实有不足。但其为可教，施以相当之教育，而养成其为国家主人翁之资格焉。”[①]这是他在写毕业论文时提出的观点，属于理论探讨。而在写给哥伦比亚大学师范学院院长罗素的信中，则已经把两年前存在于头脑中的观念，变成了一个终身的志向——“余今生之唯一目的在于经由教育而非经由军事革命创造一民主国家。鉴于我中华民国突然诞生所带来之种种严重缺陷，余乃深信，如无真正之公众教育，真正之民国即不能存在。……余将回国与其他教育工作者合作，为我国人民组织一高效率之公众教育体系，以使他们能步美国人民之后尘，发展和保持一真正之民主国家，因此乃唯一能够实现的正义与自由的理想之国。”[②]这段话有三点值得注意：第一，他明确表示他所选择的救国之路是教育，而不是流血牺牲的军事革命；第二，他所说的教育不是精英教育，也不是学校教育，更不是其他的小众教育，而是能够真正养成国民，使其成为具备国家主人翁

① 陶行知：《陶行知全集》（第1卷），四川教育出版社，1991，第189页。
② 陶行知：《陶行知全集》（第6卷），四川教育出版社，1991，第242页。

之资格的公众教育;第三,他要创造的国家是一个能够实现正义与自由的真正的民主国家。1917年回国在南京高等师范学校站住脚之后,他便投入中国的公众教育实践之中,将其志向变成实际的行动,并且终身没有改变。

1918年他在《师范生应有之观念》的演讲中更明确地指出:"教育能养成共和之要素。共和国有两大要素:一须有正当领袖,一须有认识正当领袖之国民。……正当领袖,能引导国民行正当之事业;不正当领袖,能诱致国民行不正当之事业。故又必须养成能认识正当领袖之国民。领袖正当则从之,领袖不正当则去之。由是,正当领袖之势力日张〔涨〕,而不正当领袖之势力日蹙。所以教育能巩固共和之基础也。"[①]后来在《新教育》中他又强调:"新教育的目的……就是要养成'自主'、'自立'和'自动'的共和国民。"[②]在他整个教育生涯中,他多次不厌其烦地重复这些观点,其目的无外乎是想通过这种不断的刺激,使施教者和受教者都能够认识到大众教育对于培养新国民、建设新国家的重要性,并使更多的人能够成为自己的志同道合者,加入大众教育的队伍,一起为巩固共和打好坚实的基础。

陶行知坚信,在文盲充斥整个国度的情况下,要想实现国家的民主化和现代化,无异于天方夜谭,甚至连救亡图存都是奢望。维新变法的失败,辛亥革命后国家的现状,都证明了这一点。在他看来,除非进行长期的、艰苦的、大规模的民众教育,否则所有的一切都是泡影。正是基于这一坚定的信念,他在南高师仅仅待了六年(即使在此期间,他也以举办暑期学校、担任江苏省义务教育期成会委员、服务中华教育改进社、发起成立中华平民教育促进会等形式参与大众教育),1923年暑期便毅然决然辞去东南大学教育科主任和教育系主任之职,远赴北京,专注于中华教育改进社的工作。从此以后,他便全身心地投身于中国的公众教育,以平民教育、乡村教育、科学教育、普及教育、战时教育、民主教育等形式,践行他1916年许下的诺言。这就是说,形式是可以随世事的变化而变化的,但不变的是其核心,即坚守公众教育[③]的主旨,一门心思地做好为共和国打基础的事业。

① 陶行知:《陶行知全集》(第1卷),四川教育出版社,1991,第219页。

② 同上,第266页。

③ 亦可称其为大众教育、普及教育或国民教育。这一切,或可称其为社会教育。

第二节 全面的教育与全面的现代化

社会的现代化一定要有人的现代化，而人的现代化则必须依赖教育，故社会的现代化一定伴随着教育的现代化。而且无论是社会的现代化还是教育的现代化，都不是局部的，而是全局的；都不是个别领域的，而是所有领域的；都不是短时的，而是长期的、持续不断的。

一、社会现代化与教育现代化

其实对教育现代化与社会现代化的关系，先贤们早已有所关注。无论是洋务派还是维新派，抑或是后来的革命派，无不重视改革和发展教育。所不同的是，早期的洋务派重视发展教育，只是为了学习西方的科学知识和技术，以实现救亡图存的目的。他们尚没有意识到教育现代化的问题，因为他们还根本没有意识到世界现代化潮流的涌动，他们所做的，只是在大潮涌来时的一种自救。维新派虽然已经对世界现代化的趋势有所觉察，并试图通过改造旧教育以适应世界发展的趋势，但对于教育现代化与社会现代化之间究竟有着什么样的关系，既缺乏系统深入的研究，在实践上亦无像样的动作。只是维新变法的失败和中华民国建立后的现状，迫使人们认真反思失败的原因之后，才开始自觉探求教育现代化与社会现代化之间的关系，并形成了自觉的意识和系统的研究。

如前所述，1914 年陶行知就已经探讨过教育与共和的关系，并提出了通过教育来培养合格共和国国民的主张；1916 年时就形成了用推动公众教育以实现在中国建立一个正义与自由的真正的民主国家的终身志向；1917 年以后一面实际投入中国的公众教育的实践中，一面进行更为深入细致的研究和实验。他十分清楚地指出："我们现在正处在 20 世纪新世界之中，应该造成一个新国家，这个新国家就是富而强的共和国。……所以现在所需要的，是一种新的国民教育，拿来引导他们，造就他们，使他们晓得怎样才能做成一个共和的国民，适合于现在的世界。”[①]1925 年，他在《〈新教育评论〉之使命》中，又进一步提出现代国家必有现代的教育：“如果是现代的国家，如果是现代世界的一个国家，那么他的教育，便不能不顺应着时代和世界的教育趋势，而伴随着竞进。这个趋势是什么呢？简单地说，便是现代国家的教育，要本着民治的精神、科学的态度，去建设它的制度，分析和估计它的内容，发明和实验它的方法，而考核它的效果。”[②]1922 年在美国哥伦比亚大学留学的张彭春则直接以《从教育入手使中国现代化》为标题，撰写了他的博士论文。此后，南开学校校长张伯苓也曾明确表示：“我之教育目的在以教育的力量，使我中国现代化。”[③]1933 年 7 月《申报月刊》出版了“中国现代化问题号”特辑，刊发了中国学者论文 26 篇，其中有 7 篇提到教育，金仲华的《现代化的关键在普及教育》一文最有代表性：“一个现代化的国家不能建筑于大部分的愚民的身上”“使我国的百分之八十以上的文盲受到健全的教育，成为有意识的自觉的国民，乃是我国的现代化的途中的一个切要问题”“我们如果要使中国成为一个现代化的国家，那必须在全数，或大部分的国民受到良好的教育的启发，成为自觉的自由的和平等的人的时候”[④]。他把普及教育看作是中国实现现代化的关键，而且强调是“全数”的中国人。吴世昌作为著名的汉学家和红学家，却对中国现代化问题十分关注。他在 1945—1947 年，曾写过 12 篇时论杂文，比较系统地阐述了他有关现代化的见解，被收录在由上海观察社 1948 年出版的《中国文化与现代化问题》一书中。在《中国文化与现代化问题》一文中，他说：“中国如要求生存，最迫切的是一个现代化的问题。……处在目前的世界上，谁都看得出来，中国今后的问题并不能任凭你来提倡复古，我来提倡实用科学，他来维持本位文化、特别国情。中国已不复是华夏、禹甸，而是现代高度科学的世界的一部分，这一部分能够赶上并适应其余的大部分，便能生存繁荣，否则惨不忍言。要赶上适应，必须现代化，要现代化，必须从社会道德到政治制度，从文化观念到方法，从待人接物到世故人情，从生产工具到分配原则，彻头彻尾地改

---

① 陶行知：《陶行知全集》（第 1 卷），四川教育出版社，1991，第 265 页。

② 陶行知：《陶行知全集》（第 2 卷），四川教育出版社，1991，第 216 页。

③ 中国陶行知研究会“九五”教育规划课题组：《陶行知教育思想的现代价值》，华文出版社，2001，第 71 页。

④ 金仲华：《现代化的关键在普及教育》，《申报月刊》1933 年第 2 卷第 7 号。

造重建。"[①]他在此已经非常明确地阐述了中国现代化必须是全面的现代化、全体的现代化,只突出其中任何一部分,都不叫作现代化。他在该文中还没有提到全面的现代化须有全面的教育来支撑,但提出全面的现代化,事实上也已经在对全面化的教育作出呼唤了。

1934 年 12 月,陶行知在上海作了《大上海普及教育》的演讲,1935 年 1 月,又在《中华教育界》第 22 卷第 7 期发表《中国普及教育方案商讨》,两次把整个民族现代化、整个生活现代化、整个寿命现代化作为普及教育的基本要求,尤其是后者,不仅重述了这三个现代化,把它视为"普及教育之要义",而且提出了 17 种普及教育的办法。在此略举其中的数种办法以便对此有更具体的了解:全国小学生总动员,做小先生;全国识字成人总动员,做传递先生;全国知识分子总动员,辅导普及现代生活教育之推进;全国学校总改造;文化荒岛总开辟;师资培养;材料工具之供给;流动式的教育;研究实验;全国财力总动员以谋教育之普及……这表明,陶行知不仅系统地提出了全面的现代化,而且用全面的教育与之对应,力求用全面化的现代教育来促进社会的全面现代化。这也证明,陶行知已经基本上完成了通过公众教育实现国民性改造以为共和国打基础的理论探讨过程,也已经完全转入了用公众教育实现国民性改造以为共和国打基础的实践过程之中了。

整个民族现代化,整个生活现代化,整个寿命现代化,这三个命题,说到底还是讲人的现代化。只有真正实现了人的现代化,才会有社会的现代化。自然,要实现人的现代化,教育就必须现代化。而普及教育既是促进人的现代化的过程,又是教育本身现代化的过程。胡晓风和金成林认为:"这三个方面也就是政治、经济、文化三个方面。整个民族现代化是教人建设平等互助的世界,是属人与社会方面,是政治;整个生活现代化是教人创造富的社会(包括创造富的个人),是属人与自然方面,是经济;整个寿命现代化教人少生小孩子,一辈子上进,是属人类自身,是文化。这三者又是你中有我,我中有你,是须臾不能分离的整体。社会生活、现代化生活方式都是人与自然、人自身、人与社会相统一的动态整体,因而是生生不已、川流不息的过程。"[②]而政治、经济、文化三个方面,不正是整个社会的核心吗?

① 吴世昌:《中国文化与现代化问题》,上海观察社 1948 年版,载蔡尚思主编《中国现代思想史资料简编》(第 5 卷),浙江人民出版社,1983,第 567 页。

② 胡晓风、金成林:《陶行知与中国现代化》,四川教育出版社,1991,第 267 页。

二、整个民族现代化：一切中国人的现代化

一个国家卷进了现代化的大潮，就意味着整个国家所有人都被卷进了这个大潮。人不被这个大潮所化，主动去了解它、认识它、顺应它进而去推动它，人就必然会被大潮吞没，从而也就没有国家的现代化。

首先，整个民族现代化是包括一切中国人的现代化，即全民现代化。即是说，现代化包括了生活在这个国度中的所有人，不分地域、不分城乡、不分民族、不分性别、不分年龄、不分职业，没有人可以被排除在现代化的大潮之外。普及教育是不分男女、不分老少、不分民族、不分阶级的教育。这就是"文化为公""教育为公"。

其次，整个民族现代化必须要使国民有知识，有学习知识的能力，一个文盲很难说是一个现代人，更不能说已经现代化了。所以整个民族现代化不仅是学龄儿童和失学的成年人能够普遍入学，有知识的人也要现代化，还要教人识字去获得现代知识，使别人也能现代化[①]。这里所谓"现代知识"，并非只是识字那么简单。它应该包括基本的生活知识、科学知识、社会知识等，陶行知《生活教育社征求新社员办法》中提到应该普及的内容有：卫生教育、科学教育、劳动教育、戏剧教育、音乐教育、绘画教育、文字教育等。这是整个民族现代化基础的基础。

再次，整个民族现代化必须使国民具有现代意识，人人具备自由、民主、平等、博爱、公平、权利、责任、义务、法制、团结、互助等现代观念。如果缺乏这些最基本的现代观念，即使有再多的知识，也未必就是一个现代人。陶行知在《共和精义》中说："胡越相处，尔猜我虞，行动能自由而机会能平等乎？故平等自由虽美名，必畛域铲除，博爱心生，国人以兄弟相视，始能得其实际。故自由平等，虽为共和三大信条之二，然共和之大本则在民胞焉！民胞之义昌，而后有共同目的、共同责任、共同义务；而后贵贱可除，平等可现；而后苛暴可蠲，自由可出。苟无民胞主义以植共和之基，则希望共和，犹之水中捞月耳！"[②]他把自由、平等、民胞看作是共和之三大信条，并以这三者为例，说明平等自由虽好，但也必须消除

① 陶行知：《陶行知全集》(第11卷)，四川教育出版社，1991，第595页。
② 陶行知：《陶行知全集》(第1卷)，四川教育出版社，1991，第183页。

人们的偏见，互相关爱，彼此把对方当作兄弟，国民才会有共同目的、共同责任、共同义务，而后才可能实现真正的平等自由。非如此，共和就如同水中之月那样，看起来很美，却就是得不到！所以使国民具有现代意识和现代观念，是至关重要的。

最后，整个民族现代化必须使国民具备行使或享受权利的能力，履行义务或承担责任的能力。空有一些关于现代社会的知识，甚至形成了现代意识，但不具备行使权利和承担责任的意识和能力也是枉然。这里包括两个方面：一是行使权利或享受权利的能力，比如国民享有选举权、被选举权，言论、出版、集会、结社的自由，宗教信仰自由，人身自由不受侵犯，受教育的权利等。国民必须有一定的执行相应职务的能力，著书立说的能力等，并且能行使，会行使，不可滥用权利，不可以追求自己的权利和自由为借口而去损害别人的权利和自由。二是履行义务或承担责任的能力，又可以分为履行或承担对国家的义务和责任的能力以及履行或承担对社会、他人的义务和责任的能力，比如遵守国家法律法规，维护社会公共秩序，维护祖国安全和利益，尊重社会公德，依法纳税，保护环境，赡养父母及教育子女等。但前提是不能将权利与义务和责任对立起来，只想享有权利，不愿承担义务；并且要有承担责任的意识和能力，比如有辨别是非的能力，区分善恶的能力，具备相关的知识和技能，拥有相应的物质基础等。

三、整个生活现代化：让民主成为一种生活方式

使整个生活现代化，就是让人过现代化的生活，并在过现代化的生活中，逐步适应现代化，使之成为人们的生活方式，从而实现人的现代化。如果是生活在现代社会中，而思想观念、心理习惯、道德观念、行为规范、生活方式等，都仍然停留在现代社会之前，那么无论一个社会的物质生活再丰富，也不能被称为现代生活，这样的社会也不是一个现代化的社会。在陶行知看来，现代社会的核心就是民主，他把民主看作是“一种全新的生活方式”。他认为，民主的作风只有在全新的生活方式中才能学习，才能习惯成自然，形成民主作风。他说：“自己要说话，也让别人说话，最好是大家商量。自己要做事，也让别人做事，最好是大家合作。自己要吃饭，也让别人吃饭，最好是大家有饭吃。自己要安全，也让别人安全，最好是大家平安。自己要长进，也让别人长进，最好是大家共同长进。民主未得到

之前，联合起来以争取民主为己任；人民基本自由得到之后，依据民主原则共同创造，创造新自己，创造新家庭，新学校，新中国，新世界。"[①]他还说："民主没有深奥的意思，通俗点说：就是'大家有份'。在倒霉的时候是'有祸同当'，在幸运的时候是'有福大家享'，在平常的时候是'大家的事大家谈，大家想，大家干'。"[②]他用通俗的语言告诉人们，这就是现代民主生活，这就是在过现代民主生活，这就是一种全新的生活方式。通过这种生活方式，使现代的理念深入人心，进一步来促进整个社会的现代化。在此，只读有关现代的书籍，只了解现代的知识是没有用的，关键是要参与实际生活，在生活中去经历这种生活，体认这种生活，积累生活的经验，学会去过这种生活。所以陶行知十分强调"过"的意义，因为过什么生活便是受什么教育。"在民主的生活中学习民主，在争取民主的生活中学习争取民主，在创造民主的新中国的生活中学习创造民主的新中国"[③]，否则便永远不懂民主。

四、整个寿命现代化：人生全程现代化

现代化是一个川流不息的过程，其中一切都在变：全球政治格局不断演变，现代科技的发展日新月异，文化越来越呈现出它的多样性，社会中出现的各种问题铺天盖地，国际局势的变化扑朔迷离，生活的变化更是前所未有……面对这种种变化，生活于其中的人岂能不变？但这种变化绝不应该是随波逐流的，更不应该是倒退的。

陶行知所说的"整个寿命现代化"就是要求人们主动去适应这种变化，认识这种变化，在人的一生中都去研究新问题，获得新知识，发挥自己的力量去促进现代化。所以"整个寿命现代化"指的是"一个人一辈子上进，是继续不断的向时代的最前线追求"[④]，是"使众人养成一种继续不断的共同求进的决心……活到老，做到老，学到老"[⑤]。因为"做一个现代人必须取得现代的知识，学会现代的

① 陶行知：《陶行知全集》(第4卷)，四川教育出版社，1991，第525页。
② 同上，第473页。
③ 同上，第491页。
④ 陶行知：《陶行知全集》(第11卷)，四川教育出版社，1991，第595页。
⑤ 陶行知：《普及现代生活教育之路》，《中华教育界》1935年第22卷第7期。

技能，感觉现代的问题，并以现代的方法发挥我们的力量。时代是继续不断的前进，我们必须参加在现代生活里面，才能与时代俱进，才能做一个长久的现代人。否则，再过几年又要成为落伍者了。因此我们必须拿着现代文明的钥匙，才能继续不断的去开发现代文明的宝库，保证川流不息的现代化"[①]。

第三节 教育现代化与德育现代化

社会现代化必然要求教育现代化。如果从培养合格公民的意义上来理解的话，现代化的教育也必须有现代化的德育——我们不可能用古老的、陈腐的旧道德来造就新国民。那么什么是教育现代化？什么是德育现代化？它们之间是什么关系？它们和社会现代化之间又是什么关系？

一、大众教育造就新国民

如前所述，在民族不断出现危机的时候，人们突然发现来自西方的使我民族能够摆脱危机的一缕曙光，于是人们开始急切地去拥抱这缕曙光。先是学习西方的知识和技术，继而想快速复制西方的制度；而当发现仅仅只有知识、技术和制度并不能真正实现现代化的时候，人们才把目光扩大到西方的文化，欲通过接受西方的文化，用理性来为还处在沉睡状态的国民启蒙。只有当人从专制制度的重压下得以解放，成为独立的个体的时候，才会有理性的复苏，继而才能激发国民的创造力，才能使民族国家充满生机和活力，才能为国家的现代化打下坚实的基础，实现民族解放和国家独立。

这就是说，经过相当长的现代化的过程以及对该过程的深入反思之后，人们才真正意识到，所谓"现代化"，不是仅仅有了器物、技术、制度这些可感的东西就是现代化了，现代社会特有的文化特性、人们生存于其中所获得的种种亲身体验以及由此导致的人们思想观念、思维方式、价值取向、精神气质、生活方式等的转变，这些文化-心理因素，才是更为重要的东西。这其实就指向了人的现代化。

① 陶行知：《陶行知全集》(第3卷)，四川教育出版社，1991，第207页。

人的现代化则必须由现代化的教育才能达成。于是，社会的现代化、教育的现代化以及人的现代化便连成了一个互动的整体，共同促进着社会的现代化发展进程。

所谓教育的现代化当然不只是指有现代的学制、现代的教材、现代的课程、现代的方法以及现代的设备等。社会现代化过程中所形成的一切有别于传统社会的那些共性的因素，也就是现代社会所独有的带有普遍性的特性，即所谓“现代性”。这种“现代性”一是由器物、技术、制度层面的现代化的影响而造成的社会整体文化氛围以及个体心性结构和精神气质的巨大变化，二是由这种变化反过来对器物、技术、制度层面的现代化所造成的深远影响。这两个方面彼此互动，便形成了这个社会所独有的且不断变化的特性。这种社会的现代性，必须体现在教育之中。这就是教育的现代化，也是教育的现代性。所以，教育的现代性大体上与社会的现代性相当。所不同的是，教育通过特有的方式来为社会培养和输送合格公民，并通过他们的作用去改变社会，影响社会，推动现代社会向前发展。

说到教育，人们通常指学校教育、家庭教育和社会教育。前两种不用多说。至于社会教育，一是指旨在有意识地培养人、有益于人的身心发展的各种社会活动；二是指学校和家庭以外的社会文化机构以及有关的社会团体或组织对社会成员所进行的教育。此处所说的教育，乃是包括学校教育和家庭教育在内的大教育，而且这种大教育也不同于社会教育，大体上与陶行知所说的大众教育相当。

相对于学校教育和家庭教育，陶行知先后提出过几个不同的概念，如公众教育、民众教育、大众教育、普及教育等。他只在给哥伦比亚大学师范学院院长的信中使用过“公众教育”这个词，其后便基本没有再用。但从他后来对民众教育、大众教育的解释可知，公众教育与这两个概念几无差别。对于民众教育，他说：“我以为‘民众教育’的根本意义，就是教人把知识广散给大众，不是像占取金钱一样，把它封锁在少数人的脑袋里，把头弄得大大的。干民众教育，便是要把教育、知识变成空气一样，弥漫于宇宙，洗荡于乾坤，普及众生，人人有得呼吸。”[①]此处他并没有给民众教育下一个定义，只讲到它的意义。但他给大众教育下了一个定义：“大众教育是大众的教育，大众自己办的教育，为大众谋幸福的教

① 陶行知：《陶行知全集》(第3卷)，四川教育出版社，1991，第251页。

育。”[①]显而易见，他所强调的是大众教育与小众教育的不同，其基本意思与民众教育似无区别。他也多次讲到“普及教育”，从他对这个词的用法来看，他并未把它作为一个专有的名词来用，而是作为动词来用的，意思是把教育普及出去。这和现在对该词的用法和意义完全不同。现今所说的“普及教育”是指国家对全体学龄儿童实施某种程度的普通教育，也有国家称其为义务教育。普及教育这个词原本的意思也是作为动词用的，即把教育普及开来。陶行知采用的就是它原本的意思。

之所以在此提到这几个概念，是为了说明陶行知在不同时期、不同情况下虽然使用的概念不同，但基本意义却是完全相同的，包括他所推动和参与的平民教育、乡村教育、国难教育、普及教育、民主教育等，都是大众教育。

陶行知之所以一生钟情于大众教育，与他当年立下的终身志愿是分不开的，那就是他立志通过“公众教育”为共和国培养合格公民。他的培养对象是全中国的国民，这就决定了他所要求的教育一定不是“小众教育”而是“大众教育”。他一生中所从事的各种各样的教育实践，都是为了实现他年轻时的初衷。1934 年他在《普及教育运动小史》一文中曾说：“这十几年来，我有时提倡平民教育，有时提倡乡村教育，有时提倡劳苦大众的教育，不知道的人以为我见异思迁，欢喜翻新花样；其实我心中只有一个中心问题，这问题便是如何使教育普及，如何使没有机会受教育的人可以得到他们所需要的教育。”[②]

与偏重于知识传授的学校教育和偏重于道德养成的家庭教育不同，大众教育致力于全面提高国民素质。大众教育既包含了最基本的识字教育(扫除文盲)，也包含了基本的技能教育、科学常识和生活常识教育、卫生教育、劳动教育、道德教育、艺术教育等，凡是能够有助于提高国民素质的教育，悉数包括在大众教育的范围之内。就教育的场所而言，工厂、农村、家庭、店铺、茶馆、码头、博物馆、图书馆、电影院，甚至监狱和庙宇都可以成为进行教育的地方。至于施教的方法，除了少数教师之外，更是把工人、农民、军人、商人、大人、孩子，甚至庙里的和尚都动员起来做教师，并发明了小先生、传递先生的方法来进行大众教育。他希望通过这种方法和途径，力争早日实现为共和国培养合格国民的宏愿。

① 陶行知：《陶行知全集》(第 3 卷)，四川教育出版社，1991，第 372 页。
② 同上，第 95 页。

二、现代传媒与大众教育

一说到教育,人们总是习惯性地想到学校和各种教育机构。但在陶行知那里,基于他的生活教育思想,他一定会把社会上一切可以利用的资源都用来普及大众教育。而辛亥革命、五四新文化运动之后已在中国社会广泛存在的,传播速度更快、传播范围更广、传播效率更高的新型传播工具——报纸杂志、广播、出版著作等,当然会被他当成传播新知识、新思想、新文化,进行国民教育的重要工具。

其实,人类很早以前就已经意识到传媒对公众的教化作用了,谁能说古老的竹简和线装书不是为了教化后人?只不过那时没有"媒体""传媒"这些说法而已。自从17世纪欧洲出现报纸以后,这种新式的传播工具日益被人们所重视,在几百年的时间里,书报期刊等传媒在欧美快速发展。在洋务运动时期,洋务派就通过开办新式学堂、办报刊、著书立说、翻译出版西学书籍等形式,来学习西方的科技知识。从第二次鸦片战争结束到中午战争之前,清政府举办的洋务学堂已有20余所,而教会学校则有1000多所。江南制造局翻译馆、京师同文馆印书处、益智书会及广学会四家翻译和出版西方书籍的机构,到1896年以前,译成刊印的西书约有329部,其中江南制造局翻译馆译成西书200多部,京师同文馆印书处出版西书30余部,涵盖了数理化、农学、地学、天文、历史、政治、经济、工学、商学等十几个学科,使国人通过这些西方书籍,了解了更多的现代知识。从1895年到1898年间,中国境内的报刊达60余种,其中半数以上是西方传教士所办,影响比较大的有《上海新报》(1861)、《申报》(1872)、《西国近事》(1873)、《遐迩贯珍》(1853)、《格致汇编》(1876)等。这些西式学堂以及大量书籍报刊的出版发行,在西学东渐中发挥了极大的作用,对于大众尤其是知识分子了解西方的自然科学、政治制度、宗教、历史文化等,起了先导作用。虽然对于清政府和洋务派来说,接纳和传播西学的直接目的是挽救国家的危亡,并非出于提高国民素质的考虑,对于西方教会来说,办学校、出版书刊报纸,显然也不是为了提高中国人的素质,但是西学在晚清的传播客观上却是对国民的一种教育,起到了开新风、破旧俗的作用,不仅使人们从中学到了很多以前从未接触过的知识,而且开阔了中国人的眼界,使人们了解到在"天朝"之外还有着更加广阔的世界,从而冲击和动摇了封建传统思想,形成了新的思想观念,给维新思想的形成提供了重要的思想资料,为戊戌维新运动准备了必要的思想条件。

维新变法失败后,维新派更是认识到书籍报刊这种媒体在启民智、新国民中的重要作用。戊戌变法时,光绪帝颁发的改革诏书中即有"设立译书局,翻译外国新书;允许自由创立报馆、学会"的内容。维新变法的领袖康有为和梁启超等人,更是深知报纸杂志的巨大作用,康有为在1895年8月就创办了《万国公报》(从第46期始改为《中外纪闻》);黄遵宪、汪康年等人1896年8月在上海创办《时务报》,梁启超任主笔;保皇会1898年2月在日本横滨创办《清议报》,主编为梁启超。这个时期在全国比较有影响力的报刊还有《知新报》(1897)、《国闻报》(1897,严复创刊)等,"戊戌变法时期改良派思想家的改良思想,大多数的确是通过报刊杂志而传播开的。梁启超在《时务报》上发表的许多文章,如:《变法通议》《论中国积弱由于防弊》《论君政民政相嬗之理》《说群》等一系列鼓吹变法维新的论文,系统地宣传了变法维新的理论,明确提出了中国变法图强,必须学习西方的政治制度和文化教育制度,这在知识分子中间影响极大;严复的《原强》、《辟韩》、《救亡决论》以及《论世变之亟》等文章,宣扬了西方资产阶级的学术思想和政治思想,并且提出了变法维新的主张,而这些思想、主张,都是通过《直报》等传媒传送给人们的。就连著名的西方资产阶级理论著作《天演论》也是通过《国闻报》陆续介绍给中国的"①。

中华民国初期到五四新文化运动这一期间,书籍报纸杂志更是如雨后春笋:《民立报》《民国日报》《民国新报》《中华民报》《国民公报》《时务报》《民权报》《新青年》《中华教育界》《建设》《正谊杂志》《中华实业界》《大中华》《教育与职业》《觉悟》《少年中国》《现代评论》《每周评论》……各种知识的传播、各种思想的碰撞、不同思潮的形成等,均与大量报刊的出现有着密切的关系,这些新报刊由此成为消除旧观念、传播新思想、唤醒民众、推动社会变革的强大力量。

陶行知一生极为重视报刊的作用,他的无数作品都是通过报刊得以发表的,发表过他作品的报刊达数十种之多,主要集中在《金陵光》《教育与职业》《新教育》《新教育评论》《申报》《中华教育界》《民主教育》《民国日报》等报刊上。他在《申报·自由谈》以"不除庭草斋夫"的笔名,共发表杂文105篇,内容涉及政治、

① 史革新:《十九世纪六十至九十年代西学在中国的传播》,《北京师范大学学报》1985年第5期。

经济、宗教、哲学、历史、教育、文学等，另有多篇时评，抨击蒋介石“攘外必先安内”的政策，针锋相对地提出“安内必先攘外”，反对国民党对共产党和进步人士的压制和迫害。1926 年 12 月 31 日，晓庄试验乡村师范刚获准开办，1927 年 1 月 1 日《乡教丛讯》即刻问世。随后《师范生》《乡村教师》也相继创刊。陶行知及其同事、学生充分利用这几本期刊与全国同行共同研究乡村教育，交流乡村教育经验和信息，传播生活教育思想，促进乡村教育和乡村改造。1934 年他在上海创办《生活教育》；1937 年全面抗战爆发后，《生活教育》改办为《战时教育》，1945 年抗战胜利后，《战时教育》又改办为《民主教育》。这三本杂志前后相继，由主要开展生活教育的理论和实践探索，推动教育向乡村普及，转向服务抗战救国，动员全国人民共赴国难；抗战胜利后，面对国民党当局走向专制和独裁，遂又转向为反独裁、争民主，建设新中国服务。这些内容虽然有别，但其本质始终如一——都是服务于培养共和国合格国民的大众教育。另外，陶行知在上海召集丁柱中、高士其等人编写《儿童科学丛书》，共出版发行 108 种，陶行知本人也亲自编写《儿童科学指导丛书》，共计 11 种，用这种形式开展对儿童的科学普及教育，以培养手脑并用的科学人才，同样是大众教育的重要形式。

此外，陶行知一生长于演讲，在各地举办的各种演讲共达 400 多场次（包括作为国民外交使节在欧亚美非各地的演讲），仅 1946 年在上海的生命的最后 100 天，其集中演讲就有近百次，只为呼吁停止内战，建立民主自由国家。这是他在用最后的生命推行大众教育。

结　语：让教育渗透生活，让生活渗透教育

自从在晓庄师范提出了生活教育的思想之后，陶行知终其一生，都一直在探索、改进、完善、试验和传播着这一理论。生活教育主张生活即教育，社会即学校。生活中的一切和社会中的一切都有教育意义。生活有好坏之分，社会中有正义也有邪恶。所以一个人选择过什么生活，便选择了受什么教育；处在什么样的社会中便会受什么样的教育。所以他特别强调"过什么生活便是受什么教育"，呼吁大家过民主的生活、科学的生活、劳动的生活、进步的生活，"我们要想受什么教育，便须过什么生活"[①]。这种教育一定会形成道德上的熏陶。这也许就是陶行知强调用生活来教育、促进道德发展的真谛所在。

社会现代化的过程形成了所谓现代性，主要表现为民主、自由、平等、理性、科学、法治等。这种现代性体现在教育中，也就赋予了教育的现代性，同时也决定了德育的现代性。所以德育的现代性就体现在为社会培养具有现代意识、现代精神，并能以自己的存在推动现代社会不断进步的合格公民。

但德育的现代性并非只靠说教，将学校与社会隔绝，一门心思去提高学生成绩，甚至以智育代替德育，是注定培养不出合格公民的。对此，梁启超在 120 年前已表示担忧："吾恐今后智育愈盛，则德育愈衰，泰西物质文明尽输入中国，而四万万人且相率而为禽兽也。"[②]所以，强调德育的现代性，一定是引导人们去过现代的生活，在社会生活中逐渐养成现代意识。

"现代化"也好，"现代性"也好，它们本身都是中性词，只是对社会演变的一

① 陶行知：《陶行知全集》(第 3 卷)，四川教育出版社，1991，第 206 页。

② 梁启超：《新民说》，中国文史出版社，2013，第 38-39 页。

个过程及其表现出的特性的一种描述。文艺复兴和启蒙运动之后，欧洲便开始了它的现代化进程，现代性便逐渐成为西方各国经济、政治、文化和社会思想潮流的主流，贯穿于所有的社会制度、生产方式和组织架构中。这种现代性——民主、自由、平等、人权、理性等，其核心就是人的主体性，从个体到人类的主体性。从此，西方世界的一切便都是为了实现人的主体性，即是说，现代化本身就是为了实现人的主体性。为了实现人的主体性，它建立了日益庞大的市场体系；为了实现人的主体性，它除了开辟海外市场外，还不断扩张殖民地；为了实现人的主体性，它把战火燃烧到世界各地……随着现代化进程的推进，环境污染、生态危机、能源危机、道德危机等问题接踵而来，现代性恶的一面逐渐显现。20世纪上半叶，西方开始形成了后现代主义思潮，针对现代化带来的一系列问题进行反思，甚至提出要否定现代化。

中国的现代化还未实现，但现代性中所包含的恶却已经不断显现，如：谬解自由导致极端个人主义；谬解权利导致利益至上、拜金主义盛行……而环境问题、社会秩序问题、贫富两极分化问题，已经严重影响到我们社会现代化的发展进程。

无论现代化社会如何发展，人类都是一个命运共同体，社会的所有变化都会影响到所有人。所以，现代社会的道德教育所要反映的无论是现代性还是后现代性，使人向善，培养个人健全的道德人格，维护超越个人利益的共同善，永远是德育的永恒主题。

社会现代性与教育现代性处于不断地互动中，但教育在适应社会的过程中，绝不应仅仅是社会的追随者，其引领社会的功能无论何种原因都不应弱化，更不应丧失。教育是面向未来的事业，德育亦然！陶行知对德育现代性的探索，是用德育去促进现代社会的健康发展，而不是去依附社会的现代性。

参考文献

陶行知:《陶行知全集》12 卷(四川教育出版社 2009 年版)

陶行知:《陶行知全集》10 卷(四川教育出版社 1991 年版)

陶行知:《陶行知教育文集》(四川教育出版社 2007 年版)

梁启超:《新民说》(中国文史出版社 2013 年版)

章开沅、唐文权:《平凡的神圣:陶行知》(华中师范大学出版社 2013 年版)

王文岭:《陶行知年谱长编》(四川教育出版社 2012 年版)

丁钢:《历史与现实之间:中国教育传统的理论探索》(教育科学出版社 2002 年版)

金维才:《陶行知的德育哲学》(安徽师范大学出版社 2018 年版)

刘擎:《刘擎西方现代思想讲义》(新星出版社 2021 年版)

杜威:《民主主义与教育》(人民教育出版社 1990 年版)

陈二祥:《蔡元培德育思想现代性问题研究》,西安科技大学博士学位论文,2013 年。

刘长海:《杜威德育思想与中国德育改革》,华中师范大学博士学位论文,2006 年。